Literatur auf Gottes Spuren

Literatur auf Gottes Spuren

Religiöses Lernen
mit literarischen Texten des 21. Jahrhunderts

herausgegeben von
Georg Langenhorst und Eva Willebrand

Matthias Grünewald Verlag

VERLAGSGRUPPE PATMOS

PATMOS
ESCHBACH
GRÜNEWALD
THORBECKE
SCHWABEN

Die Verlagsgruppe
mit Sinn für das Leben

Für die Verlagsgruppe Patmos ist Nachhaltigkeit ein wichtiger Maßstab
ihres Handelns. Wir achten daher auf den Einsatz umweltschonender Ressourcen
und Materialien.

Bibliografische Information der Deutschen Nationalbibliothek
Die Deutsche Nationalbibliothek verzeichnet diese Publikation in der
Deutschen Nationalbibliografie; detaillierte bibliografische Daten sind im
Internet über http://dnb.d-nb.de abrufbar.

Umschlaggestaltung: Finken & Bumiller, Stuttgart
Umschlagabbildung: suze/photocase.de
Gestaltung, Satz und Repro: Schwabenverlag AG, Ostfildern
Lektorat: Andreas Rode, München
Druck: CPI books GmbH, Leck
Hergestellt in Deutschland
ISBN 978-3-7867-3105-4

Inhalt

Hinführung

„Als Künstlerin behaupte ich:
Die Kreativität kommt von Gott."
Nora Gomringer 2015

Der Einsatz literarischer Texte in religiösen Lernprozessen hat sich fundamental gewandelt. In den 1970er-Jahren erlebte die Aufnahme derartiger Texte einen regelrechten Boom. Zahlreiche Anthologien wurden publiziert, didaktische Modelle entworfen, Unterrichtsentwürfe sowie Anregungen für die religionspädagogische Praxis allgemein erstellt. Die Aufnahme literarischer Texte etwa in Religionsbücher für den schulischen Einsatz (vgl. *Willebrand* 2016) ist seitdem selbstverständlich geworden. Dabei ging es primär um die Spiegelung menschlicher Erfahrungen und christlicher Glaubenshoffnung, oft genug im Gewand von Infragestellung, Provokation oder Aufsprengung traditioneller Denk- und Sprachformen. Genau so wurden literarische Texte – sei es aus der ‚Erwachsenenliteratur', sei es aus der ‚Kinder- und Jugendliteratur' – eingesetzt: als Bereich zur Gewinnung konkreter (widerständiger) Erfahrung, als *Kontrastfolie* der christlichen Sprach- und Glaubenswelt.

Spätestens seit den 1990er-Jahren hat sich die Lage verändert. In der Literatur selbst geht es nun eher (oder zumindest auch) um die (solidarische) Suche nach religiösem Ausdruck, nach Wegen, Gott der Unbegreifbarkeit zu entreißen, ihn denkerisch und sprachlich fassbar zu machen – bei aller bleibenden Entzogenheit. Die Frage nach der eigenen (auch) religiösen Identität stellt sich im Kontext von Konfession oder Religionszugehörigkeit im postmodernen Vielerlei neu. Dabei kommt den Versuchen einer – reflektierten – Affirmation ganz neue Bedeutung zu.

Dieser pragmatische Wandel hat sich aber erst in Ansätzen in der religionspädagogischen und religionsdidaktischen Reflexion und den von ihr angeregten Praxisanregungen niedergeschlagen. Das vorliegende Buch nimmt diese Situation auf und stellt sich den folgenden Fragen:

– Wo zeigen sich in den unterschiedlichen Feldern der *Literatur des 21. Jahrhunderts* Spuren des genannten Wandels?
– Wie lassen sich literarische Texte didaktisch so fruchtbar machen, dass

sie einerseits die Prozesse *gegenwartstauglichen religiösen Lernens* vorantreiben, ohne dass man andererseits übergriffig und einengend mit
diesen Texten umginge?
– Welche *methodischen Settings* ermöglichen ein kompetenzorientiertes
religiöses Lernen mit literarischen Texten – sei es in den Sekundarstu-
fen der Schulen (angebunden an die Bildungs- und Lehrpläne), sei es im
Blick auf Gemeinde und Erwachsenenbildung?

Ein mögliches Missverständnis gilt es dabei von vornherein auszuräu-
men: Die religionspädagogische Hinwendung zu literarischen Texten erfolgt oft aus der Hoffnung heraus, die Sprache der Dichter könne Kirche,
Theologie und Religionspädagogik aus der breit diagnostizierten
‚Sprachkrise' heraushelfen. Die „Defizitdiagnose religiöser Sprache in ih-
rer Doppelstruktur aus Sprachverlust und Sprachlosigkeit" stellt gewiss
„so etwas wie eine kritische Konstante" (*Altmeyer* 2011, 15) in religiösen
Zustandsbeschreibungen unserer Epoche dar, so *Stefan Altmeyer*. Mit der
Analyse-Kategorie ‚Sprachkrise' bleibt man jedoch an der Oberfläche. Der
Glaube daran, eine nur bessere, gegenwartsnähere *Sprache* könne das
Problem der Glaubensvermittlung, der Glaubensermöglichung lösen, hat
sich als falsch erwiesen. Die Diagnose greift zu kurz. Sprache und Denken,
Sprache und religiöse Vorstellungen, Sprache und Glaube sind viel zu
dicht ineinander verwoben, als dass man nur eine sprachliche Oberfläche
verändern müsste, um einen immer gleich bleibenden Kern zugänglich
zu machen.

Es geht also im Blick auf die Berücksichtigung literarischer Texte nicht
um bloße Aktualisierung, nicht um eine angepasste, ästhetisch aufge-
hübschte Neuverpackung. Vielmehr haben wir es zu tun mit einer grundsätzlichen Ohnmachtsspirale religiöser Rede: Wie soll ich in Sprache fassen, was ich letztlich nicht verstehe? Wie soll ich verstehen, wofür ich
letztlich keine Sprache habe? Diese Spirale ist nicht leicht aufzusprengen.
Denn: In Sprache und Denksystem verbleiben Theologie und Religionspädagogik im Normalfall ausschließlich innerhalb eines „*Theotops*" (vgl.
Graf 2008) – ein Begriff, der mit anderer semantischer Füllung auf *Friedrich Wilhelm Graf* zurückgeht. Unter einem ‚Biotop' versteht man einen
ganz spezifischen Lebensraum, in dem nur genau dafür geeignete Pflanzen oder Tiere leben können. So ähnlich geht es der Kirche. Traditionell
Gläubige sind Bewohner eines engen, gut gehegten Bereiches theologischer Selbstverständigung. *Sie* wissen, wie man sich darin verhält um zu

leben und zu überleben, welche Sprache benutzt wird, im besten Falle auch was sie bedeutet. Dieses Theotop hat seine Notwendigkeit und Berechtigung, keine Frage, aber immer deutlicher werden seine dreifachen Grenzen.

- Zum Ersten leben nach Auskunft sämtlicher empirischer Studien innerhalb dieses Theotops immer weniger Menschen. Das Theotop *schrumpft*. Vor allem die Zahl von Kindern und Jugendlichen, die in diesem Theotop aufwachsen und dort auch bleiben, nimmt ständig ab.
- Zum Zweiten wird es immer schwerer, die Binnensprache und die Binnenregeln des Theotops und seine Inhalte *nach außen* zu vermitteln, zu übersetzen. Systematische Theologinnen und Theologen verstehen sich meistens in erster Linie als ‚Hüter des Theotops‘ nach innen, kaum als ‚Vermittler des Theotops‘ nach außen.
- Zum Dritten jedoch wird auch die Binnenverständigung *in* diesem schrumpfenden Theotop immer schwieriger. Theologische Sprache verkommt auch nach innen zur ‚Fremdsprache‘. Religiöse Rituale und Riten werden mehr und mehr unverständlich, religiöse Praxis schmilzt ab. Die zu vermittelnde ‚Wahrheit‘ wird nicht infrage gestellt, verliert aber völlig an Bedeutung und praktischer Lebensrelevanz.

Die Abbrüche allein der Sprachwelten sind radikal und unumkehrbar. Ein Ringen um Wahrheit müsste sich auf andere Sprache und Realität einlassen. Wie aber könnte das möglich werden? Bieten die literarische Sprache und die literarischen Weltentwürfe *einen* Weg zur Sensibilisierung? Öffnet der Zugang über poetische Formen der Spiegelung, Gerinnung und Gestaltung von Realität eine eigene Chance?

Konturen eines literarisch sensiblen Religionsunterrichts

Ein kurzes literarisches Blitzlicht: In der Erzählung „Der Hof im Spiegel“ aus dem gleichnamigen Erzählband der aus der Türkei stammenden und in Berlin lebenden Schriftstellerin *Emine Sevgi Özdamar* (*1946) entwirft die Icherzählerin, Özdamars Alter Ego, persönliche Stadtpläne:

> Ein Freund in Paris, der an der Uni als Professor für Urbanistik arbeitete, kam nach Hause, gab seiner Frau und mir zwei leere Blätter und sagte: ‚Ich habe heute von einem meiner Schüler erfahren, was er für seine Doktorarbeit macht: Er verteilt in Paris an viele Menschen Blätter und bittet sie: ‚Zeichnen Sie Ihren persönlichen Parisstadtplan‘.

Alle Zeichnungen waren ganz verschieden voneinander. Jeder hat in einer Stadt seine persönliche Stadt. Seine Frau und ich zeichneten auf dem Papier die Orte, die für uns Paris bedeuteten. Auch diese waren sehr unterschiedlich.

Özdamar 2002, 17

„Orte, die für uns Paris bedeuteten" – das sind Orte, die einem einzelnen Menschen persönlich wichtig sind. Auch für ihre Wahlheimat Berlin ‚zeichnet' die Erzählerin einen solchen Stadtplan: Ein Papageienladen, die Bäckerei um die Ecke, ein Buchladen und ein Obdachloser in der noblen Berliner Koenigsallee gehören für sie dazu – Orte der prägenden Begegnung mit verschiedensten Menschen, mit denen die Erzählerin ins Gespräch kommt.

Der *Entwurf persönlicher Stadtpläne*, von dem hier die Rede ist, bildet eine treffende Analogie für das literarisch-religiöse Lernen. Das allgemeine Ziel eines gegenwarts- und zukunftstauglichen religiösen Lernens besteht – den deutschen katholischen Bischöfen folgend – im „Erwerb persönlicher religiöser Orientierungsfähigkeit" (Kirchliche Richtlinien 2006, 17). In das zuvor entwickelte Bild übertragen: im Entwurf eines mentalen Stadtplans mit individuell bedeutsamen Orten und Wegen. Dies entspricht zugleich dem derzeit maßgeblichen *konstruktivistischen* Postulat der Ausbildung individueller Lernlandschaften: dem Wissen darum, dass Lerninhalte nicht direkt übertragbar sind, sondern produktiv zu eigenen Konstrukten verarbeitet werden.

Darüber hinaus macht die oben geschilderte Episode auf ein Weiteres aufmerksam: Persönliche Stadtpläne bestehen nicht (nur) aus den bekanntesten Sehenswürdigkeiten, den monumentalsten Gebäuden und berühmtesten Straßen, sondern in erster Linie aus – objektiv betrachtet – eher unscheinbaren Orten, mit denen ein einzelner Mensch persönliche Begegnungen verbindet und an denen sich ihm subjektiv Wichtiges erschlossen hat. Verortet man literarische Texte im religiösen Diskurssystem, so ist zweifellos einzugestehen, dass sie häufig – bildlich gesprochen – keinesfalls den Rang des Eiffelturms oder des Brandenburger Tors haben und in der Regel auch keine großen Sakralbauten sind, die zum touristischen Pflichtprogramm gehören. Vielmehr handelt es sich bei ihnen um kleinere oder größere *Denk-Male* – manchmal *Mahn-Male* – aus unterschiedlichen Zeiten und mit ganz eigener Architektur. Oftmals läuft man achtlos an ihnen vorbei, ohne sie überhaupt wahrzunehmen oder als Kunst zu erkennen. Selbst der, dem vieles in der Stadt vertraut ist, hat sich mit ihnen oft nicht näher auseinandergesetzt. Es sind mal mehr, mal weniger deutliche Spuren, die Autorinnen und Autoren der Vergangenheit und Gegenwart im religiösen Diskursuniversum hinterlassen haben.

Wenn das allgemeine Ziel religiösen Lernens darin besteht, Lernenden persönliche religiöse Orientierung zu ermöglichen, so stellt sich für das Lernen mit literarischen Texten die Frage, wie es gelingen kann, dass solche Werke zu Orten werden können, an denen sich Kinder, Jugendliche und Erwachsene *existenziell Bedeutsames* erschließen.

Drei Phasen literarisch-religiöser Didaktik

Seit 1970 haben sich viele Studien mit dieser Fragestellung auseinandergesetzt. Die Entfaltungswege literaturtheologischer Sensibilität bis in die Gegenwart hinein sollen hier nicht in allen Einzelheiten erneut nachgezeichnet werden (vgl. *Langenhorst* 2011). Vielmehr geht es darum, eine ergebnisorientierte Zwischenbilanz zu ziehen, die dazu verhilft, praktische Konsequenzen zu formulieren. Dazu bedarf es eines kurzen Blicks auf die Entwicklung der Berücksichtigung literarischer Texte für religiöse Lernprozesse (vgl. *Willebrand* 2016). Sie lässt sich in drei klar voneinander abgrenzbaren Phasen darstellen.

– Die erste Phase umfasst die von der materialkerygmatischen Konzeption beeinflussten Schulbücher und Anthologien, die in den 1940er-Jahren auf den Buchmarkt kamen und bis in die 1960er-Jahre in Religionsunterricht und Gemeindearbeit eingesetzt wurden.

– Die zweite Phase umfasst die in den 1960er- und 1970er-Jahren erschienenen Werke, die ganz unterschiedlichen Konzeptionen verpflichtet waren, nun aber die konkrete Textarbeit in den Fokus rückten.

– Die dritte Phase schließlich bezieht sich auf Religionsbücher, Sammelwerke und konzeptionell ausgerichtete Studien, die von den späten 1970er-Jahren bis heute erschienen und – mehr oder weniger – auf das differenzierte religionspädagogische Verständnis von *Korrelation* bezogen sind.

Die *erste Phase* zeichnet sich dadurch aus, dass literarische Texte hier vor allem der ‚via indirecta‘ dienten, einem von *Theoderich Kampmann* (1899–1983) entwickelten System der indirekten Glaubensvermittlung. Sie stammten fast durchgängig von explizit und affirmativ christlichen Schriftstellerinnen und Schriftstellern und sollten vor allem zum Glauben *hinführen*. Literarische Texte – vor allem solche von Autorinnen und Autoren des ‚Milieukatholizismus' – wurden für die christliche Verkündigung in Dienst genommen. Umgekehrt konnten Texte nicht-christlicher Autorinnen oder Autoren als falsche Wege entlarvt werden – auch das eine religionspädagogisch bewusste Option. Auffällig: Interessant wurden literarische Texte in dieser ersten Phase allein durch ihren *Inhalt*, ihren Gehalt. Entscheidend war, ob sie christliche Wahrheit verbürgten oder leugneten. Der Blick auf Ästhetik und Form, die konkrete Textanalyse – all das hatte in dieser Epoche keinen Platz.

Ganz anders in der *zweiten Phase*: Nicht mehr um ‚Zeugnis' ging es nun, sondern um analytische Textarbeit. Literarische Texte wurden nun ganz auf der Seite der menschlichen Erfahrungen angesiedelt, die wahr-, ernst- und aufgenommen werden müssen. Ausgangspunkt der Zugänge: Literatur verhilft zur Wahrnehmung und Formulierung menschlicher Fragen und Bedürfnisse – genau das ist ihre didaktische Funktion. Noch immer fanden sich Texte christlicher Autorinnen und Autoren. Sie rückten aber mehr und mehr in den Hintergrund zugunsten der Werke von Schriftstellerinnen und Schriftstellern ohne explizit kirchliche Bindungen. Texte der literarischen Moderne beherrschten das Feld; von ihnen erhoffte man sich kritische Zeitgenossenschaft. Zuvor verworfene Autoren – allen voran Bertolt Brecht, aber auch Rilke oder Kafka – wurden nun zu Zeugen zeitgenössischer Erfahrung und Weltdeutung, die einen Platz in den Feldern religiösen Lernens erhielten, auf deren Deutungen die Kirche (und die Religionslehrenden) reagieren sollte. Wenn explizit christliche Stimmen zu Wort kamen, dann solche, in denen eine literarisch geformte ‚Kirchenkritik von innen' Raum gewann.

Von der Literatur erwartete man also jene Realität, Dringlichkeit und Erfahrungsdichte, die man binnenkirchlich nicht mehr antraf. Erfahrungen und Sprache der Dichtung sollten – in analytischer Erschließung – jene Dimensionen einbringen, zu der es keinen unmittelbar religiösen Zugang zu geben schien. Das Ziel lag darin, durch analytische Textarbeit die literarisch geronnenen Erfahrungen und Reflexionen über das menschliche Leben freizulegen und sich mit ihnen auseinanderzusetzen. Hinzu kam nun eine stärkere Berücksichtigung der politischen und sozialgeschichtlichen Hintergründe, die zuvor fast vollständig ausgeblendet worden waren. Aufschlussreich: *Hubertus Halbfas* – einer der zentralen Vertreter dieser Phase – benennt im Vorwort zu seinem neuen, von 2015 bis 2017 publizierten dreibändigen Lesewerk zu „Literatur und Religion" sein hermeneutisches Interesse: Literatur diene dazu „Anfragen" an die Theologie zu formulieren, die Texte werden ihm zu Zeugnissen von „Zweifel", „Kritik" und „Ablehnung" (*Halbfas* 2015, 12) der klassischen Theologumena und kirchlichen Weltdeutungen. Deutlicher kann man das Erkenntnisinteresse der frühen 1970er-Jahre nicht benennen. Bis in die Gegenwart hält sich also hier ein Erkenntnisraster, das eigentlich in der zweiten Phase beheimatet war, heute aber wie ein Relikt längst vergangener Tage wirkt.

Denn all das änderte sich ein weiteres Mal in der seit den späten 1970er-Jahren entstandenen, bis heute andauernden *dritten Phase*. Der Weg in die Gegenwart führte zwar zu postmoderner Vielfalt, die sich bündelnder Zusammenfassung verschließt, gleichwohl lassen sich auch hier einige grundlegende Entwicklungen und Tendenzen aufzeigen. So verschwinden die Texte der traditionellen christlichen Literatur fast vollständig. Stattdessen bestimmen Texte der literarischen Moderne und der deutsch-jüdischen Literatur das Feld, wobei es einige fast schon ‚kanonische', oft wiederholte Texte gibt (z. B. von Domin, Kaschnitz, Handke). Nur vereinzelt werden Texte aus der unmittelbaren Gegenwart eingespielt, deren Präsenz viel schwerer aufzuarbeiten ist. Der für das Konzept von ‚Korrelation' vorherrschende Gedanke von Zeitgenossenschaft ist dadurch schwer einzulösen. Oft geht es eher um herausfordernde Fremderfahrungen.

Auffällig im Gegensatz zur zweiten Phase: Spätestens mit Beginn der 1990er-Jahre dominieren Texte von Schriftstellerinnen und Schriftstellern aus einem im weitesten Sinne religiösen Kontext, die sich als *Suchtexte* auf dem gemeinsamen Weg präsentieren. Nicht mehr um Zeugnis (‚erste Phase') geht es primär, nicht mehr um Erfahrung und Herausforderung (‚zweite Phase'), auch nicht primär um Kirchenkritik von innen, sondern um Bausteine einer neuen, *einladenden, zu Eigenkonstruktionen herausfordernden Suche*. Daneben treten Texte des interreligiösen Bereichs (vgl. *Gellner/Langenhorst* 2013), eine Tendenz, die ganz neu ist und sich angesichts der allgemeinen Entwicklungen künftig noch entfalten wird.

Neu ist auch die Beobachtung, dass der Einbau literarischer Texte in den seitdem entstehenden Studien, Anthologien und Lehrwerken nun stark religionsdidaktisch reflektiert erfolgt, zum Teil metareflexiv angebunden an den wissenschaftlichen Dialog von ‚Theologie und Literatur' (vgl. *Langenhorst* 2005, *Weidner* 2016). Hermeneutische Texterschließungsmethoden werden mit einer kreativen, stark von den handlungs- und produktionsorientierten Prinzipien der Rezeptionsästhetik angeregten Methodenvielfalt verbunden, die auf aktive Betätigung setzt und auf persönliche Positionierung abzielt. Angesichts einer nun wachsenden Sensibilität für Sprache und Sprachgestalt wird der Blick auf die ästhetische Gestalt zur gleichberechtigten Perspektive neben der Beachtung des Inhaltes. Gerade die Frage, wie Inhalt und Gestalt einander bedingen und ermöglichen, wird als Reiz literarischer Texte erkannt. Berücksichtigung von Autorenbiografie und Kontext, Beachtung und didaktische Nutzbarmachung der Sprachform – all das wird nun mehr und mehr selbstverständlich.

Angesichts der Errungenschaften im Umgang mit Literatur werden deshalb nachfolgend insgesamt *sieben Konturen* eines religionsdidaktisch verantworteten Umgangs mit literarischen Werken formuliert (Systematik nach *Willebrand* 2016). Hierbei handelt es sich explizit nicht um sklavisch abzuarbeitende Unterrichtsschritte – ein Aufstellen solcher ist angesichts der Vielfalt literarischer Texte sowie der Vielfalt von Lernsituationen nicht möglich –, sondern um *didaktische und methodisch relevante Wegweiser*, die sowohl die Eigenschaften der Literatur als auch die Voraussetzungen der Lernenden berücksichtigen wollen.

Erste Kontur: Beachtung der Autonomie literarischer Texte
Nicht zu leugnen ist: Wer literarische Texte in religiöse Lernprozesse integriert, funktionalisiert sie – unabhängig davon, ob die Auseinandersetzung mit Literatur auf Verwurzelung im Glauben, auf Problemerhellung, auf religiöse Sprachfindung oder auf die Entwicklung religiöser Kompetenzen zielt. Die Berücksichtigung dessen, dass es sich bei literarischen Texten stets um autonome Kunstwerke handelt, ist deshalb ein im Hintergrund stehender Grundsatz, der allen nachfolgenden Konturen vorangeht. Diese Forderung ist keineswegs ein Novum, wird aber angesichts gegenwärtiger religionsdidaktischer Entwicklungen neu und in bislang nicht da gewesener Form virulent. Grundsätzlich lässt sich beobachten, dass sich das Bewusstsein für die Autonomie literarischer Texte im Diskurs von Theologie und Literatur wie auch speziell im religionsdidaktischen Bereich zunehmend geschärft hat.

Dienten literarische Texte in der *ersten* Phase, sofern sie nicht als unchrist-
lich abgelehnt wurden, noch der Bestätigung christlicher Glaubenssätze,
so wandte man sich in der *zweiten* Phase gegen solch eine theologische
Deutung von Literatur und siedelte Texte aufseiten der (vermeintlichen)
Probleme und existenziellen Fragen an, die auf diese Weise erhellt und
einer Lösung oder Antwort entgegengeführt werden sollten. Bereits in
dieser Phase – 1972 – wurde der Ruf nach einer Würdigung literarischer
Texte als eigenständige Werke laut: *Magda Motté* wies darauf hin, dass es
sich verbiete, „Dichtung als ‚Hilfsobjekt', z. B. zur Einstimmung, als Anknüpfungspunkt oder als literarisches Beispiel zur Veranschaulichung
eines theologischen Sachverhaltes zu benutzen" (*Motté* 1972, 40). Diese
Mahnung ernst nehmend, wurden literarische Texte in korrelativ angelegten Lernprozessen zunehmend so integriert, dass sie als Medium mit
ganz spezifischen Lernchancen und unersetzbarem ästhetischen Mehrwert Beachtung fanden. Auffällig dabei ist vor allem, dass entgegen der
langjährigen Konzentration allein auf die Inhalte literarischer Texte nun
auch ihre *Sprachgestalt* Beachtung findet. Der vielschichtige, nicht in einfache Schemata zu pressende Umgang mit Literatur in der *dritten* Phase
zeugt insgesamt von einem hohen Maß an Sensibilität für die Autonomie
literarischer Texte und von einem Bewusstsein für die klar formulierte
Forderung: Literarische Texte dürfen weder dazu herangezogen werden,
das Eigene nur noch einmal in anderer Form zu bestätigen, noch dazu,
das von vornherein feststehende Eigene als Antwort oder Problemlösung
zu präsentieren.

Angesichts religionsdidaktischer Entwicklungen in jüngster Zeit ist diese
Forderung zu ergänzen. Die gegenwärtige Religionspädagogik und -di-
daktik näher betrachtend, konstatiert *Rudolf Englert* eine allgemeine
Wende vom „Bezeugen zum Beobachten", die dazu führe, dass „sich die
mit theologischen Aussagen und religionspädagogischen Orientierungs-
angeboten verbundenen Geltungsansprüche deutlich reduziert" (*Englert*
2013, 49) haben. Bezogen auf den Umgang mit Literatur bedeutet dies
vielfach: Literarische Texte, die letztlich austauschbar sind, dienen nur
dazu, den kulturellen Stellenwert der Bibel oder das ungebrochene Interesse von Gegenwartsschriftstellern an Jesus Christus zu belegen. *Was* aber
das bleibend Aktuelle eines bestimmten Bibeltextes sein kann oder *worin*
für einen konkreten Gegenwartsschriftsteller die Faszination von Jesus
liegt, ist dabei ebenso irrelevant, wie die Frage, welche Sprachgestalt ein

Autor gewählt hat, um einen bestimmten Standpunkt, eine Haltung oder Überzeugung zu verbalisieren.

Ausgehend von diesen kritischen Beobachtungen ist also heute zu fordern: Wenn in religiösen Lernprozessen literarische Texte eingesetzt werden, dann so, dass sie nicht allein dazu dienen, *Beobachtungen* zu präsentieren und zu belegen, sondern so, dass deutlich wird, welche *Überzeugung* in ihnen zum Ausdruck gebracht wird und auf welche *Weise* dies geschieht! Konstruktivistisch gewendet: Der Text ist als Fremdkonstruktion zu würdigen – als ernst zu nehmende Auseinandersetzung mit Wirklichkeit, christlicher Überlieferung oder religiöser Tradition, die es wahrzunehmen, zu deuten und zu beurteilen gilt.

Zweite Kontur: Verortung im (intertextuellen) religiösen Bezugsnetz
Die zweite Kontur verhält sich komplementär zur ersten. ‚Autonom' heißt keineswegs ‚beziehungslos' – darauf verweist bereits die oben aufgerufene und ausgestaltete Stadtmetapher. Literarische Texte, in denen es um religiöse oder allgemein anthropologische Fragen geht, sind also angesiedelt in einem komplexen religiösen Verweiszusammenhang – unabhängig davon, ob sich eine Schriftstellerin oder ein Schriftsteller selbst als religiös versteht.

Für religiöses Lernen allgemein gilt: „Religion und Glaube werden in dem Maße ‚denkbar', wie man sich in diesem Verweiszusammenhang zurechtfindet. Manche theologische Fragen lassen sich nur dann wirklich verstehen und viele theologische Antworten lassen sich nur dann wirklich würdigen, wenn man den größeren Gesprächszusammenhang ein wenig kennt, aus dem heraus sie formuliert wurden" (*Englert* 2013, 55f.). Die vorsichtig gewählte Formulierung Englerts, man müsse die Zusammenhänge ‚ein wenig' kennen, macht darauf aufmerksam, dass religiöse Lernprozesse letztlich nur sehr begrenzt in das komplexe, nicht überschaubare religiöse Bezugsnetz einführen können. Deshalb kann es immer nur um das Erschließen von exemplarisch ausgewählten einzelnen Zusammenhängen innerhalb dieses Netzes und um die Auseinandersetzung mit verschiedenen Sichtweisen auf dieses Thema gehen.

Im Wissen um die jeweils klar begrenzten Möglichkeiten sind auch literarische Texte in ihre religiösen und auch in andere relevante Verweiszusammenhänge einzuordnen, da sich erst dann ihr Inhalt, ihre spezifische Sprache und die in den Texten vorhandenen (religiösen) Begriffe und Motive erschließen. Grundsätzlich gilt hierbei, dass die Auseinandersetzung mit einem Text umso tiefgehender und nachhaltiger ist, je besser die Kenntnis der Diskurszusammenhänge ist. Im Wissen um seine religiöse Einbettung, um biografische, biblische, historische, gesellschaftliche und kulturelle Hintergründe lässt sich dann im Anschluss an die Ansätze der beiden Wegbereiter des theologisch-literarischen Dialogs *Dietmar Mieth* und *Karl-Josef Kuschel* das Verhältnis zwischen dem literarischen Text und seinen theologischen Bezugspunkten näher erschließen: Wo finden sich Entsprechungen, also ‚strukturelle Analogien'? Wo lassen sich Widersprüche, also ‚produktive Kollisionen', zur christlichen Wirklichkeitsdeutung ausmachen? Von hier aus kann sich dann jeder und jede Einzelne in den Deuteprozess einschalten und positionieren.

Dritte Kontur: Ermöglichung von Entdeckungen und Erfahrungen
Standen mit den ersten beiden Konturen eher kognitive Dimensionen im Umgang mit Literatur im Vordergrund, so betont die dritte Kontur verstärkt die affektive Auseinandersetzung. Literarische Texte zeichnen sich gerade durch ein Zusammenspiel von Inhalt *und* Form aus, haben eine ganz eigene Sprache und Dramaturgie. In ihnen begegnen religiöse oder anthropologische Erfahrungen in ästhetisch gestalteter Form, die es zu erkunden und entdecken gilt. Reduzierte man sie lediglich auf ihre Lehre oder Botschaft, würde man zentrale Chancen verspielen. Gerade angesichts der gegenwärtigen Situation, in der Jugendliche der Kirche, ihren Traditionen und ihrer Sprache zunehmend entfremdet und bestenfalls auf der Suche nach einer Sprache jenseits der tradierten Glaubenssprache sind, können literarische Texte als Orte religiöser Fragen und menschlicher Sehnsucht aufgesucht und erkundet werden. Die in ausgewählten Texten vorhandene religiöse Lesart von Welt ermöglicht heutigen Menschen, die weitgehend in naturwissenschaftlich geprägten Lebenswelten aufwachsen, eine neue Wahrnehmung von Wirklichkeit. Literatur kann hier einen neuen Blickwinkel ermöglichen. Sie kann Erstaunen, Irritation und Befremden hervorrufen und so den Lernenden Erfahrungen zugänglich machen, die zur Entwicklung ihrer – auch religiösen – Identität beitragen können.
In Orientierung am *Prinzip des ästhetischen Lernens* lässt sich also sagen, dass literarische Texte eine Wahrnehmungsschulung fördern, die über eine reine Sinnesschulung hinausgeht: Es geht hierbei um ein Mitempfin-

den, um ein Verwickeltsein in die Welt des Textes. Vor allem narrative Texte ermöglichen es, für die Dauer des Lesens die erzählte Welt zu „bewohnen" (vgl. *Kumlehn* 2008), in sie einzutauchen, sich in Konflikte verwickeln zu lassen, mitzuleiden und sich mitzufreuen. Die im Leseprozess entstehenden individuellen Gedanken und inneren Bilder gilt es näher zu erspüren: Warum geht einem selbst ein bestimmter Text nahe? Warum fühlt man sich von ihm angesprochen? Was bewirkt, dass man von einem literarischen Werk eher abgestoßen wird? Was löst Befremden aus? Wie verändert sich durch einen Text die eigene Sichtweise? Literatur kann so „Wahrnehmungsgewohnheiten [...] unterbrechen, um sowohl das Vertraute wie das Fremde in seiner Differenz wahrnehmen zu können und es so dem schnellen Konsumieren zu entziehen" (*Hilger* 2010, 338).

Vierte Kontur: Einbringen theologisch-literarischen Expertenwissens
Die Forderung, theologisch-literarisches Expertenwissen in Lernprozesse einzubringen, knüpft an die zweite Kontur an, die bereits auf die Notwendigkeit des Wissens um Querverbindungen hingewiesen hat. Die knappe Nachzeichnung des Umgangs mit Literatur in den letzten Jahrzehnten zeigt, dass die Wertschätzung für das konkret vorliegende literarische Werk stetig zugenommen hat: Während es in den Religionsbüchern der *ersten* Phase durchaus üblich war, nur Bruchstücke von Gedichten zu präsentieren, Auslassungen nicht kenntlich zu machen und auf Quellenangaben weitgehend zu verzichten, so finden sich in den Unterrichtswerken der *zweiten* Phase bereits längere Texte und Textauszüge, die ein Einfühlen ermöglichen. Auszüge aus Romanen werden vielfach im Gesamtkontext verortet. Nun werden Angaben zum Autor und zur Entstehungszeit üblich. Dies gilt auch für einen Großteil der Unterrichtswerke der *dritten* Phase, die verstärkt auch auf größere Zusammenhänge aufmerksam machen, indem sie literarische Werke in Beziehung zu ihrer biblischen Vorlage, zu Bildern der Kunst oder theologischen Texten setzen und vermehrt auf biografische und zeitgeschichtliche Hintergründe verweisen. All dies trägt zum Verständnis des Textes bei und gibt hilfreiche Anhaltspunkte, diesen zu deuten und seine kulturgeschichtliche, anthropologische und gesellschaftliche Bedeutsamkeit zu erschließen.
Im Rahmen einer konstruktivistischen Konzeption religiösen Lernens wächst die Besinnung auf die Notwendigkeit instruktiver Phasen. So plädiert etwa Rudolf Englert dafür, dass die Lehrenden nicht nur als Modera-

toren, sondern auch als „theologische Experten" (*Englert* 2013, 59) auftreten; ebenso versteht es Hans Mendl als eine Aufgabe der Lehrenden, „fachspezifisches Wissen sachrichtig und verständlich aufbereitet zu präsentieren" (*Mendl* 2010, 319), da erst auf dieser Basis selbstständiges Lernen möglich ist. Der Vermittlung theologisch-literarischen Expertenwissens in der Auseinandersetzung mit literarischen Werken kommt kein Selbstzweck zu. Vielmehr ist sie als Beitrag zur angezielten religiösen Orientierung der Lernenden zu verstehen. Deshalb dienen instruktive Phasen nicht dazu, eine – per se unmögliche – lückenlose Deutung vorzustellen. In Orientierung am vielfach verwendeten *Elementarisierungsmodell* geht es vielmehr um eine sach- und subjektgemäße Vereinfachung des Unterrichtsgegenstandes.

Abhängig vom konkreten Text und von der Lerngruppe ist also zu überlegen, welche Wissensbestände angemessen und relevant sind. Das können etwa zentrale Eckdaten zur (Glaubens-)Biografie eines Autors, Verweise auf biblische und systematisch-theologische Zusammenhänge oder Hintergrundinformationen zum kultur-, motiv- und zeitgeschichtlichen Kontext eines Textes und seiner formalen Gestalt sein. Dieses Wissen kann dann in die Analyse und Interpretation eines Textes einfließen. Wir werden uns in den später ausgeführten 20 Textbeispielen an diesen Vorgaben orientieren.

Fünfte Kontur: Ermöglichung individueller Sinnkonstruktionen

Bereits in den 1970er-Jahren hat die Literaturdidaktik auf die aktive Rolle der rezipierenden Lesenden hingewiesen, deren Vorerfahrungen, Wissens- und Entwicklungsstand die Deutung eines Textes wesentlich mitbestimmen, wodurch ein literarisches Werk mit jedem Lese- und Deutungsvorgang immer wieder neu mit Bedeutung gefüllt werde. Seit einigen Jahren ist sich auch die Bibeldidaktik der Bedeutung der *Rezeptionsästhetik* bewusst und hat ihrerseits Ansätze entwickelt, die darauf aufmerksam machen, „dass es weder einen Textsinn an sich gibt, noch dass der Text allein für sich verantwortlich ist". Sie wecken vielmehr das Bewusstsein für den „Leser und die Begegnung von Text und Leser als Sinn produzierende Faktoren" (*Schambeck* 2009, 55). Deshalb „liegt es" in der Tat „nahe, auch auf die (post)moderne Literaturwissenschaft zu rekurrieren, wenn über die Gestalt einer zeitgemäßen Bibeldidaktik nachgedacht wird" (*Kropač* 2016, 62).

Die gegenwärtige Konstruktivismusdebatte (vgl. die Bände des seit 2010 herausgegebenen ‚Jahrbuch für konstruktivistische Religionsdidaktik‘) macht darauf aufmerksam, dass derartige Ansätze auch lerntheoretisch bedeutsam sind, da sie Lernenden zutrauen und zumuten, eigenständig Texte mit individuellen Sinngehalten anzureichern und damit selbst neue Sinnzusammenhänge aufzubauen. Für den Umgang mit Literatur in religiösen Lernprozessen bedeutet dies, dass sich die Lernenden aktiv in den Deute- und Interpretationsprozess einschalten, um nach einer *Wahrheit ‚für mich‘* zu suchen. In diesen Prozess fließen somit folgende Fragen ein: Was erschließt sich dem individuellen Lesenden neu durch einen bestimmten Text? (Wie) Verändert er die eigene Sicht auf die Wirklichkeit oder die eigene Religiosität? Was tut sich Neues auf, wenn der Text auf eigene Erfahrungen stößt? Wo findet er Zustimmung? Wo löst er Perturbationen aus? Inwiefern kann seine spezifische Sprache „eine Brücke zu eigenen Formulierungen oder Weltdeutungen schaffen" (*Sitzberger* 2013, 280)? Kurzum: Was gibt einem das ‚Denk-Mal‘ Text tatsächlich zu denken?

Methodisch gesehen gibt es eine Fülle an Möglichkeiten, diesen individuellen Konstruktionen Gestalt zu verleihen. Dazu gehören Formen kreativen Schreibens ebenso wie das Überführen der persönlich bedeutsamen Botschaft eines Textes in ein anderes Medium – eine Vielfalt an handlungs- und produktionsorientierten Verfahren, die in neueren Praxisbüchern (vgl. *Langenhorst* 2001, 2003, 2011; *Zimmermann* 2006, 2012) und auch in vielen schulischen Unterrichtswerken bereits enthalten sind. Diese ermöglichen es den Lernenden, ausgehend vom erarbeiteten Text ihrem Glauben oder Nicht-Glauben, ihren Sehnsüchten, Hoffnungen und Zweifeln eine *Form zu geben* – ein Prozess, bei dem Performation und Reflexion ineinanderfließen und der sich einer letzten Kontrollierbarkeit entzieht. Gerade von fach*wissenschaftlicher* Seite werden gelegentlich mahnende Einwände gegen solche Unterrichtsmethoden laut, die sich im Wesentlichen auf die Frage beziehen, ob bei solchen Verfahren die Würde eines literarischen Textes gewahrt bleibt (vgl. *Schwens-Harrant/Seip* 2012). Diesen Bedenken ist zweierlei zu erwidern:

– Erstens ist mit kreativen und produktiven Verfahren keinerlei Geringschätzung oder Missachtung des Vorlagetextes verbunden. Das Anliegen solcher Methoden besteht explizit *nicht* darin, einen Text zu korrigieren und mit dem ‚Umschreiben‘ eine ‚verbesserte Version‘

anzustreben. Vielmehr geht es im Lernprozess darum, einem neuen Sinnzusammenhang, der sich durch die ernsthafte aktive Auseinandersetzung mit dem literarischen Werk erschlossen hat, Ausdruck zu verleihen. Die Neugier auf den tatsächlich ursprünglich verfassten Text wird dadurch eher gesteigert. Sein Stellenwert wird nicht untergraben, sondern erhöht.

- Damit ist zweitens bereits angedeutet, dass die Rezeption eines Textes keineswegs willkürlich und beliebig ist, worauf *Gerhard Röckel* und *Georg Bubolz* schon 2006 aufmerksam machten: Mit „der subjektiven Annäherung an den Text kann durchaus eine wissenschaftlich-kritische Einstellung einhergehen, indem [...] das subjektive Verstehen des Lesers selbst immer wieder bewusst gemacht und reflektiert wird" (*Röckel/ Bubolz* 2006, 84). Zur Bewusstmachung und Reflexion des subjektiven Verstehens sind die individuellen Konstruktionen in einem intersubjektiven Austausch plausibel zu machen und gegenüber den Konstruktionen anderer zu vertreten, zu überprüfen und gegebenenfalls weiterzuentwickeln und zu revidieren. Dadurch kann zugleich das Aushalten von Mehrdeutigkeiten und der Respekt vor den Haltungen und Einstellungen anderer gefördert werden.

Sechste Kontur: Ermunterung zu eigenen Entdeckungen und Befähigung zum kritischen Urteil

Die Forderung, Lernende zu eigenen literarischen Entdeckungen zu ermuntern, geht über die situativ gestaltete Auseinandersetzung mit einzelnen Texten hinaus. In ihrer Lebenswelt, in ihrer Geschichte und Kultur sollen die Lernenden religiös bedeutsame literarische Werke wahrnehmen und ergründen. Eine solche Sensibilisierung für die *Gegenwart des Religiösen* in der Literatur – gerade auch in der Gegenwartsliteratur – umfasst zugleich die Befähigung zum kritischen Urteil, die ein Aufdecken der manipulativen Kraft von Literatur einschließt. Damit ist ausdrücklich *keine* Rückkehr zu einer die Materialkerygmatik kennzeichnenden ‚indirekten Verkündigung' angestrebt. Während in dieser Phase ein mündiger Umgang mit Literatur verhindert wurde, indem den Lernenden im Vorfeld auf Orthodoxie überprüfte Literatur zum Lesen vorgegeben wurde, während sie vor Werken, die diesem Kriterium nicht standhielten, gewarnt wurden, geht es hier gerade um die *Förderung religiöser Mündigkeit* und eines damit verbundenen *selbstverantworteten Umgangs mit religiös bedeutsamer Literatur.* Dabei wird nicht vorgegeben, was ‚gute' und was ‚schlechte' Literatur ist, sondern es geht um die Entwicklung von Kriterien, anhand derer die Lernenden selbst Literatur und die in ihr geronnene Sprache beurteilen können.

In diesem Zusammenhang ist zu bedenken, was *Rudolf Sitzberger* in Bezug auf die Bedeutung der Reflexion über Sprache im Religionsunterricht allgemein hervorhebt: „Indem die Schülerinnen und Schüler nicht nur an religiöse Sprache im Sinne einer Sprachfähigkeit herangeführt werden, sondern darüber hinaus reflexiv religiöse Sprache in ihren unterschiedlichen Dimensionen bedenken, erhalten sie weitergehende Möglichkeiten der Weltdeutung und -konstruktion" (*Sitzberger* 2013, 284). Im Anschluss an die hier genannte Notwendigkeit der reflexiven Auseinandersetzung mit Sprache – „als Mittel des Ausdrucks, des Bekenntnisses, der Tradierung, der gemeinsamen Weltdeutung und der Bezugnahme zum Transzendenten" (ebd.) – kann mit Blick auf literarische Werke und auf religiöse Lernprozesse insgesamt festgehalten werden: Auch sie sind kritisch daraufhin zu befragen, inwiefern die in ihnen jeweils konstruierte Wirklichkeit den eigenen Ausdruck und ein mögliches persönliches Bekenntnis bereichern kann. Darüber hinaus lässt sich im Anschluss an *Dorothee Sölles* ‚Realisationskonzept' (vgl. *Sölle* 1973) untersuchen, ob ein konkreter literarischer Text eine überzeugende ‚Übersetzung' tradierter religiöser Sprachformen bietet. Und schließlich lässt sich an ihn die Frage richten, ob er zu einer individuellen Weltdeutung und persönlichen Bezugnahme zum Transzendenten inspiriert.

In einigen der jüngsten Untersuchungen und Anthologien zielen gerade die Einblicke in den Diskurs von ‚Theologie und Literatur' darauf ab, auf die Präsenz des Religiösen sowohl in der Kinder- und Jugendliteratur als auch in der ‚Erwachsenenliteratur' aufmerksam zu machen. Hier gilt wiederum: Allein das Aufzeigen, *dass* es innerhalb der Literatur die Auseinandersetzung mit religiösen Fragen gibt, reicht nicht aus. Wichtig ist es, dass sich Lernende damit auseinandersetzen, *wie* das Religiöse in der Gegenwartsliteratur erscheint. Handelt es sich um reine Unterhaltungsliteratur? Werden nur Stereotype aufgegriffen? Geht es um Provokation – etwa darum, „die dunklen Seiten der Kirche aufzudecken: Geheimbünde, die über Leichen gehen, Kirchenfürsten zwischen Konspiration und Kontemplation, Kapuzenmänner, die brisanten Dokumenten nachjagen" (*Hurth* 2006, 240)? Oder gibt ein Text persönlich hilfreiche religiöse Impulse? Fordert er zum Denken heraus und verändert oder erweitert er die eigene Sichtweise? Gibt er Anstöße für die eigene Rede von Gott, für eigene Hoffnungen und Zweifel? Vermittelt er Inneneinsichten in eine fremde Religion oder religiöse Tradition? Fördert er Verstehen?

Diese Fragen sind angesichts sich immer rascher wandelnder Lebenswelten immer wieder neu zu beantworten. Auch wenn sich in den letzten Jahrzehnten einige literarische Texte zu ,Klassikern' entwickelt haben, ist es aufgrund der sich über die Jahre stets wandelnden jugendlichen Religiosität letztlich weder möglich noch sinnvoll, einen literarischen Kanon an bleibend bedeutender Literatur aufzustellen. Einzelbeispiele zeigen, dass gerade auch literarische Texte, die nicht den Ansprüchen an ,hohe Literatur' genügen, durchaus die eigene Sichtweise erweitern können und somit keineswegs trivial sein müssen. Wir werden in der Auswahl unserer Texte deshalb ganz bewusst Beispiele ganz unterschiedlicher Kategorien aufnehmen.

– Um Korrelationen zu ermöglichen, die so aktuell wie möglich sind, konzentrieren wir uns auf bislang religionspädagogisch wenig beachtete Texte des 21. Jahrhunderts.

– Da sich die klassischen Gattungszuschreibungen in der Postmoderne verwischen, werden sowohl Texte aus der Kinder- und Jugendliteratur aufgenommen als auch solche Beispiele aus der ,Erwachsenenliteratur', die auch Jugendlichen interessante Zugänge bieten.

– Den pluralen Bedingungen unserer Zeit folgend werden Texte aufgenommen, die im Blick auf Religion suchend, bestätigend, zurückweisend oder kritisierend sind. Anfrage und Affirmation stehen Seite an Seite. Dabei werden christliche, jüdische und muslimische Prägungen erkennbar.

Siebte Kontur: Bedenken der Unbegreiflichkeit Gottes

Die Rede von Wissensnetzen, von mentalen Landkarten und Stadtplänen lässt nur allzu leicht aus dem Blick geraten, dass die Konfiguration religiösen Wissens und der damit verbundene Erwerb religiöser Orientierungsfähigkeit kein Selbstzweck sind. Was *Karl Rahner* selbstkritisch als Theologe bekennt, lässt sich als Warnung auf sämtliche Felder des religiösen Lernens übertragen: „Wir halten uns zu sehr in der *Rede* über die Sache auf und vergessen bei all dieser Rede im Grunde die beredete Sache selber" (*Rahner* 2004, 31). Theologie fange jedoch erst dort an, wo der Theologe

„nicht beruhigt meint, klar und durchsichtig zu reden, sondern die analoge Schwebe zwischen Ja und Nein über dem Abgrund der Unbegreiflichkeit Gottes erschreckt und selig zugleich erfährt und bezeugt" (ebd., 30).

In der Tat: Diese eine Grenze des Verstandes hat sich seit Menschengedenken als unüberwindbar gezeigt. So alt die Idee ist, dass es Götter, dass es einen Gott gibt, so alt ist die schmerzhafte Erfahrung, dass man ihn im Letzten nicht ‚verstehen' kann. Die Dogmatik hat dazu einen Lehrsatz entwickelt, der zu dem Sprachmittel des Paradoxons greift. Denn das ist schon paradox: Ein Lehrsatz definiert, dass etwas nicht zu definieren ist! So nämlich hat das vierte Laterankonzil im Jahr 1215 die Lehre von der *analogen Erkenntnis* formuliert: „Zwischen dem Schöpfer und dem Geschöpf kann man keine so große Ähnlichkeit feststellen, dass zwischen ihnen keine noch größere Unähnlichkeit festzustellen wäre" (DH 806). Das heißt aber doch: Was immer unser (geschöpflicher) Verstand ausdenken mag über Gott (den Schöpfer): Es ist immer mehr falsch als wahr! Stets ist die Unähnlichkeit, das Unpassende größer als das Ähnliche, Passende. Und doch können wir nur so ‚Gott denken'! Und doch *dürfen* wir so von Gott denken, denn eine andere Denkart ist uns nun einmal nicht gegeben!

Theologische Wahrheitsdiskurse sind an diese Vorgabe gebunden. Die damit benannten Grenzen der Sprache erfahren aber gerade jene als besonders schmerzvoll, die um dieses rechte Wort ringen: die Dichter. Ein eindrückliches Beispiel kann das belegen. Die Ordensfrau *Silja Walter* (1919–2011) war eine Ausnahmeerscheinung in der deutschsprachigen Literatur. Ihr Vater, streng katholisch, war ein erfolgreicher Verleger, Urtyp des Firmengründers in der industriellen Aufbruchzeit, ein Patriarch, Nationalrat, Offizier, Vater von neun Kindern. Das jüngste der Geschwister, der einzige Sohn *Otto F. Walter* (1928–1994), neun Jahre jünger als die Zweitälteste Silja, wurde Verlagslektor und erfolgreicher Romancier, brach aber mit der Welt, für die sein Vater stand: der Welt des Unternehmertums, der Bürgerlichkeit, des Katholizismus. Sie selbst, Silja, trat nach akademischer Ausbildung im Alter von 29 Jahren in das kontemplative Benediktinerinnenkloster Fahr bei Zürich ein, wo sie bis zu ihrem Tod in strenger Klausur lebte.

Als Ordensfrau Schwester Maria Hedwig verfasste sie weithin beachtete Lyrik, Oratorientexte und religiöse Spiele oder Erzählungen, um den Sinn klösterlich-kontemplativen Lebens in der heutigen Zeit zu verdeutlichen. Für unsere Fragestellung zentral: Im Jahr 1982 führte sie für das Radio ein aufsehenerregendes Gespräch mit ihrem Bruder, aufgezeichnet bei ihr im Kloster, ein Jahr später veröffentlicht unter dem Titel „Eine Insel finden". Was für eine Konstellation: Hier sie, die in Klausur lebende Nonne; dort er, der jüngere Bruder, den klassischen Formen des Christentums weitgehend entfremdet, ohne sich doch völlig als Atheist zu sehen; sozialistisch-politisch engagiert; kämpferisch aktiv im Einsatz für eine bessere Welt. 20 Jahre lang hatten sie einander nicht gesehen. Zwei Welten, zwei unterschiedliche Lebenserfahrungen prallen aufeinander, verbunden durch die erinnerte geschwisterliche Sympathie und die gemeinsame Kindheitserfahrung, die beide jedoch völlig anders erlebt und in Erinnerung behalten haben. Die Themen des Gespräches ergeben sich wie von selbst: das Elternhaus, die so eigenständig verlaufenden Lebenslinien, der Sinn des Schreibens, die unterschiedlichen Auffassungen über Religion, über das Christentum, über die konkret erfahrene Welt des Katholizismus. Im Kern des Gespräches aber geht es um die *Gottesfrage*: Silja Walter will dem Bruder ihre Welt, ihren Glauben, ihren Weg ins Kloster und ihr Leben dort verständlich machen. Doch wie erklärt man religiöse Überzeugungen? Es fallen Worte ehrlichen Ringens und Suchens. Silja Walter gesteht ganz offen:

> Ich kann das Absolute nicht beschreiben. Und trotzdem. Trotzdem bemühe ich mich immer wieder, einen Ausdruck dafür zu finden. Nicht Begriffe, nein, vor allem nicht alte Begriffe. Lieber nicht von Gott reden, als in der alten, verdreschten, verbrauchten Sprache. Ich bemühe mich vielmehr um das Finden von neuen Bildern, Symbolen. [...] Aber da bleibt trotzdem eine Unzulänglichkeit. Und unter dieser Unzulänglichkeit, über Gott reden zu können, leide ich.
> *Walter* 1999, 150f.

Die „Unzulänglichkeit über Gott reden zu können" und das Leiden an dieser Unzulänglichkeit: Viele Schriftstellerinnen und Schriftsteller würden sich dieser Aussage anschließen. Aber nicht nur sie. Schlimm, wenn Theologen und Religionspädagoginnen, Religionslehrer und Seesorgerinnen dieses Gefühl *nicht* kennen oder nicht zulassen! Die bleibenden Grenzen der Sprache zu spüren und gerade nicht zu verstummen, dieser

Balanceakt bleibt schwierig. Gewiss kann man aus guten Gründen mit dem Philosoph Wittgenstein zu dem Ergebnis kommen: „Wovon man nicht sprechen kann, darüber muss man schweigen!" (*Wittgenstein* 2001, 178) – das ist menschlich verständlich und für einen Philosophen eine redliche Option. Nicht aber für Menschen, die in der Religionsergründung und -erschließung arbeiten! Für uns gilt der mühsame Weg, den auch Silja Walter beschritten hat, „das Finden von neuen Bildern, Symbolen" – selbst wenn dieser Prozess immer vom Scheitern bedroht ist.

Wie viele andere auch verweigert sich Silja Walter dem Diktum Wittgensteins. Sie stellt sich der Folgerung, dass man ‚darüber schweigen' müsse, ‚wovon man nicht sprechen' könne, explizit und vehement entgegen. Aber wie? In welcher Sprache? In der Sprache von Philosophie und definitionsversessener Systematischer Theologie? Silja Walter zeigt einen anderen Weg. Man kann ihn so beschreiben: *Worüber man nicht sprechen darf, darüber muss man dichten!* Die Sprache der Dichtung – ob lyrisch verdichtet oder erzählend – bietet einen eigenen Zugang zu letzten Wahrheiten. Wenn es eine Sprachform gibt, die den Grundregeln der analogen Gottesrede entspricht, dann die der Poesie.

Karl-Josef Kuschel hat darauf aufmerksam gemacht, dass die Theologie gerade von Schriftstellerinnen und Schriftstellern ihr eigenes Bewusstsein dafür schärfen kann, dass auch sie „nur wegweisen kann von sich in ein Geheimnis, in das letztlich keine Sprache reicht" (*Kuschel* 1997, 285). Angesichts der Unzulänglichkeit, die gerade Jugendliche der biblisch geprägten Sprache, vor allem aber theologischen Begriffen beimessen, sind Religionspädagoginnen und Religionspädagogen herausgefordert, sich selbst und den Lernenden immer wieder aufs Neue bewusst zu machen, dass man Gott nicht habhaft werden kann, und dass deshalb alle religiöse Rede eine *zaghafte Rede* bleiben sollte. Literatur, die stets über sich selbst hinausweist und auf Fremdes und Widerständiges aufmerksam macht, ist als Herausforderung zu verstehen, sich Gott immer wieder neu zu nähern, mehr über seine Größe zu erfahren und die Unbegreiflichkeit Gottes nicht zu verharmlosen oder gar zu vergessen.

Konsequenzen für den Aufbau dieses Buches

Diese sieben nicht trennscharf voneinander abgrenzbaren Konturen verlangen nach *Konkretisierung*, nach Überführung in sinnvoll geplante Lernprozesse, in welche literarische Texte zu integrieren sind. Genau diesem

Anspruch stellt sich das vorliegende Buch. In zehn thematischen Zugängen greift es für religiöses Lernen zentrale Themenfelder auf. Je zwei neue, religionspädagogisch noch ‚unverbrauchte' Beispieltexte – einerseits aus dem Bereich der aktuellen Jugendliteratur, andererseits aus dem Bereich der gegenwärtigen ‚Erwachsenenliteratur' – verdeutlichen die literarischen Gestaltungspotenziale der jeweiligen Themen. Die Texte selbst werden im Rahmen ihres jeweiligen Kontextes gedeutet. Gleichzeitig werden sie jedoch didaktisch beleuchtet im Blick auf die Chancen (und Grenzen) ihrer Einbindung in religiöse Lernprozesse: Wo und wie ermöglichen sie ‚Text-Spiegelung', ‚Sprach-Sensibilisierung', ‚Erfahrungs-Erweiterung', ‚Wirklichkeits-Erschließung' und ‚Möglichkeits-Andeutung' (vgl. *Langenhorst* 2011, 57–63)? Methodische Hinweise zeigen auf, wie ein sinnvoller Einsatz dieser Texte im Spannungsfeld der aufgezeigten Optionen aussehen kann.

Mehrfach wurde bereits auf das Prinzip der *Korrelation* verwiesen, dem sich ein solches Verfahren verpflichtet weiß. Nur: In welcher Art werden literarische Texte für korrelativ verstandenes religiöses Lernen nutzbar? Die hier vorgelegten Konkretionen folgen zwei Leitlinien. Zum einen muss die im Korrelationsgedanken formulierte Vorstellung einer „Verknüpfung von Glaubensüberlieferung und jeweiliger Lebenserfahrung" (Lernfelder 1984, 241) – so die klassische Formulierung des „Grundlagenplan[s] für den katholischen Religionsunterricht im 5.-10. Schuljahr" schon aus dem Jahr 1984 – nicht in jedem Fall die unmittelbare Lebenserfahrung der Lernenden meinen. Die Schriftstellerinnen und Schriftsteller, deren Texte im Folgenden aufgegriffen, gedeutet und didaktisch nutzbar gemacht werden, sind selbst schon in derartige Korrelationen eingebunden. Die ausgewählten Gedichte oder Romanauszüge selbst sind bereits augenfällige Ergebnisse korrelativer Prozesse, die hier in der Tat sowohl „kritisch" betrachtet als auch „produktiv" (ebd., 242f.) genutzt wurden und somit zwei weiteren idealtypischen Charakterisierungen von Korrelation entsprechen. In der jeweiligen Lebenserfahrung dieser Autorinnen und Autoren wurden religiöse Texte und Impressionen so bedeutsam, dass sie diese in eigene, neue Sprachsetzungen gerinnen ließen.

Umgekehrt betrachtet befragen ihre heutigen Texte die traditionellen Formulierungen und Vorgaben im Blick auf ihre Validität und Stimmigkeit. Lernende können sich hier – sozusagen ‚von außen' – in diese Korrelationen einklinken, und dem Wechselspiel zwischen traditionellen, in Sprachform gegossenen Erfahrungen und heutigen Erfahrungen hinter und in den literarischen Texten nachspüren. Hier handelt es sich also im Idealfall um eine *beobachtete, analysierte, bezeugte Korrelation*. Religion, theologische Fragen, selbst existenzielle menschliche Grunderfahrungen werden hier zu literarisch geformten, und so sekundär erschlossenen Lebensbereichen. Genau das entspricht in den meisten Fällen ihrem tatsächlichen heutigen Stellenwert.

Aber: Hieraus kann auf einer zweiten Ebene durchaus eine *persönlich ausgestaltete, konstruktivistisch geformte Korrelation* werden. Sowohl die aufgerufenen intertextuellen Quellen *als auch* die ja bereits aus einer ersten Korrelation hervorgegangenen literarischen Texte unserer Zeit können dabei als jener erster Pol fungieren, der sich dem „Geschehen, dem sich der überlieferte Glaube verdankt", zuordnen lässt. Zum zweiten Pol wird nun jedoch ganz unmittelbar jenes „Geschehen, in dem Menschen heute ihre Erfahrungen machen" (Lernfelder 1984, 242), also das Erleben der konkreten Menschen vor Ort. Beide Formen von Korrelation – die der bezeugten und die der selbst konstruierten – werden durch die folgenden zwanzig Texte angeregt.

Eingeladen zur *Mitarbeit* wurden zwei verschiedene Personengruppen: auf der einen Seite langjährig ausgewiesene Beiträgerinnen und Beiträger zum theologisch-literarischen Diskurs mit Erfahrungen in der religiösen Vermittlungsarbeit vor Ort; auf der anderen Seite religionspädagogisch versierte Nachwuchswissenschaftlerinnen und Nachwuchswissenschaftler mit Interesse am Themenfeld. Die Wahl der literarischen Autorinnen oder Autoren und der spezifischen Texte blieb ihnen selbst überlassen. Gerade so entstand ein buntes, vielfältiges und frisches Panoptikum, das an drei Kriterien orientiert ist:

– Es handelt sich um Texte unserer Zeit, also des 21. Jahrhunderts;
– im jeweiligen Zentrum steht ein konkreter Textauszug, der für die ganz konkret ausgestaltbare Arbeit in Schule oder Erwachsenenbildung geeignet ist;
– der Text enthält Elemente, die explizit religiöse Fragestellungen enthalten oder anregen.

Der Grad, inwieweit die einzelnen Autorinnen oder Autoren die didaktische Ausrichtung in den Text einfließen lassen, variiert. Einige belassen es bei allgemeinen Hinweisen, andere orientieren sich direkt an Lehrplänen und der Ausformulierung methodischer Aufgaben. Auch hier schien uns eine offene Bandbreite sinnvoller als eine enge Zuspitzung auf eine verpflichtende normative Vorgabe. Nicht nur der Reigen der vorgestellten Bücher, Texte und Themen, auch die hermeneutischen Zugänge stehen somit im Vorzeichen der Vielfalt. Diese pluralen Zugänge entsprechen dem Medium der Literatur und kommen unterschiedlichen Lese-Interessen entgegen. Gerade so versuchen wir Anregungen und Impulse für eigene Praxiserprobungen zu setzen.

Georg Langenhorst/Eva Willebrand

I. Gottesbilder

Die Frage nach Gott – konkreter: nach der Gottesbeziehung der Kinder und Jugendlichen – gehört zum Herzstück des Religionsunterrichts. Der 1974 verabschiedete und bis heute gültige Beschluss der Würzburger Synode „Der Religionsunterricht in der Schule" formuliert als eine der zentralen Aufgaben des Religionsunterrichts: „Er weckt und reflektiert die Frage nach Gott [...] und ermöglicht eine Antwort aus der Offenbarung und dem Glauben der Kirche" (Der Religionsunterricht in der Schule 1976, 139f.). Genau an diesem Punkt beginnt jedoch bereits die Herausforderung: Gott bleibt „ein letztlich undurchdringliches Geheimnis", auch „in seiner liebevollen Zuwendung und Nähe zu uns Menschen" bleibt er „der ganze Andere" (Der Religionsunterricht vor neuen Herausforderungen 2005, 22). Ein Religionsunterricht, der diese Geheimnishaftigkeit Gottes ernst nimmt, ist somit vor die Aufgabe gestellt, „Schülerinnen und Schüler zur Wahrnehmung dieses ‚ganz Anderen' hinzuführen" (ebd.) – so das 2005 von den deutschen Bischöfen verabschiedete Dokument „Der Religionsunterricht vor neuen Herausforderungen".

Dass diese Aufgabe nicht leicht zu bewältigen ist, werden Religionslehrerinnen und -lehrer genauso bestätigen wie andere in der Religionsvermittlung Arbeitende. Ein verstärktes Interesse an Gott lässt sich in den pädagogischen Feldern weder bei Kindern oder Jugendlichen noch bei Erwachsenen beobachten. Viele klagen über gegenteilige Erfahrung, vor allem über Indifferenz. Die neue Shell-Jugendstudie bestätigt diese Wahrnehmung: Ihr zufolge geben nur noch 29 Prozent der 12- bis 25-Jährigen an, an einen „persönlichen Gott" zu glauben, während weitere 17 Prozent der Aussage zustimmen, dass es „eine überirdische Macht" (*Shell* 2015, 257) gebe.

Und wie steht es um Gott in der Literatur unserer Zeit? Die Frage scheint schon lange beantwortet zu sein: „Verschwiegen" (vgl. *Baden* 1963) und verborgen, „verloren" (vgl. *Motté* 1996) und verabschiedet sei er, so grundlegende Studien zur Thematik. Die hinter der Frage aufscheinende Suche finde nur ein Ergebnis: „Gott liebt es, sich zu verstecken" (*Kuschel* 2007). Der Blick in die Gegenwartsliteratur könnte dann nur eines erbringen: eine erneute Bestätigung der ‚Gottesverdunstung', der resignativen Einsicht in die ständig schwindende Präsenz des Gottesgedankens in der Gegenwartskultur.

So könnte der Befund sein – ist er aber nicht. Ein genauer Blick vor allem in die Entwicklungen der letzten 20 Jahre führt genau zu dem gegenteiligen Ergebnis: „Ich gönne mir das Wort Gott", unter dieser Überschrift erscheint ein Gespräch mit *Andreas Maier*, einem der wichtigsten Autoren der mittleren Schriftstellergeneration im deutschsprachigen Raum, in der Frühjahrsliteraturbeilage 2005 der Wochenzeitschrift „Die Zeit". Im Interview führt er aus: „Irgendwann habe ich damit angefangen, mir die Verwendung des Wortes Gott zu gönnen. Wenn man sich dieses Wort verbietet, hat man extreme Schwierigkeiten, bestimmte Dinge zu sagen." Gegen alle falschen Vereinnahmungen betont er: „Es darf nicht sein, dass wir das Wort Gott nur verwenden, um uns gegenseitig zu versichern, dass wir alle schon irgendwie gut und richtig seien. [...] Wenn ich von Gott spreche, weiß jeder, dass etwas gemeint ist, das außerhalb von uns liegt" (*Maier* 2005). Mit dieser literarischen Annäherung an Gott steht Andreas Maier nicht allein (vgl. *Langenhorst* 2014). Sowohl in der Kinder- und Jugendliteratur als auch in Gedichten und Romanen für Erwachsene finden sich zahlreiche Bespiele für eine neue Offenheit für religiöse Themen allgemein und konkret: für ein neues Heranschreiben an ,Gott'.

Solche literarischen Texte werden zu Herausforderungen gegen den Trend: Die in der Literatur wahrnehmbare kulturelle Neugier auf Religion stößt auf alltagspraktische Ernüchterung. Zwei solcher Werke – je ein herausragendes Beispiel aus der Kinderliteratur und aus der ,Erwachsenenliteratur' sollen unser Buch eröffnen: Werke, die in ihrer Art der Auseinandersetzung mit ,Gott' unterschiedlicher kaum sein könnten. Da wird zum einen erzählt von einem Gott, der sich selbst auf den Weg macht, um seine Geschöpfe aufzusuchen; zum anderen geht es um die Suche eines Pfarrers, der jedoch gesteht, nicht an Gott glauben und ihn nicht spüren zu können. Diese beiden Werke bilden den Auftakt für das dann weiter entfaltete Panorama der vorgestellten Texte.

1. ‚Gott' zwischen Bilderverbot und poetischer Annäherung
Rafik Schami: „„Wie sehe ich aus?', fragte Gott"

Eva Willebrand

Die heißen Sommer Syriens verbringt der 1946 in Damaskus geborene *Rafik Schami* als Kind oft bei seinen Großeltern. Wenn die Hitze dem Großvater im Sommer unerträglich wird, bittet er die Großmutter, „sie möge frischen Wind machen", worauf diese einen Deckenventilator anstellt, der „geräuschvoll eine frische Brise hervor[zaubert]" (*Schami* 2015, 9). „Göttlich", flüstert der Großvater dann genussvoll und schläft ein. Auf die Frage des Jungen, „wer das Licht und den Wind draußen mache", antwortet der Großvater in einem Wort: „Gott" – für den Jungen die Gewissheit: „Gott ist auch eine Großmutter" (ebd.).

Viele Jahre später – 2011 – entsteht ein kleines Büchlein, in dem der Gedanke, wer Gott eigentlich sei, wieder auftaucht: „„Wie sehe ich aus?', fragte Gott" lautet der Titel des Werkes, das im Œuvre des Autors eine Ausnahme bildet. Mit Blick auf das Gesamtwerk Rafik Schamis, der in seiner Heimat Syrien zur christlich-aramäischen Minderheit gehörte, ist zu beobachten, dass Religion und Glaube in seinen Erzählungen – für Kinder wie für Erwachsene – immer wieder einfließen, aber dennoch nicht zu einem beherrschenden Thema werden.

Anders in dieser unprätentiösen Erzählung, in der die Frage nach dem Wesen Gottes erzählerisch ausgestaltet wird. Die Grundidee hierfür entstand an einem Ort, der mit den bunten und lebhaften damaszenischen Gassen, in denen Schami seine Kindheit verbracht hat, nicht viel gemeinsam hat. Seit 1971 in Deutschland lebend, verbringt Schami, der 1979 an der Universität Heidelberg in Chemie promovierte, viel Zeit im Labor. Beim Warten auf chemische Reaktionen holen ihn die großen Fragen des Lebens – darunter auch die Frage nach Gott – immer wieder ein. Zugleich beschäftigt ihn der Gedanke, wie gerade Kinder diese großen Fragen verstehen können. Seine Überlegungen dazu hält er in einem kleinen Notizbüchlein fest, das über 33 Jahre verschwindet. Als es ihm im Alter von über sechzig Jahren überraschend wieder in die Hände fällt, gestaltet er die gesammelten Gedanken zu einer kleinen Erzählung aus.

1. ‚Gott' als Fragender

Ähnlich der Kindheitsvorstellung Schamis, Gott müsse (auch) eine Großmutter sein, tauchen eine Fülle an Antworten auf die im Titel genannte
Frage auf, wie Gott eigentlich aussehe, auf. Ungewöhnlicher Perspektivenwechsel hierbei: Gott selbst wird zum Fragesteller. Er macht einen
Spaziergang durch die Welt und zeigt sich neugierig. Er will seinen Geschöpfen begegnen und mit ihnen ins Gespräch kommen, um zu erfahren, wie sie ihn sehen. Die Lesenden werden gleichsam eingeladen, Gott
auf diesem Spaziergang zu begleiten:

> Eines Tages wollte Gott wissen, wie die Wesen seiner Schöpfung ihn
> sahen. Er, der alles erschaffen hatte, die Sonne und die anderen Sterne,
> die Erde und die anderen Planeten, wusste nicht genau, was seine Ge-
> schöpfe über ihn dachten. Und so kam Gott auf die Erde, unsichtbar
> wie ein Gedanke und neugierig wie ein Kind.
> Der Zufall wollte es, dass das Erste, was ihm begegnete, eine kleine
> Wolke war.
> „Wie sieht Gott aus?", fragte Gott die Wolke.
> „Er ist unsichtbar und doch immer da: Ich spüre ihn bei jeder Bewe-
> gung. Viel weiß ich nicht, ich bin noch sehr jung, aber er ist mächtiger
> als alles auf der Welt. Er bewegt mich, wohin er will. Manchmal bringt
> er mich dorthin, wo ich am liebsten sein möchte, als hätte er meine
> Gedanken gelesen, und wenn er wütend ist, wirbelt er mich durch den
> Himmel, dass ich nicht mehr weiß, wo oben und unten ist."
> Und weil Gott auch in diesem Moment wusste, wohin die Wolke
> wollte, zu den durstigen Feldern nämlich, blies er sie dorthin. Erleich-
> tert sah er bald darauf ihre Freudentränen.
> Als Nächstes begegnete er einem Schmetterling.
> „Wie sieht Gott aus?", fragte Gott den Schmetterling, der gleich ängst-
> lich zur Seite flatterte.
> Als das scheue Wesen sich beruhigt hatte, sagte es: „Gott ist wie eine
> zauberhafte Hand, die alles Hässliche in Schönheit verwandelt, die
> eine unansehnliche Raupe in ihrem Kokon streichelt, und schon
> komme ich heraus."
> Zufrieden streichelte Gott den Schmetterling, und der freute sich über
> zwei neue bunte Streifen, die seine Flügel schimmern ließen.
> „Wie sieht Gott aus?", fragte Gott sodann einen Fisch.

„Oh", sagte der Fisch, und vor Schreck entwischten seinem Maul zwei Luftblasen, „Gott ist ein unergründlicher Ozean, tiefer, als alle Wale tauchen, und weiter, als alle Delphine schwimmen können."

Gott lächelte zufrieden und ließ den Fisch binnen weniger Minuten alle Meere der Erde und alle Tiefen der Ozeane sehen. Dem Fisch wurde schwindlig, und als er wieder zu sich kam, sagte er zu seiner Frau: „Ich habe gerade den schönsten Traum meines Lebens gehabt."

„Wie sieht Gott aus?", fragte Gott, als er ein Schneeglöckchen traf.

„Ach, Gott, du fragst mich, die kleine Schneeglocke? Er ist die unendliche Wärme, die mich zum Leben erweckt und mitten im Frost den Sommer fühlen lässt. Aber nicht nur das. Schon im dunklen Bauch meiner Mutter, der Zwiebel, hörte ich seine Stimme.

Er tröstete mich über die Dunkelheit hinweg, ohne die es kein Licht gibt. Ja, er ist der größte Tröster. Die Enge plagte mich, er aber versprach mir, sobald ich aus der Erde kommen würde, eine Umarmung des ganzen Weltalls. Er hielt Wort. Und das ist unendlich schön."

Rafik Schami, „Wie sehe ich aus?", fragte Gott, 6–23

Die parallel aufgebauten Episoden zeigen: Gott sucht die Geschöpfe in ihrem Alltag auf, reißt sie für einen Augenblick aus ihrer Normalität heraus, indem er ihnen jedes Mal die gleiche Frage stellt: „Wie sieht Gott aus?" Ganz unbefangen und in mutiger Kreativität versuchen die verschiedensten Geschöpfe hierauf zu antworten, indem sie in Bildern, Umschreibungen oder Vergleichen ihre Vorstellung von Gott zum Ausdruck bringen – stets ausgehend von ihren Erfahrungen und der eigenen Lebenswelt. In den meisten Fällen reagiert Gott auf diese Antwort, indem er sein Geschöpf liebkost, ihm etwas Gutes tut oder sein Staunen über die einfache, aber zugleich tiefgründige Antwort des Wesens zum Ausdruck bringt. Die allzu Eitlen und Selbstbewussten – wie etwa einen Distelfink, der sich über die merkwürdigen Iah-Laute eines Esels lustig macht – ermahnt er auf sanfte Weise, was die Geschöpfe zum Erröten bringt.

Den Höhepunkt erreicht die Handlung schließlich, als Gott sich der „Krönung seiner Schöpfung" – den Menschen zuwendet. Zunächst nähert er sich einem kleinen murmelspielenden Mädchen. Die Episode liest sich wie folgt:

Gott dachte nach. Zum Schluss, bevor er die Erde wieder verließ, wollte er noch die Krönung seiner Schöpfung befragen.

Er näherte sich einer kleinen Stadt. Das Erste, was er sah, waren zwei Kinder, ein Mädchen und ein Junge. Sie spielten auf einer Sandbahn in einem Park mit Murmeln.

„Wie sieht Gott aus?", fragte Gott das Mädchen.

„Gott?", sagte das Mädchen und lächelte. „Wie komme ich auf solche Gedanken, während ich mit meinem Bruder spiele? Aber, er ist bestimmt ein allmächtiges Kind, das mit den Sternen und Planeten spielt, weil sie seine Murmeln sind. Manchmal streichelt er sie sanft, so dass sie rund und glänzend werden wie meine Murmel hier, wie unsere Erde. Manchmal aber spielt er auch grob mit ihnen und nicht selten vergisst er sie sogar, lässt sie liegen und rennt hinter einem Schmetterling her oder formt in ein paar Sekunden aus etwas Lehm eine ganze Welt. Ja, ich bin sicher, er kann nur ein Kind sein."

„Was redest du denn da vor dich hin? Wirf doch endlich, du bist dran", nörgelte der wartende Bruder.

Gott staunte nicht wenig über das Mädchen und dachte bei sich, wenn der Mensch als Kind so viel Weisheit im Herzen trägt, welch ein göttliches Wesen wird dann später aus ihm?

Er bedauerte es, dass er durch Milliarden von anderen Aufgaben seit einer Weile die Erde nicht mehr besucht hatte und daher nicht genau wusste, was aus dieser Gattung geworden war.

Rafik Schami, „Wie sehe ich aus?", fragte Gott, 52–59

2. Gottesbilder in der Schwebe

In dieser tiefgründigen Reflexion des kleinen Mädchens bleibt Gott in der Schwebe: Er wird gesehen als „allmächtiges Kind" – bereits dies eine ungewöhnliche und in sich widersprüchliche Bezeichnung –, das mal ganz sanft seine Murmeln streichelt, mal grob mit ihnen spielt und sie sogar vergisst. Wie schon in den Vorstellungen und Bildern der anderen Geschöpfe bleibt Gott auch hier der Rätselhafte und Unerklärliche, der sich seinen Geschöpfen zwar liebevoll zuwendet, aber dennoch der ganz Andere ist, der sich eindeutigen Definitionen entzieht. Die Widersprüchlichkeit im wahrgenommenen Verhalten Gottes – die sanfte Zuwendung, das grobe Spiel mit der Erde und sogar das Vergessen seiner Geschöpfe –

wird hier nicht aufgelöst, sondern bleibt bestehen. Auch Gott selbst liefert hierfür keine Erklärungen.

Gerade in ihrer Vielzahl und in ihrem Nebeneinander nehmen die in der Erzählung aufgerufenen Gottesbilder damit die Mahnung des ersten Gebotes ernst: „Du sollst dir kein Kultbild [alte Einheitsübersetzung: Gottesbild] machen" (Ex 20,4). Genau hier setzt schließlich die Schlussepisode in Schamis kleiner Erzählung an, die diesen zentralen Grundsatz der Gottesrede ausgestaltet. Das Ende liest sich wie folgt:

Er ging weiter und besuchte einen Mann in seinem Atelier. Es war ein alter, sehr bekannter Meister der Malerei.

„Wie sieht Gott aus?", fragte er den Maler.

Der lächelte, schaute sich in einem großen Spiegel an und malte. Immer wieder betrachtete er sein Spiegelbild und malte emsig und mit geschickter Hand und leuchtenden Farben ein großes Bild von sich, samt Gewand und weißem Bart. Er prüfte das Gemälde und lächelte zufrieden. „Das ist Gott", sagte er stolz.

Gott schüttelte nur den Kopf. Leise verließ er die Erde, und Zweifel nagten an ihm, ob er beim Menschen nicht irgendetwas falsch gemacht hatte.

Rafik Schami, „Wie sehe ich aus?", fragte Gott, 59–62

Auf der Handlungsebene sind es vor allem zwei Dinge, die Anstoß erregen: Zum einen malt sich der Maler *selbst*, als er gefragt wird, wie Gott aussieht; zum anderen reagiert er allzu selbstsicher mit seiner konstatierenden Aussage: Das von ihm gemalte Bild „ist Gott". Diese Anmaßungen lösen bei Gott Kopfschütteln und Zweifel aus und führen zu Schweigen und Rückzug – eine Reaktion, die eine deutliche Kritik am Verhalten des Malers impliziert – nicht am Malakt als solchem, sondern an seiner Gewissheit, Gott erfasst zu haben. Deutlicher als jede verbale Zurückweisung zeigt dieser Rückzug Gottes: Wer eine so statische und selbstsichere Gottesvorstellung hat und das Bewusstsein von der Andersartigkeit Gottes derart ausblendet, dem entzieht sich Gott; durch seine Selbstsicherheit verhindert der Maler den Dialog.

3. Lernchancen und Lernwege

Etwa ab der siebten Klasse befinden sich die meisten Schülerinnen und Schüler in einer Phase, die gemeinhin als „Abschied vom Gott des Kinderglaubens" (*Mendl* 2011, 37) bezeichnet wird und in der es darum geht, nach neuen Gottesbildern und einer neuen Sprache für Gott zu suchen. Genau hier kann religiöses Lernen mit Schamis Erzählung ansetzen. Mithilfe der Erzählung, die der Autor selbst in einem Interview auf der Frankfurter Buchmesse 2011 als Suche nach „Möglichkeiten, Gott zu verstehen" bezeichnet, kann die Suche der Jugendlichen begleitet und ein Bewusstsein für eine differenzierte Gottesrede und Gottesvorstellung geschaffen werden. *Kathrin Wexberg* hebt in diesem Zusammenhang hervor: „Die zentrale Gratwanderung besteht dabei wohl immer darin, zwischen dem Bemühen einer aufgeklärten Gesellschaft, Kindern alles zu erklären, alles verständlich zu machen und der Unverfügbarkeit Gottes zu vermitteln" (*Wexberg* 2009, 303).

In „‚Wie sehe ich aus?', fragte Gott" findet eben diese Gratwanderung statt. Ein wesentliches Merkmal der Erzählung besteht darin, dass verschiedenste Bilder von Gott angeboten, aber nicht aufgedrängt werden. Kein Bild ist wichtiger oder richtiger als ein anderes; für die einzelnen Geschöpfe sind diese Bilder jeweils stimmig. Ob dies für die Lesenden ebenfalls gilt, müssen diese selbst entscheiden. Durch die vielfältigen Bilder, die hier von Gott entworfen werden, wird versucht, sich seinem Wesen anzunähern. Damit bildet die Erzählung eine *literarische Auseinandersetzung mit Gottesvorstellunge*n, ohne ins Beliebige abzugleiten. Zugleich macht das Werk darauf aufmerksam, dass sich Gott in kein konkretes Bild zwängen lässt, sondern der Unverfügbare bleibt: Wer ein zu statisches Bild von Gott hat, wer glaubt, über die einzig wahre Vorstellung von ihm zu verfügen, der hat ihn verfehlt.

Wie nachfolgend skizziert wird, kann die Erzählung nicht nur ein einzelnes Element einer möglichen Unterrichtsreihe zur Gottesfrage sein, sie kann sich vielmehr in ihrer Gesamtanlage an Schamis Werk orientieren.

3.1 Offenheit und Unabgeschlossenheit

Eine erste Chance besteht in der Offenheit und Unabgeschlossenheit der aufgeworfenen Gottesvorstellungen. Dabei kommt die Erzählung nicht belehrend oder erklärend daher, sondern sie wählt den Ansatz des Staunens, dessen theologische Bedeutung evident ist, wie es *Hans Mendl* formuliert: „Nur, wer nicht alles für selbstverständlich hält, kann auch Freude und Dankbarkeit entwickeln. […] Die Fähigkeit zum Staunen ist eine wichtige Basis für den Gottesglauben überhaupt" (*Mendl* 2008, 238).

Da die Suche nach einer angemessenen Gottesvorstellung innerhalb des Werkes zwar offen, aber dennoch nicht ergebnislos bleibt, kann sie Schülerinnen und Schüler bei ihrer eigenen Suche und ihrem Ringen um eine Vorstellung von Gott begleiten. Ganz konkret lässt sich die Diskussion um die eigene Gottesvorstellung mithilfe der Erzählung anstoßen, indem den Jugendlichen zunächst die verschiedenen Antworten der Geschöpfe auf die Frage nach dem Aussehen Gottes präsentiert werden. Sie sollen sich dabei die Aussage aussuchen, mit der sie sich am stärksten identifizieren können, und eine, die sie ablehnen würden:

- Gott ist unsichtbar und doch immer da. (Wolke)
- Gott bewegt mich, wohin er will. (Wolke)
- Gott ist wie eine zauberhafte Hand, die alles Hässliche in Schönheit verwandelt. (Schmetterling)
- Gott ist ein unergründlicher Ozean, tiefer, als alle Wale tauchen, und weiter, als alle Delphine schwimmen können. (Fisch)
- Gott ist die unendliche Wärme, die mich zum Leben erweckt. (Schneeglöckchen)
- Gott ist der größte Tröster. (Schneeglöckchen)
- Gott ist ein genialer Bildhauer. Jedes Haar und jedes Sandkorn, jedes Blatt und jede Dattel hat er nach seinem göttlichen Plan gemacht. (Palme)
- Gott ist die Ewigkeit, sein Anfang und sein Ende sind unsichtbar. (Schildkröte)
- Gott besteht aus Güte. (Schildkröte)
- Gott ist ein Musiker. (Atom)
- Gott ist die größte Sonne aller Zeiten. Er hat Tausende und noch mehr Botschafter im Weltall, die alle das Eine von ihm haben: seine unendliche Wärme. (Jasminblüte)
- Gott ist der beste Gesprächspartner der Welt. (Distelfink)
- Gott ist die unendliche Freundlichkeit. (Maus)
- Gott ist ein Lehrer, der nie langweilt, der in keinem Buch zu lesen braucht, weil er allwissend ist. Und trotzdem ist er niemals hochnäsig. Er überlässt es dir, zu erahnen, wie viel er weiß. (Spinne)
- Gott ist ein unvorstellbar humorvoller Zauberer. (Regenbogen)

- Gott ist der Meister des Sichtbaren und Unsichtbaren. (Regenbogen)
- Gott ist ein allmächtiges Kind, das mit den Sternen und Planeten spielt, weil sie seine Murmeln sind. Manchmal streichelt er sie sanft, manchmal aber spielt er auch grob mit ihnen und nicht selten vergisst er sie sogar. (Mädchen)

Im Sinne einer Lerneingangsdiagnose lässt sich hiermit zum einen der Entwicklungsstand bezüglich der Gottesvorstellung der Heranwachsenden erkennen; zum anderen ergeben sich von hier aus wesentliche Fragen – etwa zum Wesen Gottes, zum Bilderverbot, zur Frage nach dem Verhältnis von Schöpfung und Evolution sowie zur Frage nach Gott und Leid –, denen im weiteren Verlauf einer möglichen Unterrichtsreihe nachgegangen werden kann.

3.2 Poetische Gottes-Rede

Eine zweite Chance, die sich mit der Erzählung verbindet, liegt in ihrer bildhaft-poetischen Sprache. Sie bildet eine Alternative zur theologisch-dogmatisch geprägten Sprache und steht in der Nähe dem Bilderreichtum der Psalmen nahe, ist jedoch leichter zugänglich, da sie – korrelationsdidaktisch gedacht – eher aufseiten der Erfahrungen der Schülerinnen und Schüler steht. In einer 2011 erschienenen Studie über den Sprachgebrauch Jugendlicher im Kontext von Religion und Glaubenspraxis stellt der Religionspädagoge *Stefan Altmeyer* fest, dass Jugendliche „nur mehr in sehr eingeschränktem Maß von biblisch geprägter Sprache und theologischen Begriffen Gebrauch" machen, sie aber sehr wohl „über eine Sprache für Gott und eine Sprache, in der sie zu Gott sprechen können" (*Altmeyer* 2011, 316), verfügen. Was diese Sprache kennzeichnet, beschreibt Altmeyer wie folgt: „Gott wird vor allem mit Hilfe allgemeiner positiver Erfahrungskategorien beschrieben, die ihn in Beziehung zum eigenen Leben verorten" (ebd.).

Eine solche erfahrungsbasierte Sprache für Gott kennzeichnet auch Schamis Erzählung. Gott kommt hier mit Wesen der unbelebten Natur (einer kleinen Wolke und einem prachtvollen Regenbogen), mit Pflanzen (einem unscheinbaren Schneeglöckchen und einer stolzen Dattelpalme), mit Tieren (einer flinken, ängstlichen Maus und einer langsamen, uralten Schildkröte) und schließlich mit den Menschen (einem kleinen Mädchen und einem berühmten Maler) ins Gespräch. So unterschiedlich wie diese Wesen sind, so unterschiedlich fallen auch ihre Antworten über das Wesen Gottes aus: Mal sind es Attribute (allgegenwärtig, ewig ...), mal sind es Vergleiche, mal ganz konkrete Bilder für Gott. Immer aber haben diese Antworten ihren Ausgangspunkt in der Lebenswelt der jeweiligen Geschöpfe. Um mithilfe der Erzählung die religiöse Sprachfähigkeit von Schülerinnen und Schülern zu schulen, lässt sich anhand der verschiedenen Episoden gruppenarbeitsteilig erschließen, was die Vorstellung der Geschöpfe jeweils kennzeichnet und wie – aufgrund welcher Erfahrungen – sie zu ihren Antworten kommen, um davon ausgehend das eigene Gottesbild und die Sprache, mit der man von und zu Gott spricht, zu reflektieren und kritisch zu hinterfragen.

3.3 Auseinandersetzung um festlegende Gottesbilder

Im Zentrum einer weiteren Einheit kann schließlich die Konfrontation mit der Episode über die Begegnung zwischen Gott und dem berühmten Maler stehen. Hiermit verbindet sich die Chance, die Gegenwartsrelevanz des biblischen Bilderverbots zu erarbeiten. Dazu wird den Schülerinnen und Schülern zunächst nur der Anfang der Episode – Gottes Auftritt beim Maler und seine Frage „Wie sieht Gott aus?" – vorgelesen, um sie im Anschluss daran zum Fortschreiben aufzufordern. Damit begeben sich die Lernenden zunächst selbst auf die narrative Ebene, was nicht allein der Motivation dient, sondern zugleich ein wichtiger Schritt im Prozess einer verlangsamten Texterschließung ist: Das Fortschreiben zwingt zu einem genauen Lesen und fördert zugleich die eigene Ausdrucks- und Reflexionsfähigkeit. In einer anschließenden Reflexionsphase können die eigenen Fortsetzungen miteinander verglichen und begründet werden. Im Idealfall enthalten die Schülerversionen unterschiedliche Reaktionen ‚Gottes' – je nach Komplexität des Problembewusstseins Einzelner. In diesem Zusammenhang bietet es sich schließlich an, nun auch die Originalfortsetzung zu präsentieren und zu deuten.

Nachdem die Schülerinnen und Schüler die Erzählung nun vollständig kennen, lässt sich noch ein Viertes anschließen: Die Leichtigkeit und die Offenheit der Erzählung ermuntern zu kreativem Schreiben. Dass Gott, der sich jedes Mal berührt zeigt von den Antworten seiner Geschöpfe, nach seiner letzten Begegnung mit dem eingebildeten Maler die Erde so traurig und enttäuscht verlässt, wollen viele Heranwachsende so nicht stehen lassen – Anlass genug, um die Erzählung durch eigene Episoden zu erweitern und ihr ein anderes Ende zu geben.

Auf die Bedeutung solcher kreativer Schreibimpulse verweist *Markus Tomberg*: Literarische Texte – so seine These – könnten „zur Folie, zum Gerüst eines Welt-Raums [werden], den die Gesprächspartner mit Facetten ihres eigenen Lebens anreichern, in dem sie zu Ko-Autoren geworden sind und damit immer auch etwas von sich, gebrochen, maskiert durch die literarische Verfremdung und im Schutzraum der Fiktion, preisgeben, weil sie es in den Bedeutungsraum literarischer Sprache einspielen" (*Tomberg* 2016, 186f.). In literarischer Verfremdung lassen sich also eigene Erfahrungen und das im Unterricht Gelernte einbringen, wodurch der persönlichen Gottesvorstellung Ausdruck verliehen werden kann.

2. Fern und fremd in dieser Welt. Und jener. Die Suche nach Gott und Mensch in *Daniel Kehlmanns* Roman „F"

Horst Quirmbach

Sich mit der Gottesfrage zu beschäftigen, steht eher nicht auf der Liste der zehn Lieblingsbeschäftigungen der Deutschen. Das war nicht immer so, wie man mit Blick auf das Reformationsjubiläum 2017 leicht feststellen kann. Religion ist keine Bestimmungsgröße des Alltags mehr, aber ist Religion deshalb, wie manche behaupten, verdunstet? Anderswo als in unseren Landen hat sie von ihrer Prägekraft nichts verloren, und mittlerweile schwappt die grässliche Fratze ihrer dunklen, fanatisch-pervertierten Form schmerzhaft in unseren Alltag.

Daniel Kehlmann (*1975) richtet seinen Blick dagegen landeinwärts, wobei sich das Thema Religion – und damit verbunden die Frage nach Gott – in seinem Roman „F" (2013) lautlos heranpirscht, eher unbemerkt durch poröse Nahtstellen diffundiert, aufsteigt durch kleine Risse und Ritzen unseres modernen, individualistisch-hedonistischen und aufgeklärten Lebens. Ein Leben inmitten einer wohlhabenden, konsumorientierten Gesellschaft, geprägt von einer kapitalistischen Wirtschaftsordnung, in der man keine Zeit und wenig Verständnis für merkwürdige Riten, als abseitig empfundene religiöse Fragestellungen und (natur-)wissenschaftlich unbeweisbare Überzeugungen hat. Aber die Risse! Die „kleinen Unstimmigkeiten" (*Kehlmann, F*, 86), wie der Autor sie nennt, die schnell zu einer großen „lautlosen Apokalypse" (ebd., 87) zusammenwachsen können!

1. Konturen einer „lautlosen Apokalypse"

Sie sind *ein*, vielleicht auch *der* rote Faden in der Geschichte einer, von außen betrachtet, normalen Familie. Die Hauptfiguren sind der (zunächst) erfolglose Schriftsteller und Vater Arthur Friedland, der mit seinen Zwillingen Iwan und Eric auf dem Weg ist, um seinen etwas älteren unehelichen Sohn Martin zu einem Sonntagsausflug abzuholen. Was in dieser Szene so bieder beginnt, ist untergründig ein Drama. Ein Drama um die Frage, ob den heranwachsenden Kindern eine glückliche, sinnvolle Zukunft bevorsteht oder ob sie dazu bestimmt sind, ihr Leben zu verfehlen. Aber was – oder wer – ist es, das sie dazu bestimmt, ihr Leben so oder anders zu führen?

Eines sei bereits vorweggenommen: Alle drei Söhne werden letzten Endes scheitern, es bleibt bei der durchaus pessimistischen Sicht, die Kehlmann schon am Beginn seines Romans zur Sprache bringt. „Jahre später, sie waren längst erwachsen und ein jeder verstrickt in sein eigenes Unglück, wusste keiner von Arthur Friedlands Söhnen mehr, wessen Idee es eigentlich gewesen war, an jenem Nachmittag zum Hypnotiseur zu gehen" (ebd., 7). Beziehungsweise zu fahren. Dazu hält Arthur mit den Zwillingen vor Martins Haus, wo er mit seiner Mutter allein lebt.

> Martin lief die Stufen hinab, den unteren Flur entlang, hinaus und über die Straße – so schnell, dass er das heranrasende Auto nicht sah. Bremsen quietschten neben ihm, aber schon saß er auf dem Beifahrersitz, die Hände über dem Kopf zusammengeschlagen, und jetzt erst setzte sein Herz einen Augenblick aus.
> „Mein Gott", sagte Arthur leise.
> Der Wagen, der Martin fast getötet hätte, war ein roter VW Golf. [...] Martin war es, als hätte sein Dasein sich gespalten. Er saß hier, aber zugleich lag er auf dem Asphalt, reglos und verdreht. Ihm schien sein Schicksal noch nicht ganz entschieden, beides war noch möglich, und für einen Moment hatte auch er einen Zwilling – einen, der dort draußen nach und nach verblasste.
>
> *Daniel Kehlmann, F, 8f*

Mit seinem Erschrecken und seinem von nun an begründeten Misstrauen gegenüber der Tragfähigkeit des Lebens bleibt Martin allein – trotz Arthurs Spontanausruf: „Mein Gott." Ein solcher Ausruf kommt ausgerechnet von Arthur, der bis zu seinem Durchbruch erfolglos vor sich hinschreibt, mit wenig Ehrgeiz ausgestattet ist und lediglich teilnahmslos beobachtend an seiner Umwelt teilnimmt. Ein Geist, der stets verneint, alles menschliche Miteinander für Maskerade und eigentlich für zwecklos hält. Welchem Zweck soll auch ein Leben dienen, in dem man auf nichts hoffen, an nichts glauben kann und – vielleicht deshalb – zu keiner Beziehung fähig ist?

Arthurs Verhalten gegenüber den Kindern scheint genau dies zu spiegeln:

Sein Kommen und Gehen ist unvorhersehbar, seine Aufmerksamkeit gering, seine Zuwendung wenig authentisch, seine Rede barsch. Er spielt seine Weltsicht gnadenlos gegenüber den Kindern aus und setzt sie hinsichtlich sentimentaler oder gar religiöser Gedanken und Neigungen auf Nulldiät.

Entsprechend geht die Geschichte weiter. Denn als einer der Zwillinge wenig empathisch mit einem „Da wäre er hin gewesen" auf den Beinahe-Zusammenstoß Martins mit dem Auto reagiert, sinniert Martin weiter: „Stimmt das auch? Wenn Gott noch etwas mit ihm vorhat. Was auch immer. Dann kann ihm nichts passieren" (ebd., 9). Und es entspinnt sich ein typischer Dialog mit dem Vater Arthur:

> „Gott muss gar nichts vorhaben. Es reicht, wenn er es weiß. Wenn Gott weiß, er wird überfahren, wird er überfahren. Wenn Gott weiß, ihm passiert nichts, passiert ihm nichts."
> „Aber das kann nicht stimmen. Dann wäre es egal, was man macht. Papa, wo ist der Fehler?"
> „Gott gibt es nicht", sagte Arthur. „Das ist der Fehler."
>
> *Daniel Kehlmann, F, 9*

Wie setzt sich der Schicksalsweg eines Kindes fort, das von sich behauptet, eigentlich keinen Vater gehabt zu haben, kein Familienleben, dessen Mutter als eine schwache, verlassene, vom Leben enttäuschte und resignierte Frau gezeichnet ist und in dem schon früh der Zweifel nagt, ob sich das Leben überhaupt sinnvoll gestalten lässt, wenn es jederzeit auch wieder verschwinden kann? Ein Kind, das darüber hinaus wie seine Brüder in einem skeptischen, zweifelnden, gar nihilistischen Geist erzogen wird? Die Söhne wollen zwar, vielleicht als Ausdruck des üblichen Generationenkonflikts, über die passive, distanzierte und nicht selten abschätzige Lebenssicht des Vaters hinaus Großes leisten: Künstler, Priester oder Wirtschaftsboss werden. Aber die Verdachtshaltung werden sie dabei nicht los: dass das Leben zufällig sei, sinnlos und vergeblich. Also letztendlich leer.

Kehlmann wäre nicht Kehlmann, wenn er die Verunsicherung nicht noch einmal steigern würde, denn das Ziel des Ausflugs war ja die Teilnahme an einer Hypnose-Veranstaltung. Dort ‚verzaubert' der (daherkommende) Hypnotiseur Lindemann Freiwillige aus dem Publikum in sich glücklich fühlende Menschen. Nicht ohne sie mit einer – den Lesenden bekannten – Weltsicht zu konfrontieren, einer Variation der nihilistischen Lebenseinstellung Arthurs: Alles sei nur Schein und Staub und zerrinne just in dem Moment, in dem man glaubt, es bejahen und festhalten zu können (vgl. *Kehlmann*, F, 28).

2. „F"? – Variationen

Es sind also drei Ingredienzien, die Kehlmann seinen Schützlingen Martin, Eric und Iwan in die Wiege legt. Verbergen sie sich hinter dem Buchstaben Titel „F" des Romans?

– Eine F-*amilie*, die kaum Beziehungen untereinander zulässt, geschweige denn einen in irgendeiner Hinsicht religiösen Blick auf das Leben. Eine Familie, die zu nicht weniger taugt als zu einem Vorbild für ein sinnstiftendes Beispiel von Lebensdeutung.

– Zum zweiten ist die für die Kinder bedrohlich empfundene Frage nach ihrer Zukunft zu nennen. Liegt sie in den Händen eines vielleicht ‚blinden' Schicksals (lat. F-*atum*), in dem der Mensch nichts zählt, weil er keine Resonanz, keinen Widerhall findet? Und damit nichts, was ihn wirklich ergreift und seinem Leben eine Perspektive zu geben vermag?

– Lässt sich einem derart von Fremdheit und Ungeborgenheit unterminierten Lebensgefühl überhaupt noch trauen? Oder scheint das Schicksal nicht eher der Jahrmarktveranstaltung eines mittelmäßigen Hypnotiseurs zu ähneln? Zuletzt: Ist das, was man wahrzunehmen glaubt, wirklich das, was ist? Oder ist alles nur Kulisse und Schein, also F-*ake*?

– Brillant und spannend zeigt Kehlmann, dass gerade dort, wo das Leben besonders kraftvoll und machtvoll pulsiert – in den Zentren von Religion, Wirtschaft und Kultur – der Fake-Faktor besonders hoch zu veranschlagen ist.

3. Martin – ein glaubensloser katholischer Pfarrer

Wie kommt nun ein derart dreifach verunsicherter Jugendlicher namens Martin, der weder Halt in der Familie oder einem Freundeskreis noch in einem weltanschaulich-politischen oder religiösen Umfeld gefunden hat, ja in Ermangelung von Zuversicht und Verlangen noch nicht einmal eine

Erwartung an sein zukünftiges Leben hat, zu dem Wunsch, katholischer Priester zu werden?

Nach dem desaströsen Scheitern seiner Bemühungen um das andere Geschlecht, das ihm nicht nur die Einsicht in die Begrenztheit seiner Bindungs- und Beziehungsfähigkeit, sondern auch noch einen Ekel vor sich selbst beschert, fühlt er sich einzig an zwei Orten aufgehoben: dort, wo er seinen geliebten Zauberwürfel (jenen Kubus mit den sechsfarbigen Seiten à neun Quadrate) drehen kann, und dort, wo er Kirche begegnet – oder sagen wir, einer bestimmten Art von Kirche.

Hier nun sucht er schließlich etwas, das ihn unbedingt angehen kann: Leidenschaft, Halt, Ergriffensein, ein Ziel, Erfüllung – Gott. Dieser Prozess wird wie folgt beschrieben:

Ich [...] fühlte mich wohl in halbdunklen Räumen, ich hörte gern Musik von Monteverdi, und mir gefiel Weihrauchduft. Ich mochte die Fenster alter Kirchen, ich mochte das Netz der Schatten in gotischen Gewölben, ich mochte die Darstellungen von Christus Pantokrator, dem goldumfassten Heiland als Herrscher der Welt, ich mochte Holzschnitte des Mittelalters, ich mochte auch die sanfte Menschlichkeit der Madonnen Raffaels. Ich war beeindruckt von den Bekenntnissen des Augustinus, ich fühlte mich belehrt von den Haarspaltereien des heiligen Thomas, ich empfand eine warme Zuneigung zur Menschengattung an sich, und ich hatte wirklich keine Lust, meine Tage in einem Büro zu versitzen. Außerdem war ich unbegabt dafür, mich selbst anzufassen. Eine Zeitlang hatte ich es regelmäßig getan, wütend, voll Ekel, überzeugt davon, eine ästhetische Verfehlung zu begehen, eine Sünde eher gegen die Schönheit als gegen die Moral. Ich sah mich dabei wie von weitem: ein rotgesichtiger junger Mann, ein wenig rundlich schon, hektisch und mit schmalen Augen an sich selbst hantierend. Und so gewöhnte ich es mir bald wieder ab. Man sollte auch das nicht zugeben im Zeitalter der Psychologen, aber der Würfel machte mehr Spaß.

Und die Sache mit Gott würde ich auch noch hinbekommen. Das dachte ich. So schwer konnte es doch nicht sein. Wenn man sich nur ein wenig Mühe gab, musste es zu schaffen sein.

Insgeheim rechnete ich damit, dass meine Taufe es in Ordnung bringen würde. Aber als der Moment tatsächlich da war, wurde die Kirche gerade renoviert: Die Wände waren kaum zu sehen hinter Stahlträgern, vor dem Altarbild hing eine Plastikplane, und leider funktionierte auch die Orgel nicht. Das Wasser fühlte sich an wie Wasser, der Taufpriester sah wie ein verstockter Wirrkopf aus, und neben meiner melancholisch lächelnden Mutter kämpfte mein Bruder Iwan sichtlich mit einem Lachanfall.

Und doch war ich zuversichtlich, dass der Glaube sich einstellen würde. So viele kluge Leute glaubten doch. Man musste nur mehr lesen, mehr Messen besuchen und mehr beten. Man musste üben. Sobald ich an Gott glauben würde, würde alles sich ordnen, dann würde mein Leben nachträglich zu einem Schicksal werden. Dann würde alles Fügung gewesen sein.

Den einundzwanzigsten Geburtstag feierte ich mit meinen Studienkollegen Finckenstein und Kalm in einem verrauchten Studentenlokal.

„Augustinus ist Schrumpf-Aristoteliker", sagte Finckenstein. „Er steckt tief in der Substanzontologie, deshalb ist er auch überholt!"

„Aristoteles ist nicht überholt", antwortete Kalm. „Er ist die Vernunft selbst!"

Nur in Studentenzeiten führt man solche Gespräche. Finckenstein trug dicke Brillen, hatte sehr rote Wangen und war fromm wie ein Kind. Kalm war eine sanftmütiger Fanatiker, Thomist und schlauer Verteidiger der Heiligen Inquisition. An den Wochenenden nahm er an Ruderwettkämpfen teil, er interessierte sich für Modelleisenbahnen und hatte, was ihn unter Kollegen zum Gegenstand verstohlenen Neides machte, eine Freundin. Vor ihm lag Arthurs Buch *Mein Name sei Niemand*. Ich tat, als würde es mir nicht auffallen, und keiner von ihnen erwähnte es. Es war auch nichts Ungewöhnliches daran, man sah es in diesem Jahr überall.

„Augustinus´ Zeittheorie fällt weit hinter die aristotelische Tradition zurück", sagte ich. „Alle zitierten von ihm den Satz, dass man weiß, was die Zeit ist, solange man nicht darüber nachdenkt. Das ist schön, aber als Erkenntnistheorie ist es schwach."

„Erkenntnistheorie war ja noch nicht das Paradigma", sagte Kalm. „Das war die Ontologie."

Erschöpft schwiegen wir. Ich legte Geld auf den Tisch und stand auf.

„Was betrübt dich, Friedland?"

„Der Gang der Jahre. Der Verlust der Zeit, die Nähe von Tod und Hölle. Du kennst das nicht, du bist erst neunzehn."

„Gibt es die Hölle denn?", fragte Finckenstein. „Was sagt die Ontologie?"

„Geben muss es sie", sagte Kalm. „Aber leer könnte sie sein."

„Und was geschieht dort? Feuer, das schmerzt, doch nicht verbrennt, wie bei Dante?"

„Dante schildert nicht die Hölle", sagte Kalm. „Dante schildert die Wahrheit unseres Daseins. In der Hölle sind wir allenfalls nachts, in den Momenten der Wahrheit, die wir Albtraum nennen. Was auch immer die Hölle sein mag, der Schlaf ist das Tor, durch das sie hereindringt. Jeder kennt sie, denn man ist jede Nacht dort. Die ewige Bestrafung ist einfach ein Traum ohne Erwachen."

„Na dann", sagte ich. „Ich gehe schlafen."

Draußen stand schon die Straßenbahn. Ich stieg ein, und sofort fuhr sie los, als hätte sie auf mich gewartet. Ich setzte mich.

„Entschuldigung", sagte eine dünne Stimme. Vor mir kauerte ein zerlumpter Mann mit wucherndem Bart und zwei prall gefüllten Plastiksäcken. „Geben Sie?"

„Bitte?"

„Geld", sagte er. „Was ihr dem geringsten meiner Brüder. Das habt ihr mir. Sagt der Herr."

Er hielt mir eine schrundige Handfläche hin. Selbstverständlich griff ich in die Jackentasche, aber im gleichen Moment war er auch schon in die Knie gegangen. Dann legte er sich auf den Rücken.

Verblüfft beugte ich mich vor. Er lächelte und rollte langsam, fast genüsslich hin und her – von der linken Schulter auf die rechte und wieder zurück. Ich sah mich um. Es waren nur noch wenige Leute im Waggon, und sie blickten alle starr woandershin.

Aber es war meine Pflicht. Das Christentum verlangte es. Ich stand auf und beugte mich über ihn.

„Brauchen Sie Hilfe?"

Erlegte eine Hand um meinen Knöchel. Sein Griff war erstaunlich fest. Die Bahn hielt, die Türen öffneten sich, zwei Frauen stiegen eilig aus, der Waggon war nun fast leer. Er sah mich an. Sein Blick war klar, scharf und aufmerksam, nicht verwirrt, eher neugierig. Ein Rinnsal

Blut lief aus seiner Nase und verlor sich im grauen Filz des Bartes. Die Türen schlossen sich, die Bahn fuhr an. Ich versuchte, mein Bein aus seinem Griff zu ziehen. Aber er ließ nicht los.

Kein anderer Fahrgast blickte her. Wir waren im zweiten Waggon, der Fahrer schien unerreichbar fern. Seine freie Hand griff zu und klammerte sich so fest um mein anderes Bein, dass ich die Fingernägel spürte. Die Bahn hielt, die Türen öffneten sich, wieder stiegen Leute aus, die Bahn wartete kurz, die Türen schlossen sich, und weiter ging es. Ein angebissener Apfel rollte unter einem Sitz hervor, änderte seine Richtung und verschwand unter einem anderen Sitz. Ich konnte nicht weg, der Mann war stärker als er aussah. Er fletschte die Zähne, blickte fragend in mein Gesicht und schloss die Augen. Ich riss an meinem rechten Fuß, aber ich kam nicht frei. Sein Atem ging hastig, sein Bart zitterte. Er sog scharf die Luft ein, dann spuckte er. Ich fühlte etwas Warmes und Weiches an meiner Wange herablaufen. Er fauchte.

Da trat ich zu. Er wollte sich aufrichten, aber ich trat ein zweites Mal, und er sank zu Boden. Meine Zehen schmerzten. Ich packte einen der Haltegriffe, um nicht das Gleichgewicht zu verlieren, und trat ein drittes Mal. Eine seiner Hände löste sich, die andere nicht, ein Plastiksack fiel um, und Dutzende Papierknäuel rollten heraus: Zeitungsseiten, Buchseiten, Seiten aus Hochglanzmagazinen und Werbebroschüren. Aus dem anderen Sack drang ein Wimmern; mir war, als hätte sich etwas darin bewegt. Die Bahn hielt, die Türen öffneten sich, ich trat auf sein Handgelenk, er stöhnte, und endlich ließ auch die Linke los. Ich sprang hinaus und begann zu rennen.

Ich rannte lange. Erst als ich nicht mehr konnte, blieb ich stehen und sah keuchend auf die Uhr. Zehn Minuten nach Mitternacht. Mein Geburtstag war vorbei.

Daniel Kehlmann, F, 75–81

4. „F" in der Schule: Einsatzmöglichkeiten

Seit der Neuausrichtung der Lehrpläne auf Bildungsstandards wurden in den Kultusministerien unterschiedlich akzentuierte Fachcurricula eingeführt. Exemplarisch soll der für die Eingangsphase zur Oberstufe in Hessen entwickelte Entwurf als Vorlage dienen. Das Thema lautet: „Religion und Mensch in einer pluralen Welt". Ihm sind die verbindlichen

Themenfelder „Gelebter Glaube vor Ort" sowie „Anthropologie und Religion" zugeordnet. Dabei sollen folgende drei Leitperspektiven die Bearbeitung des Themas begleiten: erstens die Auseinandersetzung mit sich, dem Mitmenschen und der Welt; zweitens die Suche nach Antworten aus Offenbarung und Überlieferung; und drittens die Frage nach Gott. Die im Folgenden entwickelten Aufgabenstellungen können – leicht abgewandelt – ebenso in der Erwachsenenbildung eingesetzt werden. Sie orientieren sich an dem ‚Weg zum kompetenzorientierten Unterricht', ausgerichtet an dem Ziel, dass die Lesenden sich einen Zugang zur ‚Realität' der modernen Welt in Kehlmanns Roman verschaffen und von dort zu einer reflexiven Durchdringung ihrer eigenen Lebenswelt voranschreiten können (Leitperspektive 1). Sodann sollen sie die Hinwendung Martins zur Religion als eine Antwort auf die Krise der Moderne beschreiben können. Gleichzeitig sollen die Lesenden Deutungen erarbeiten, die Martins vergebliches Bemühen um einen Halt im Leben und um eine Gottesbeziehung erklären können (Leitperspektive 3). Zuletzt ergibt sich daraus die Anfrage, wie unter den Bedingungen des modernen Lebens eine tragfähige religiöse Einstellung im Kontext des christlichen Glaubens aus der jeweiligen Perspektive der einzelnen Lesenden gewonnen werden kann (Leitperspektive 2).

Aufgabenblock 1

Für die kompetenzorientierte Gestaltung von Lehr- und Lernaufgaben ist es notwendig, zunächst die *Lernausgangslage* zu ermitteln. Hier könnte man so formulieren: Die Schülerinnen und Schüler können das eigene Wissen um existenzielle (In-)Fragestellungen in Anlehnung an die Entwicklung der Romanfigur Martin formulieren.
– Fassen Sie die in dem Beitrag genannten Erlebnisse zusammen, die die Entwicklung Martins und seiner Lebenswelt beschreiben.
– Beschreiben Sie, wo Sie in Ihrer Lebenswelt existenzielle Verunsicherungen erleben oder beobachten. Diskutieren Sie mögliche Begründungen.
– Beschreiben Sie – ebenfalls in Anlehnung an Ihre Erfahrungen –, wie Menschen auf derartige Verunsicherungen reagieren.

Aufgabenblock 2

Anschließend sollen *Lernwege* eröffnet werden: Die Schülerinnen und Schüler können religiöse Suchbewegungen als Antwort auf existenzielle Verunsicherungen in der Biografie Martins nachvollziehen und Gründe für ihr Scheitern in Bezug auf eigene Lebenserfahrungen reflektieren.

- Rekapitulieren Sie Martins Motivlage für seine Entscheidung, Priester zu werden. Erörtern Sie anschließend, wie sich Martins andere Leidenschaft, die dem Zauberwürfel gilt, in diese Konstellation fügt.

- Erörtern Sie, welche eigenen (Krisen-)Erfahrungen, Ideale und Ideen für Ihre berufliche Zukunftsplanung entscheidend sein könnten. Gehen Sie dabei der Frage nach, in welchem spezifisch religiösen Zusammenhang diese möglicherweise stehen.

- Nach den literarisch fixierten theologischen Spekulationen bekennt Martin an seinem Geburtstag, was ihn im Innersten umtreibt. Nehmen Sie Stellung zu seinen Urängsten der Vergänglichkeit und der Vergeblichkeit. Setzen Sie sie in Beziehung zu dem im Roman verwendeten Begriff der „Hölle". Vergleichen Sie das Ergebnis mit dem, was Sie darunter verstehen.

Aufgabenblock 3

Schließlich sollen die Lernenden *Orientierung* erhalten: Die Schülerinnen und Schüler versuchen Auswege aus den im Blick auf Martin narrativ präsentierten Sackgassen einer religiösen Entwicklung zu finden, die in ihrer restaurativen Sehnsucht äußerlich bleibt und sich Öffnungen verschließt.

- Im Anschluss an die Diskussion hat Martin bei der Heimfahrt in der Straßenbahn ein albtraumähnliches Erlebnis mit einem Bettler, das er im Nachhinein als Begegnung mit dem Teufel beschreibt. Interpretieren Sie die Szene im Hinblick auf die Frage, warum Martin das Geschehen gerade dort, wo er in seiner christlichen Kernkompetenz, der tätigen Nächstenliebe, angefragt ist, völlig entgleitet – trotz seines Bemühens um glaubensmäßige Korrektheit.

- Diskutieren Sie mit Bezugnahme auf die Bibelstellen Mt 25,40 und 1 Kor 13,1–3, wie Martin einen Ausweg aus seiner Not und Angst finden könnte.

Aufgabenblock 4

Die Gestaltung von kompetenzorientierten Lern- und Lehraufgaben fordert zuletzt, Anforderungssituationen zu entwerfen, die das Erarbeitete auf mögliche neue Situationen *transferieren* können.

– Die Begegnung Martins mit dem Bettler in Kehlmanns Roman lässt sich auch als eine Anti-Erzählung zur Legende des heiligen Martin lesen. Schreiben Sie eine eigene Version dieser Traumsequenz des Priesterkandidaten Martin, in der er eine positive Glaubenserfahrung machen kann.

– Was würden Sie unbedingt ansprechen wollen, wenn Ihnen ein Mitschüler oder eine Mitschülerin, ein Kollege oder ein Familienmitglied von der Entscheidung berichtet, Theologie studieren zu wollen, um Seelsorger/Seelsorgerin oder Religionslehrer/Religionslehrerin zu werden?

Mit diesen Aufgabenblöcken lassen sich unterschiedliche Aspekte von „F" für den Religionsunterricht erschließen. Unabhängig davon bietet die Lektüre dieses Romans als ‚Ganzschrift' für Interessierte ein faszinierendes Leseerlebnis.

II. Gottesbegegnungen

Schwierig genug, im Religionsunterricht zu einer Reflexion über Gott und Gottesbilder zu motivieren, wenn für so viele Kinder und Jugendliche der Glaube an Gott bedeutungslos geworden ist. Wie steht es dann erst um das Thema ‚Gottesbegegnungen'?

Wohl nur wenige Kinder und Jugendliche würden außerordentliche oder mystische Erfahrungen, in denen sich für sie eine tiefere Wirklichkeit erschlossen hat, tatsächlich als religiöse Erfahrung – geschweige denn als ‚Gottesbegegnung' – klassifizieren. Dennoch – so *Rudolf Englert* – sind gerade Jugendliche oftmals „auf der Suche nach Erfahrungen, die die Grenzen ihrer normalen Wirklichkeit durchbrechen" (*Englert* 2013, 183). Die Bereitschaft, solchen Erfahrungen „Glauben zu schenken oder sich ernsthaft mit ihnen auseinanderzusetzen" (ebd.), ist also durchaus vorhanden. Ein Blick in die Gegenwartsliteratur zeigt, dass sich viele Autorinnen und Autoren nicht davor scheuen, solche Erfahrungen, für die man selbst vielleicht keine Sprache hat, in Worte zu fassen. Sie wagen sich an – im weitesten Sinne – spirituelle Annäherungen an Gott. Ganz offensichtlich spüren sie jene Veränderung, die der Lyriker *Michael Krüger* in seinem Gedicht „Hotel Wandl, Wien" aus dem 1998 erschienenen Band „Wettervorhersage" wie folgt benannt hat: „Wir müssen uns nicht mehr der Religion / erwehren, sie greift uns nicht an" (*Krüger* 1998, 29). Zwei Erkenntnisse lassen sich jetzt schon formulieren. Erstens: Im kulturellen Klima der Gegenwart hat man es offensichtlich „nicht mehr" nötig, auf Distanz zu Religion zu gehen. Aber entscheidender zweitens: Es ist zugleich möglich, Religion positiv aufzugreifen und künstlerisch fruchtbar zu machen, ohne sie dabei zu destruieren oder lächerlich zu machen.

Diese Schreibversuche können im Modus der mythologischen Sprache geschehen, in Sprachfiguren der Mystik, in ständiger Distanzierung durch Ironie oder Maskierung. Durchgängig geht es dabei nicht um autobiografische Unmittelbarkeit, sondern um sorgsame poetische Gestaltung, in der literarische Sprechende und tatsächlich Schreibende nicht miteinander verwechselt werden dürfen, selbst wenn sie eng miteinander zusammenhängen.

Zurück zur unterrichtlichen Praxis: „Was können uns die religiösen Erfahrungen anderer Menschen sagen? Lässt sich aus derartigen persönlichen Zeugnissen etwas lernen, das von allgemeiner Bedeutung ist?", fragt *Rudolf Englert* mit Blick auf literarisch geronnene Glaubenszeugnisse von Menschen (*Englert* 2013, 179). Diese Fragen sind für die nachfolgend vorgestellten literarischen Texte, die um Gottesbegegnungen im Alltag und im Kirchenraum kreisen, sicherlich je anders zu beantworten. Wir präsentieren zunächst ein herausragendes Beispiel neuer christlicher Literatur aus katholischer Warte, dann ein Beispiel, wie sich ein evangelischer Lyriker weitab von ‚christlicher Literatur' vorsichtig und distanzierend an Gottesbegegnungen herantastet.

3. Gottesbegegnung „in all deinem Nichtfinden"
Andreas Knapp: Klopfzeichen

Matthias Werner

Muss sich Gott eigentlich rechtfertigen? Diese Frage wird in unserer Zeit größtenteils zurückgedrängt und ausgeblendet, die „erste und wahrscheinlich größte Schwierigkeit in der Gottesbeziehung" (*Nipkow* 1987, 56) ist sie jedenfalls längst nicht mehr. Vor allem, da der Begriff ‚Gott' nicht mehr zum alltäglichen Vokabular gehört. Jemand, der nicht mehr wahrgenommen wird und für das Leben keine Bedeutung hat; jemand, der in diesem Leben keine Rolle spielt, muss sich nicht rechtfertigen. Zu diesem Ergebnis kommen auch *Ritter, Hanisch, Nestler* und *Gramzow,* wenn sie im Rahmen ihrer Untersuchungen konstatieren, dass „die Theodizeefrage [...] ja auch nur aufbrechen [kann], wenn das biblische – oder zumindest ein theistisches – Gottesverständnis bis zu einem gewissen Grad internalisiert ist" (*Ritter* 2006, 161). Innerhalb des Alltags, geprägt von Ichbezogenheit und Anflügen von Allmachtsfantasien, geleitet von der Vorstellung, sämtliche Probleme im Alleingang bewältigen zu können, brauchen wir ‚Ihn' nicht mehr. ‚Ihn', diesen Lückenbüßergott. ‚Ihn', diese Krücke der Schwachen. ‚Ihn', diese Ausrede.

Bei einigen Typen zeitgenössischer Menschen, zum Beispiel im „Profil des Gotteszweiflers" (*Stögbauer* 2011, 301), existiert die Vokabel ‚Gott' allerdings durchaus. Hier noch Gegenstand brüchiger, bröckelnder Versuche der Vereinbarkeit, wird er bei „Verneinern und Polemikern" (ebd., 302) be- und genutzt, be- und genötigt als Negativfolie, als Bestätigung, mit der eigenen Abkehr ohnehin richtig gelegen zu haben. Er wird zum Opfer von Schuldzuschreibungen. ‚Was, in Katastrophen kannst du auch nicht helfen? Was kannst du überhaupt? Wofür bist du zu gebrauchen? Wenn du selbst das nicht kannst, dann bist du unnütz – im Leben habe ich dich ohnehin ausgeklammert.'

Derartige Gottesvorstellungen unserer Tage degradieren Ihn zum Abziehbild, zum Schutzhelfer in der Not, der sich rechtfertigen muss, wenn er diese letzte ihm nun noch verbleibende Aufgabe nicht gemäß unserer Erwartungen erfüllt. Gott hat sich zu entschuldigen, wird ein passiver Abrufbarer, der bei vermeintlichem Versagen schnell ins Abseits geschoben wird. Ihm wird dann eine Rolle zugeschrieben, als hätte der Mensch Ihn in der Hand.

1. Umkehrungen – biografisch, poetisch, theologisch

Anders bei *Andreas Knapp*, 1958 im badischen Hettingen geboren. Heute in einer Plattenbausiedlung Leipzigs lebend und als Packer am Fließband arbeitend, schien seine vorgespurte Bahn lange eine ganz andere – innerkirchliche – zu sein. Nach Studium, Priesterweihe und Promotion engagierte er sich in der Hochschulseelsorge und wurde Regens des Freiburger Priesterseminars. Da ihm der Wunsch nach Karriere jedoch fremd war, setzte er seine früh getroffene, mehrere Jahre gereifte Entscheidung in die Tat um und vollzog einen grundlegenden Wandel, hin zum Rand der Gesellschaft, hin auch zu Schichten, denen das Wort Gottes mehrheitlich fremd ist. Dies führte zum Beitritt zur Ordensgemeinschaft der „Kleinen Brüder vom Evangelium" im Jahr 2000.

Als Arbeiterpriester im wahrsten Sinne des Wortes blickt er nun auf Tätigkeiten als Bauchladenverkäufer in Bolivien und als Putzkraft in Paris zurück, die auf ihn als eine Art Entziehungskur wirkten. Sich von Ordnung und Struktur einer organisierten Kirche lösend, hin zur Spiritualität des Alltags, gefunden und entdeckt im Wert eigener Hände Arbeit. Eine Reflexion der eigenen Definition, zugleich aber auch eine Zuwendung zu den Marginalisierten der Gesellschaft. Orientierung bietet wohl auch ihm der – in einem seiner Texte Abraham zugeschriebene – „sehnsuchtskompass gottweh" (*Knapp*, 2002, 18).

Ganz bewusst wählte Andreas Knapp – sich selbst als „ausgespannt zwischen Heimweh und Fernweh" (*Knapp*, 2015, 50) charakterisierend – sodann Leipzig, Zentrum einer Region, in der ‚Kirche' ein nahezu unbeschriebenes Blatt ist, welches allenfalls noch bruchstückhaft mit den Geschehnissen der ‚Friedlichen Revolution' verknüpft wird. Bei Lesungen und in Gesprächen schildert er ein Umfeld, in dem religiöse Erfahrungen und religiöse Sprache kaum noch vorhanden sind. Man kann die bestehende Sprachbarriere beinahe fühlen, wenn er von Begegnungen mit Kollegen und Nachbarn erzählt, denen beim Wort ‚Kapelle' nur die Wortbedeutung ‚Musikensemble', beim Wort ‚Orden' nur das Bundesverdienstkreuz einfällt. Klassische theologische Begriffe wie ‚Gnade' und ‚Demut' sind dann in weiter, scheinbar unerreichbarer Ferne, da – wie

Knapp es selbst anschaulich beschreibt – „Gras über diese Sprachruinen gewachsen ist".

In diese vielfältigen Fremdheitserfahrungen hinein sucht und findet Andreas Knapp so Werte des Evangeliums in einer Welt, in der die frohe Botschaft unbekannt und ungehört ist. Als Arbeiter und Priester ist es ihm ein innerstes Anliegen, denen eine Stimme zu verleihen, die keine haben. Ein Anliegen, welches in der Suche nach einer schlichten, entdeckenden religiösen Sprachfähigkeit sein Wirken als Dichter kennzeichnet. Ein klassischer „Gottesbekenner" also, folgt man den Kategorien Eva Stögbauers (*Stögbauer* 2011, 301f.).

In Bezug auf eine angefragte Theodizee offenbaren Knapps Verse ein ganz eigenes Verständnis. Es ist geradezu die Umkehr der Fragerichtung, mit der er in seinen Gedichten an die Gottesfrage, und dadurch auch an die Theodizeefrage, herantritt. Fernab klassischer theologischer Erklärungsversuche, fernab einer Einschränkung der Eigenschaften Gottes wird in der Lyrik des „Arbeiters mit Hand, Stift und Seele" (*Langenhorst* 2015, 299) ein völlig neuer Ton wahrnehmbar. Kein Warum, kein Wieso, kein Verlangen nach Rechtfertigung. Weder Klage noch Anklage, kein einziger Vorwurf. Vielmehr: Vertrauen, Schutzsuche, ein Sich-Fallenlassen. Ein Angesprochen-Sein. Das wird im folgenden Gedicht aus dem Jahre 2002 deutlich:

Klopfzeichen

in der Traurigkeit
für die du keinen Namen findest

in der Unruhe
die dich ziellos umhertreibt

in den Träumen
die dir schlaflose Nächte bereiten

in dem Heimweh
das dich zu Hause befällt

in der Sehnsucht
die ausufert nach immer mehr

in all deinem Nichtfinden
da sucht ER dich

Andreas Knapp, Weiter als der Horizont, 32

2. Theodizee als Möglichkeit der Gottesbegegnung

Pure Gewissheit begegnet in diesen zwölf Versen, gleichmäßig verteilt auf sechs Versgruppen. Traurigkeit, Unruhe, Träume, Heimweh, Sehnsucht und Nichtfinden unserer Tage sind durchaus angesprochen. Doch aus ihnen tönt eben nicht die verbitterte Einsamkeit eines hilflosen Individuums, sondern gerade und vielmehr in diese Erfahrungen und Zustände der Unsicherheit und Bedrängnis hinein spricht – in hervorhebender Großschreibung – der Eine, ER.

In dieser Handvoll Zeilen erfolgt nicht weniger als eine *Umkehr der Suchbewegung* im Angesicht des Leides. „Klopfzeichen", so die von Knapp gewählte Überschrift, werden gemeinhin von Leidtragenden ausgesendet. Hier nun aber der Richtungswechsel: Denn der Absender der Klopfzeichen ist nicht der eingesperrte, verschüttete, verlorene Mensch, begraben unter einer Lawine von Not und Elend. Diese Klopfzeichen dringen vielmehr von außen, ja, von oben, durch viele Schichten des Unverständnisses hindurch zum Menschen.

Knapp benennt sie, diese Momente, in denen das lebendige Rauschen des Alltags schweigt. In denen die unbehagliche Stille die schreienden Grundfragen des Lebens wahrnehmbar werden lässt. Doch genau in diese Beklommenheit hinein postuliert Knapp IHN einmal mehr konsequent als den ganz Anderen, als den Unkonformen, als den Erwartungshaltungen Sprengenden, der sich nicht rechtfertigt, weil er es muss, sondern der selbst aktiv ist und auf der Suche nach dem Individuum tätig wird. Der das Leben nach Möglichkeiten des Kontakts zum Menschen abklopft, anklopft, „Klopfzeichen" sendet. ER als der, der nicht selbst der Verschüttete ist, sondern nach eben diesem sucht. Der ein Suchender ist nach einem Menschen, der gar nicht mehr ver-sucht zu klopfen, der sich im Kreis dreht, der verschüttet ist in seiner eigenen Ichbezogenheit. „In all deinem Nichtfinden / da sucht ER dich."

So betrachtet ist es nicht mehr die Frage nach der Rechtfertigung Gottes, die im Menschen durch Erfahrungen des Leids und der Ohnmacht aufbricht. Es ist also vielleicht gar nicht der Mensch, der sich – erst vor dem Scherbenhaufen des Lebens stehend – auf Gott besinnt und diesen dann zur Verantwortung ziehen möchte. Für Knapp wird in derartigen Momenten der aktive, der mitgehende Gott selbst *erfahrbar*, dessen beständiges Flüstern, dessen eben gerade nicht schreiende Stimme für viele erst in der Stille des Leids wahrnehmbar werden kann. Das Individuum erhält in diese Situation hinein eine Selbstoffenbarung Gottes: Signale, die im Menschen selbst das Aufbrechen der Frage nach Gott bewirken.

ER mischt sich nicht ein in die geschenkte Freiheit des Menschen, indem er das Leben übertönt. Doch das fortwährende Angebot seiner Nähe zielt vor allem in unsere Trauer, in unsere Ziellosigkeit, in unser Nichtfinden, in unsere Unfähigkeit, in unser Nichtkönnen hinein. Vielleicht wird der Mensch gerade deshalb in Zeiten von Katastrophen und Leiderfahrungen der Frage nach Gott gewahr, da diese Frage nach der Rechtfertigung Gottes sein Funken, seine eigentliche Nähe, sein erlebbares ‚Ich bin da' ist.

Dieser tief gehenden Sicherheit treu bleibend, formuliert Andreas Knapp im Gedichtband „Höher als der Himmel" aus dem Jahr 2010 auch das Gedicht „von gott aus gesehen". Ein Text, in Stil und Wortwahl unverkennbar, voll von Fragen ohne Fragezeichen, da die geforderte Antwort für den Dichter unumstößlich zu sein scheint: ein aus dem Innersten hervorquellendes Ja. Ein Ja zu seiner Spur, ein Ja zu seiner Gegenwart. Ein Ja zu seinem Anklopfen, wenn es dort heißt:

ist unser suchen nach gott
vielleicht die weise wie er uns auf der spur bleibt [...]
und unser warten auf ihn
sein geduldiges anklopfen
ist unsere sehnsucht nach gott
die flamme seiner gegenwart
und unser zweifel der raum
in dem gott an uns glaubt.

Andreas Knapp, 2010, 19

Setzt man diese oder andere Texte von Andreas Knapp im Religionsunterricht ein, geht es nicht primär um Provokation und Infragestellung durch das Heranziehen aktueller literarischer Texte. Es geht vielmehr um die *Begleitung auf einem Weg der Suche* durch ein ‚vorgelebtes‘, biografisch reflektiertes Sinnangebot des Dichters. Diese Suche, vor allem die Suche nach einer angemessenen Sprache, ist im Bereich der Theodizee jedoch kein neues Anliegen, welches erst durch den Abbruch religiöser Traditionen und der damit einhergehenden Wortfindungsstörung entsteht. Die Ohnmacht des Ausdrucks, die Unsagbarkeit ist vielmehr inhärenter Bestandteil von Leiderfahrungen. Diese Sprachlosigkeit zumindest zu begleiten, vielleicht sogar zu überwinden, ist eine der größten Herausforderungen eines gegenwartstauglichen Religionsunterrichts.

3. Ein beständiges Hämmern – die Theodizeefrage als Ausdruck letzter Hoffnung

Wo begegnen uns *Klopfzeichen?* In Zeiten immer schneller werdender (digitaler) Kommunikation mögen sie zunächst wie Relikte längst vergangener Tage wirken. Dennoch haben Klopfzeichen nach wie vor ein Alleinstellungsmerkmal, einen ganz eigenen *USP (unique selling point).* Mit ihrer Hilfe gelingt Verständigung, wo direkter Austausch nicht (mehr) möglich ist. Eine theologische Deutung scheint offensichtlich, doch wo tauchen *Klopfzeichen* im ‚echten Leben‘ auf, und was ist deren Charakteristikum? Wo kann man diese also in (zumindest medial transportierten) Erfahrungen von Schülerinnen und Schülern verorten? Dazu zunächst drei Vorüberlegungen:

- Es bestehen verschiedene Kommunikationsrichtungen. Klopfzeichen können sowohl von innen als auch von außen kommen.
- Es besteht noch Hoffnung. Ich klopfe nur, solange ich noch Hoffnung habe.
- Es besteht eine Absicht. Das Klopfen ist somit not-wendig.

Annäherung I – ‚verschüttet‘

Ein Tunnel, ein Wohnhaus, der Stollen eines Bergwerks ist eingestürzt. Berichte über derartige Ereignisse sind alles andere als selten in einer globalen Medienlandschaft, welche uns in Sekundenbruchteilen die aktuellen Ereignisse, egal ob aus Chile oder China, vor Augen führen kann. Von außen ist dann oft nur ein Haufen Schutt und Geröll sichtbar, karges Ödland, kein Funken Leben. Bilder davon verbreiten sich rasend schnell und sind leicht – auch für einen Stundeneinstieg – aus Print- und Onlinemedien zu entnehmen.

In derartigen Situationen gibt es sodann eine Innen- und eine Außensicht. Auf der einen Seite bewegt zunächst das kaum nachvollziehbare, nur zu vermutende Schicksal des Verschütteten, scheinbar vergessen unter der Last der Trümmer, ringend nach Luft. Das Atmen fällt schwer, die Zuversicht schwindet. Damit eine Rettung möglich ist, aber auch damit der Verschüttete bis zu diesem vielleicht noch fernen Zeitpunkt die überlebenswichtige Hoffnung, den Selbsterhaltungstrieb nicht aufgibt, ist es entscheidend, dass es gelingt, Kontakt zur Außenwelt herzustellen. Hämmernd, klopfend bearbeitet er die ihn von der Freiheit trennenden Schichten. Zeichen sendend, dass er trotz allem am Leben ist und sich sehnt, entdeckt, gefunden und gerettet zu werden.

Auf der – buchstäblich – anderen Seite, zunächst nur vor Bruchstücken stehend, unsicher, ob darin und darunter noch Leben existiert, finden sich – hoffentlich – Rettungsmannschaften und Bergungstrupps, die, ausgebildet in Methoden der Personensuche, versuchen, mögliche Überlebende zu orten. Vor allem Mitglieder des Technischen Hilfswerks werden dazu in der sogenannten ‚Ruf-, Horch- und Klopfmethode' geschult. Diese sehr einfache Form der Ortung bedarf keinerlei technischer Hilfsmittel. Solange sich die Verschütteten bemerkbar machen können und die Nebengeräusche die Wahrnehmung nicht einschränken, ist es Helfern so möglich, Kontakt aufzunehmen. Allerdings erfordert dies hohe Konzentration, um nicht zuletzt die Richtung, aus der mögliche Antworten, meist Rufe oder Klopfzeichen, kommen, einschätzen und anzeigen zu können. Oft ist dies ein Wettlauf gegen die Zeit.

Annäherung II – ‚gefangen'

Klopfzeichen können aber noch eine ganz andere Facette aufweisen. Handelt es sich dabei im Fall eines Verschütteten noch um eine offene, nach möglichst vielen Hörern verlangende Kommunikation, so werden sie im Zustand einer (vielleicht nur vermeintlichen oder als solcher wahrgenommenen) Gefangenschaft zu geheimen Signalen. Die gewünschten Adressaten werden somit auf ein Minimum reduziert. Die verschlüsselt verschickten Botschaften benötigen einen – den Gesprächsteilnehmern bekannten – Code. Vorstellbar sind dabei ganz unterschiedliche Lebenslagen, in denen keine direkte Verständigung möglich ist.

In nicht wenigen Filmen und Fernsehserien begegnen so Gefängnisinsassen, die die Heizungsrohre ihrer Zellen als Schwingungs- und Schallträger zur Kontaktaufnahme untereinander benutzten, indem sie einen Klopfcode einsetzen. Dieser ist zum Teil dem Morsealphabet ähnlich, verzichtet aber auf den Unterschied von langen und kurzen Signalen.

Man muss allerdings nicht auf die – vor allem Schülerinnen und Schülern – so ferne Welt der Justizvollzugsanstalten Bezug nehmen, um den Einsatz von Klopfzeichen als Mittel des möglichst unauffälligen Austauschs aufzuzeigen. Viele Kinder und Jugendliche können aus erster Hand davon berichten, wie sie an die Wand des eigenen Kinderzimmers geklopft haben, um dem ebenfalls zu Bett gebrachten Bruder zu signalisieren, dass sie ja noch gar nicht müde sind. Oder wie die im Ferienlager in unterschiedlichen Schlafräumen untergebrachten besten Freundinnen des Nachts noch versuchen, sich einander nahe zu sein, indem sie die akustischen Signale der jeweils anderen wahrnehmen ...

4. Didaktisch-methodische Anwendung

Was bedeutet dies nun aber für den ganz konkreten Einsatz im Religionsunterricht? Anhand des Gedichts „Klopfzeichen" sowie der geschilderten Überlegungen lassen sich im Themenbereich der Theodizee verschiedene Kompetenzen erwerben und vertiefen, auf die nun abschließend eingegangen werden soll. Die aufgerufene Schlüsselkategorie der Teilhabe versteht sich dabei als das Einbezogen-Sein in eine bestimmte Situation.

4.1 Emotionale Teilhabe

Nachdem verschiedene Klopfzeichen fordernde Situationen und Ereignisse den Schülerinnen und Schülern nähergebracht worden sind, werden diese dazu eingeladen, ihren affektiven ersten Eindruck in Worte zu fassen. Dabei geht es vor allem um die Entwicklung der sozialen Perspektivübernahme, also um die Fähigkeit, sich in andere hineinzuversetzen und an deren Leben Anteil zu nehmen. Dazu bedarf es eines besonderen *Einfühlungsvermögens*. Wichtig ist, stets zwischen der Außen- und Innensicht der dargestellten Situation zu differenzieren, also den unterschiedlichen Gefühlslagen von Sendern und Empfängern, von Rettern und Opfern, von Freien und Unfreien nachzuspüren. Welche Gefühle haben Mitglieder einer Rettungsmannschaft? Welche Ängste gilt es zu unterdrücken?

Welche Hoffnungen wachzuhalten? Und kann ich mir überhaupt vorstellen, wie es einem Verschütteten in einer solchen Situation gehen mag?

4.2 Sinnliche Teilhabe

In einem zweiten Schritt gilt es, sich selbst und die Welt mit allen Sinnen wahrzunehmen. Dies zielt auf die Schulung der *Wahrnehmungskompetenz*. Eine konkrete Notsituation im Blick habend stellt sich die Frage, welche Sinne im Einzelnen gefordert sind. Was brauche ich, um Klopfzeichen zu senden und diese zu bemerken? Und welche Entdeckungen kann ich in meinem Alltag machen, wenn diese Sinne erst einmal geschärft sind? Das Hören und die Aufmerksamkeit können dabei zum Beispiel durch Achtsamkeitsübungen geschult werden. Ab wann nehme ich ein verstecktes Klopfen überhaupt wahr? Bin ich bereit, mich darauf einzulassen, mich zu öffnen, die Geduld aufzubringen? Im Internet finden sich verschiedene Klopfcodes, die mit den Schülerinnen und Schülern ausprobiert werden können, um (teils geheime) Botschaften zu verschicken. Länge und Schwierigkeit einer solchen Kommunikation werden so überhaupt erst erkannt und klar.

4.3 Selbstreflexive Teilhabe

Sich von – im eigenen Leben hoffentlich meist nur medial bezeugten – Katastrophen lösend, ist es im Anschluss entscheidend, den Transfer zur unmittelbaren *Lebenswelt* der Schülerinnen und Schüler zu schaffen. Es geht dabei also um eine Art ‚Theodizee im Kleinen‘. Im Leben von Kindern und Jugendlichen sind es oftmals nicht die objektiven, Nachrichtensendungen beherrschenden Unglücksfälle, die ihnen Angst machen und ihre Welt ins Wanken bringen. Es sind vielmehr die subjektiven Dramen, Desaster und Schicksalsschläge des Alltags, die als unumstößliche Notsituation, als Hiobsbotschaften, empfunden werden.
Wann fühle *ich* mich unverstanden? Wann fühle *ich* mich verschüttet? Wann gefangen, eingesperrt in einer Zelle der Angst? Wann möchte *ich* auf mich aufmerksam machen? Wann und wo ‚klopfe‘ ich? Warum klopfe ich überhaupt noch? Und: Wann und wo kann ich selbst vielleicht das ‚Klopfen‘ *eines anderen* wahrnehmen, als Signale von einem, der sich nach meiner Aufmerksamkeit sehnt?
Diese Fragen zu äußern (*Fragekompetenz*), eigenständige Antworten zu finden (*Urteilskompetenz*) und sich darüber auszutauschen (*kommunika-*

tive Kompetenz) sind grundlegende Anliegen relevanten Religionsunterrichts.

4.4 Ästhetische Teilhabe

Durch die vorherigen Schritte mit dem Sinngehalt von „Klopfzeichen" vertraut, begegnen die Schülerinnen und Schüler nun dem gleichnamigen Text von Andreas Knapp, jedoch zunächst ohne den letzten Vers. Diesen selbst zu verfassen ist dabei die Aufgabe (*Gestaltungskompetenz*). Dabei besteht die Möglichkeit, durch Abwandlung der Pronomen dem Gedicht eine persönlichere Note zu verleihen, damit die Schülerinnen und Schüler angeregt sind, wirklich eigene Erfahrungen und Gefühle zum Ausdruck zu bringen (*Ausdruckskompetenz*). So können die Textverse in der ersten Person Singular präsentiert werden, um einen direkten Schreibimpuls zu generieren:

*Klopfzeichen**

in der Traurigkeit
für die ich keinen Namen finde

in der Unruhe
die mich ziellos umhertreibt

in den Träumen
die mir schlaflose Nächte bereiten

in dem Heimweh
das mich zu Hause befällt

in der Sehnsucht
die ausufert nach immer mehr

in all meinem Nichtfinden

....

Der Herausforderung, einen ganz eigenen ästhetischen Abschluss für diese Verse zu finden, werden Schülerinnen und Schülern auf höchst unterschiedliche Art und Weise begegnen. Es ist davon auszugehen, dass in der Regel Verse verfasst werden, die die innere Gefühlswelt des Angesprochenen artikulieren. In all meinem Nichtfinden – ,bin ich auf mich allein gestellt'; ,fühle ich mich verlassen'; ,zweifele ich'; ,könnte ich schreien, klagen, heulen'.

Diese individualisierten lyrischen Texte haben einen unumstößlichen Eigenwert. Daher muss mit ihnen wertschätzend umgegangen werden. Auch in vermeintlich provokativen Formulierungen liegen oftmals ernsthafte Anfragen und Suchbewegungen verborgen.

4.5 Theologische Teilhabe

An die Seite der zuvor produzierten Texte wird sodann das vollständige Gedicht Knapps gestellt. Präsentiert man Schülerinnen und Schülern nach einer Phase der eigenständigen Bearbeitung die Version des Dichters, so denken diese im ersten Moment oftmals noch in Kategorien von ,richtig' und ,falsch'. Dabei ist es vollkommen unerheblich, wie nah die jeweilige Schülerbearbeitung der ursprünglichen Textvorlage kommt. Entscheidend ist, welche inhaltlichen Schwerpunkte der jeweilige Verfasser setzt.

In der Fassung von Andreas Knapp begegnet im letzten Vers der – wenn man so will – einzige religiöse Code des gesamten Gedichts: ein ER. Damit öffnet Knapp die Welt des Leids für eine andere, eine neue, eine die Reflexion der eigenen Emotionen übersteigende Ebene. Dieser Verweis über sich selbst hinaus ist in den Texten der meisten Jugendlichen so nicht zu erwarten. Doch, wer ist dieser ER für die Schülerinnen und Schüler? Von wem fühlen sie sich gesucht?

Andreas Knapp ist in seinem Leben und Werk von der Sicherheit geleitet, dass Gott gerade in unserer Ohnmacht nach uns sucht, unser Leben nach Kontaktmöglichkeiten ab-klopft, an-klopft und uns verorten will. Ein Gedankengang, der auch im bekannten Besinnungstext „Footprints" (1964), ins Deutsche übersetzt als „Spuren im Sand", von *Margaret Fishback Powers* zur Geltung kommt. Je nach *Typ* (vgl. *Stögbauer* 2011) scheint vielen Schülerinnen und Schülern diese Vorstellung hingegen ,verrückt', abgerückt von ihren eigenen Ansichten.

Hier begegnen sie einem wesentlichen Grundzug christlich-jüdischer Gottesvorstellungen. Einer dreitausendjährigen Erzähltradition, die

IHN als Begleiter, als Gott des Weges und Gott des Mit-Gehens erfahren hat. Und gleichzeitig einer Tradition, die stark genug war und ist, selbst die Klagen Hiobs und des Kranken und Einsamen (Psalm 88) aufzunehmen und weiterzutragen, da sie immer wieder erfahren und bezeugen konnte, dass das Verschüttet-, Vergraben- und Begrabensein eben nicht das Ende darstellt. Oder wie Knapp selbst in seiner Fastenpredigt 2016 formuliert: „Das Wort ‚Gott' ist ein Name. Es ist kein Sachwort, sondern ein Rufwort. Mit Gott meinen wir ja keinen Sachverhalt, den wir beschreiben könnten, sondern jemanden, zu dem wir schreien können. Ein Ruf-Name, den wir ehrfürchtig flüstern oder liebevoll nennen können."

Das je eigene Konstrukt der Schülerinnen und Schüler trifft somit auf ein fremdes Konstrukt und wird von dessen Sicherheit und Überzeugung herausgefordert. Sie erwerben so nicht zuletzt *theologische Kompetenz*, indem sie ihren eigenen Standpunkt reflektieren, vorhandene Vorstellungen kennenlernen und diese als Anstoß für die eigene religiöse Entwicklung begreifen. Wann und in welchen Situationen könnte *ich* seine Nähe erfahren? Kann *ich* es mir überhaupt vorstellen, dass Gott in *meinem* Leben anklopft? Dass ER der suchende Bergungstrupp ist? Wäre *ich* bereit, diese Signale anzuerkennen? Wenn nicht, warum mache *ich* ihm Vorwürfe? Oder ist dieser ER mir schon so fern, dass ich ihm nicht einmal mehr die Beachtung der Anfrage schenke?

Die Idee, dass ER gerade in diesen Momenten dem Leidenden nahe ist, dass die Vorwürfe und Anklagen des Menschen Gottes Anklopfen in unserer Gegenwart sind, mag merkwürdig scheinen. Aber vielleicht ist es genau das: merk-würdig.

4. „deutsche Worte fehlen / für Gott"
Von der Magie des Kirchenraums in Gedichten
Michael Krügers

Georg Langenhorst

Michael Krüger (*1943) ist eine außergewöhnliche Erscheinung im Szenario der deutschsprachigen Gegenwartsliteratur. Einerseits war und ist er hinter den Kulissen maßgeblich an der Steuerung des Buchmarktes beteiligt: als langjähriger literarischer Leiter, von 1995 bis 2013 als geschäftsführender Gesellschafter des renommierten Münchner Hanser-Verlages; als Herausgeber der einflussreichen Literaturzeitschrift „Akzente"; Mitherausgeber des Literaturjahrbuchs „Tintenfisch" und des „Jahrbuchs der Lyrik"; als Verantwortlicher für Literaturpreise und -projekte. Gleichzeitig ist er selbst ein Literat von Rang – vor allem als Lyriker, aber auch als Essayist und Prosaist bis hin zu seiner jüngsten Erzählsammlung „Der Gott hinter dem Fenster" (2015).

Zahlreiche Literaturpreise dokumentieren die öffentliche Wertschätzung seines Werkes. Zudem wurde Krüger gleich mit zwei Ehrenpromotionen ausgezeichnet: 2006 von der Fakultät für Linguistik und Literaturwissenschaft der Universität Bielefeld; 2007 von der Neuphilologischen Fakultät der Universität Tübingen. Seit 2014 ist er zudem Träger des Bundesverdienstkreuzes Erster Klasse. Er steuert und organisiert also einen Teil des Literaturbetriebs, ist aber als Autor gleichzeitig Teil desselben. In dieser Doppelung ist Michael Krüger einzigartig.

1. Biografische Spuren: „Es geht nicht ganz ohne Gott"

Umso bemerkenswerter, dass gerade das Werk Krügers eindeutige Belege für die Beobachtung liefert, dass sich in der Gegenwartsliteratur eine neue Unbefangenheit in der Annäherung an Religion und die Gottesfrage feststellen lässt (vgl. *Langenhorst* 2014). Vor allem in seinen Lyrikbänden zeigt sich seit Beginn der 1990er-Jahre eine bemerkenswerte Entwicklung: War Religion zuvor kaum ein direkt benanntes Thema in seinem künstlerischen Schaffen, so rückt sie nun mehr und mehr in die erschriebenen Welten hinein mit zunehmendem Mut zu affirmativen Zügen, bei aller bleibenden ironischen Distanz und spielerischen Unbestimmtheit.

Wie erklärt sich diese offenere, differenziertere Aufnahme religiöser Themen und Motive? Ein Gedicht aus dem 1998 erschienenen Band „Wettervorhersage" gibt Auskunft. In „Hotel Wandl, Wien" findet sich das Zeilenpaar: „Wir müssen uns nicht mehr der Religion / erwehren, sie greift uns nicht an" (*Krüger* 1998, 29). „Nicht mehr" – das benennt den Wandel direkt. Wo Schriftsteller und Intellektuelle zuvor zur Distanz gegenüber Religion und Kirche gezwungen waren, um nicht falsch vereinnahmt, missverstanden oder ideologisch verzweckt zu werden, gibt es diesen Zwang zur Absetzung seit einigen Jahren nicht mehr. Religion „greift uns nicht an". Das mag zudem darauf hindeuten, dass die kulturelle Prägegewalt der institutionalisierten Religionen und Konfessionen abgenommen hat. Umgekehrt eröffnet sich erst so, erst jetzt jener Freiraum, der kreative Auseinandersetzung mit dem Phänomen Religion ermöglicht. „Gegen die Institution der Kirche brauchte man nicht mehr zu sein", so literarisch gebrochen eine Aussage des Protagonisten der Novelle „Das falsche Haus" (*Krüger* 2002, 163).

Für Michael Krüger entfaltet sich die Wirkkraft des Christentums unabhängig von den Veränderungen der Institution Kirche weiter. In einem Radiogespräch mit *Karl-Josef Kuschel* aus dem Jahre 2005 bestätigt er, dass „das Christentum zwar vielleicht hinter einer Wolke verborgen" sei, „aber die Strahlungen, die es aussendet, finden sich natürlich in allen unseren Handlungen wieder". Entsprechend heißt es in dem Gedicht „Erziehung" (1996): „kann ich nicht glauben, / dass der zerredete Körper / der christlichen Kultur seine Seele / ausgehaucht hat" (*Krüger* 1996, 74).

Die Konsequenz in Krügers Werk: Fortan wird religiöses Vokabular, werden biblische und theologische Themen aufgenommen und gestaltet. Immer wieder wird Gott dabei als ‚Schöpfer' direkt benannt, wenn auch meistens ironisch, im Modus poetisch-verfremdender Distanz. So am Ende eines Gedichts aus dem Band „Unter freiem Himmel", einer Reflexion über einen trüb-regnerischen Tag, der mit dem Dreizeiler schließt: „Irgendwo las ich, Gott sei, an seinem Reichtum gemessen, / ein Geizhals. Das stimmt, einen Sonnenstrahl / hätte er spendieren können, einen einzigen" (*Krüger* 2007, 78). Mehrfach wird in den Gedichten die kontextuelle Situierung betont. Dass wir heute in einer weitgehend säkularisierten Gesellschaft leben, ist Krüger – eingebunden in weltweite literarische Kontaktnetze – nur zu klar. „In anderen Teilen der Erde fragt man sich, / ob wir die Welt geschaffen haben oder ob sie / für uns geschaffen wurde und von wem", reflektiert der Gedichtsprecher in „Waldspaziergang" aus dem Band „Umstellung der Zeit" (2013), um dann lapidar festzustellen: „Hier fragt keiner" (*Krüger* 2013, 20). Die Einströmung religiöser Anspielungen in sein Werk hat insofern etwas Trotziges, Widerborstiges, gegen den Zeitgeist Gestelltes.

Wichtig dabei: Stets spricht der Autor durch die Perspektive seiner Texte, nie direkt, nie ungebrochen, nie ungestaltet. Ein ‚christlicher Autor' ist er nicht. Wo Andreas Knapp als Christ eine christlich gedeutete Welt in christlichen Zeugnistexten be- und verdichtet, nimmt Michael Krüger religiöse Elemente als autonomer Dichter in seine offene Textwelt auf, ohne jegliche pastoral-poetische Absicht.

Gleichwohl fließen in diese Texte Lebenserfahrungen mit ein, gefiltert, gestaltet, indirekt. Immer wieder spielt Krüger zum Beispiel respektvoll die Erinnerung an seine Großeltern ein, die maßgeblich die evangelisch-christliche Welt seiner Kindheit bestimmt haben. „Auch nach der Enteignung wollte er unbedingt / an Gott glauben" (*Krüger* 2003, 71), heißt es so in dem Erinnerungsgedicht „Wo ich geboren wurde" über den Großvater. Und über die Großmutter? „Demut", eines jener Worte, die heute so unmodern geworden sind, gleichzeitig so unverzichtbar, wurde „von meiner Großmutter nur sonntags benutzt" und die, „in einen Umhang aus Sackleinen gekleidet", „wusste genau, was sie tat" (*Krüger* 2007, 117), so einige Fragmente aus dem Gedicht „Post" (2007).

Auch in der Zeichnung der Großmutter des Icherzählers in dem grotesk-satirischen Prosaband „Aus dem Leben eines Erfolgsschriftstellers" (2000) – alles andere als eine Autobiografie – mögen sich Erinnerungen an diese Frau literarisch niederschlagen. „[A]ls tiefgläubige Protestantin" ertrug diese „ihr Schicksal ohne Murren", betete allabendlich inbrünstig zu Gott und klagte ihm ihr Leid. Der Erzähler kommentiert: Da „Gott ihr zwar, da war ich mir ganz sicher, zuhörte, seine Antworten aber auf sich warten ließen", übernahm sie selbst langsam aber sicher auch seinen Part und sprach mögliche Antworten mit. „Und so ging es immer weiter, von kleinen Gebeten unterbrochen, wenn sie sich zu weit vorgewagt hatte, bis sie schließlich Gott bat, seine Hand weiterhin schützend über sie und den Großvater zu legen, wie sie ihm auch hoch und heilig versprach, seinen Namen in Ehren zu halten." Das abschließende Gebet für ihn, den Enkel, habe ihn aber immer eher verschreckt, „weil ich immer Angst davor hatte, mit Gott persönlich in direkten Kontakt treten zu müssen" (*Krüger* 2000,

98–100). Unnötig, die autobiografischen Anteile abzuwiegen: Hier findet sich ein liebenswertes kleines Porträt einer frommen alten Frau, die in einer für sie stimmigen Gottesbeziehung lebt.

Dass diese Gottesbeziehung heute ungleich komplizierter, dass ein ungebrochener Zugang zu Gott schwer geworden ist, thematisiert Krüger immer wieder. „Deutsche Worte fehlen / für Gott" (*Krüger* 2013, 76), lässt er etwa einen Übersetzer persischer Gedichte in dem Gedicht „Übersetzen" ausrufen. Diesen ‚Mangel' versuchen die Krügerschen Gedichte auf ganz eigene Weise abzumildern. „Es geht nicht ganz ohne Gott" – heißt es denn auch an anderem Ort in Figurenrede im Gedicht „Für Claudio Magris" – „auch wenn er sich nie wieder zeigen wird, / um für den Glanz auf den Dingen / Erbarmen zu fordern wie für Kinder" (*Krüger* 2010, 104).

2. Von der Magie des Kirchenraums

Eine besondere Rolle in Michael Krügers Gesamtwerk kommt jenen Texten zu, in denen er eigene Erfahrungen in *Kirchenräumen* poetisch meditiert. Quer durch sein Schreiben finden sich solche Texte. Gehen wir zunächst zu dem Gedicht „Brief" (*Krüger* 1993, 9) aus dem Band „Brief nach Hause" (1993). Das Gedicht ist – schon im Titel angedeutet – wie ein Brief an ein Du gerichtet, dem ein alltägliches Ereignis berichtet wird: der Besuch einer Kirche, das Erleben eines Gottesdienstes. Überrascht und stets in ironisch gebrochener Distanz berichtet der Ich-Sprecher, wie leicht ihm die gar nicht geplante Teilnahme an der liturgischen Feier gefallen sei. Die Lippen sprechen die Texte mit, die Gebete gelten auch dem im Brief angeredeten Du.

Mit dem Mitsprechen der Gebete überzog ihn – so die nachträgliche Stilisierung – „die Maske des Guten". Dass der alte, überforderte, lustlos agierende, selbst kaum Erhebendes erwartende Pfarrer weder „Leitfaden" noch „Trost" bieten konnte, scheint nicht wesentlich ins Gewicht zu fallen. Eine Absage an jegliche Bedeutung dieser Erfahrung? Ein Abgesang auf das Numinose eines Kirchenraums? Das Gedicht endet mit folgenden Zeilen:

Nach einer Stunde war alles vorbei.
Draußen lag ein unerwartet helles Licht
über dem See, und ein Wind kam auf,
der mich die Unterseite der Blätter
sehen ließ.

Bewirkt hat der Gottesdienstbesuch also dennoch etwas: eine andere
Wirklichkeitswahrnehmung der Natur, gekennzeichnet durch das „unerwartet helle Licht" und die durch den Windzug sichtbare „Unterseite
der Blätter". Licht und Windhauch als religiöse Symbole deuten auf die
Möglichkeit einer geistgewirkten Veränderung, die nicht allein auf natürliche Ursachen verweist. Die Mitteilung, dass auch für das angeredete Du
gebetet wurde, verstärkt die vorsichtig angedeutete religiöse Bedeutung
des geschilderten Ereignisses. Dennoch: Wie der keine Lösung fordernde
Pfarrer, kommt auch das Gedicht ganz ohne ‚Botschaft', ‚Moral' oder
‚Aussage' aus.

Ein zögerlicher Umgang mit Religion, ein Sich-Zuwenden zu religiösen
Ritualen fast wider besseres Wissen oder in Verwunderung über diese
Wendung wird bei Krüger mehrfach benannt. Im Roman „Die Turiner
Komödie" (2005) etwa legt er dem Protagonisten die Überlegung in den
Mund, dass dieser „nie verstanden habe, dass ich Gott etwas mitteilen
soll, was er garantiert schon weiß. Lieber nichts sagen. Oder nur heimlich.
Lieber stumm danken" (Krüger 2005, 70). Eine spirituelle Praxis wird hier
nicht geleugnet, wohl aber hinterfragt und in Figurenperspektive neu
gedeutet.

Dieses Verfahren findet sich auch in einem zweiten Gedicht, das sich explizit auf den Besuch einer Kirche bezieht. In ähnlich ernsthaft-ironischer
Brechung wie in „Brief" ist der zehn Jahre später publizierte Text „Das
Kreuz" (Krüger 2003, 44) verfasst. Er stammt aus dem Band „Kurz vor dem
Gewitter". Erneut blendet das Gedicht hinein in einen Kirchenraum, und
erneut wird – in aller Stilisierung, Distanz und Verfremdung – eine spirituelle Erfahrung benannt: „In den alten Kirchen im Süden / schlage ich
manchmal das Kreuz, / um das Gespräch mit dem Heiligen / zu erleich-
tern."

Als Ort wird dieses Mal nicht eine deutsche Dorfkirche aufgerufen, sondern der Dom in Barcelona. Die ersten Verse verweisen darauf, dass ganz
allgemein in den katholischen Kirchen des Südens das „Gespräch mit den

Heiligen" leichter falle als anderswo. Das Kreuzzeichen schlägt auch für den evangelischer Tradition entstammenden Michael Krüger die Brücke zur Besinnung auf Heilige und Engel: „Es wirkt."
Dann wird eine Begegnung geschildert, ironisch distanziert und sprachlich gebrochen, aber nur so darstellbar. Eine heilige Milena ist dabei in den Namenstagskalendern der katholischen Kirche nirgendwo verzeichnet. Das ist aber auch nicht entscheidend: Kreuzzeichen, Geruch und Atmosphäre des Doms, die alltäglichen Begegnungen dort, das Heilige, die Heilige, die plötzlich die Gestalt einer jungen Frau annimmt, die den Zukunftsweg weist – all das wird in wenigen Worten aufgerufen, um in der Schwebe zwischen Erinnerung, Begegnung und sich öffnender Vision zu verbleiben.

> Milena zeigte auf einen Wanderer
> auf einem dunklen Bild, der einen Blitz
> anstarrte, eine zuckende Natter am Himmel.
> Das wirst du sein, sagte sie, du wirst
> diesen Weg gehen müssen, aber keine Angst,
> ich werde hier auf dich warten.

Das Gedicht ruft einen stillen Moment der Besinnung auf, in dem der Gedichtsprecher sich seines künftigen Weges bewusst wird.

3. „Mehr kannst du nicht erwarten"

Sieben Jahre später erscheint ein drittes Gedicht, das einen Kirchenbesuch meditiert: „Kleine Kirche" (2010):

> *Kleine Kirche*
> Manchmal, in den kleinen Kirchen,
> möchte man den Bildern danken,
> daß sie dageblieben sind: Lazarus,
> der aus dem Salpeter wächst
> wie ein helles Geschwür, und Jonas,
> der nicht weiß, wo er gelandet ist,
> Heilige, die ihre Träume auftragen,
> und Märtyrer ohne Kopf und ohne Kragen.

Es gibt keine Erlösung, flüstern sie,
aber ein zweites Leben gibt es auch für dich.
Schwalben verteilen ein Licht,
das sonst in die Dunkelheit fiele,
und von draußen hört man den Hahn.
Mehr kannst du nicht erwarten,
wenn du hinaustrittst in die glückliche Nacht.
Ein zweites Leben?
Nur keine Frömmigkeit aus Schwäche!
rufen die Bilder dir nach.

Michael Krüger, Ins Reine, 98

Wie in „Brief" führt der Text in eine der kleinen Dorfkirchen, dieses Mal
jedoch nicht zu einem Gottesdienst, sondern zu einem einsamen Aufent-
halt. Weitere Parallelen: Erneut geht es um eine Meditation in einem Kirchenraum und um den dadurch veränderten Gang hinaus in die „glückliche Nacht", in den Alltag; erneut sind es die Bilder, die den aufmerksamen
Betrachter in den Bann ziehen; erneut sind es Bibelgestalten, dazu Heili-
genfiguren und Märtyrer, an denen die Blicke und Gedanken hängen
bleiben; erneut bestimmt der Gestus des Dankes den Duktus des Gedan-
kenstroms. Aber wofür wird gedankt? Was strahlen diese Kirchenräume
aus? Wofür stehen Jonas und Lazarus, beide Symbolgestalten der Über-
windung von Sterblichkeit? Wofür die Heiligen und Märtyrer, die auf ihre
Weise auf den Zusammenhang von Tod und der Hoffnung auf Todesüber-
windung stehen?

„Keine Erlösung", diese Botschaft ist klar. Aber wie steht es um das Ver-
sprechen eines ‚zweiten Lebens', das weit über den Fingerzeig des künftigen Weges aus dem vorherigen Gedicht hinausgeht? Der Gedichtsprecher
bleibt an diesem Gedanken hängen, weist ihn nicht zurück. Erneut werden Elemente der Schöpfung aufgerufen, welche die Verbindung von
drinnen und draußen schaffen: Schwalben, die das – ganz unmittelbare
wie metaphorische – Licht verteilen; der Hahn, dessen Ruf die Möglichkeit von Täuschung und Scheitern impliziert. Von ihnen lässt sich der
Gedichtsprecher die Mahnung auf den Weg mitgeben: „Nur keine Frömmigkeit aus Schwäche!" Eine Botschaft für ihn selbst wie für uns Lesende.
Die Möglichkeit von Trost und Glauben wird durchaus nicht zurückge-
wiesen, wohl aber die Versuchung, aus bloßer Schwäche den Versprechun-

gen der Religion zu verfallen. So aber wird der Gang in die „glückliche Nacht" möglich.

Das Gedicht „Konfirmation" aus demselben Band führt diesen Gedanken weiter aus: Hier reflektiert der Gedichtsprecher einen von ihm besuchten Konfirmationsgottesdienst. Psalm 23 wurde dort verlesen, und der Hörer meditiert: „Der Herr ist oder sei mein Hirte? / Und ich bin oder wäre das Schaf?" Geschult an vielen anderen literarischen Fortschreibungen dieses Psalms erwartet man Rückweisung, Empörung, Verweigerung des Bildes. Ganz anders hier: „Ich bin es, mit Leib und Seele, / mir wird nicht mangeln, / auch wenn ich es ängstlich verschweige" (ebd., 97). Durch alle Skepsis hindurch wird eine vorsichtige Öffnung zur hoffenden Bejahung deutlich.

4. Zwischen Gotteslehre und Gottesleere – Theopoetische Sprachschule

Einen ‚gut getarnten Mystiker' (*Adolf Muschg*) hat man Michael Krüger genannt. In der Tat: Seine Texte können insgesamt zu einer ganz besonderen theologischen Hör- und Sehschule werden. Seine Poesie verweigert bloße Affirmation oder unnötige Wiederholung, fängt eher kleine Beobachtungen des Alltags, Momente der Begegnung, feinfühlige Wahrnehmungen von Natur und Menschen ein. In solche Gedanken fließen Aussagen über Religion wie selbstverständlich mit ein. Glaube, Gebet, die literarische Rede von Gott sind dabei nicht selbstverständlich. Phasen der Distanz, des Zweifels und der Infragestellung sind bleibende Schattenseiten aller Vertrauensaussagen. Und dass diese Erfahrungen Spuren hinterlassen, ist dabei offensichtlich. Affirmation und Rückweisung, Distanz und Nähe, ironisches Spiel und ernsthafte Reflexion ergänzen und bedingen einander.

Diese Ambiguität der Gottesrede gilt in besonderer Weise für die drei Gedichte über Kirchenraumerfahrungen. Als Vor- oder Nachbereitung von konkreten Kirchenbegehungen, aber auch unmittelbar während des Aufenthaltes in Kirchen kann man sie lesen, wirken lassen, sich auf eigene Anschlussmöglichkeiten besinnen. Sie helfen zur Vertiefung der Raumerfahrung und weisen den Weg, dann wieder aus den Kirchengebäuden hinaus in das Leben ‚draußen' zu treten. Hier finden sie einen ersten didaktischen Platz.

Andere didaktisch-methodische Verortungen sind denkbar. So kann man sich dem oben präsentierten Gedicht „Kleine Kirche" über herausgelöste Einzelverse annähern. Auf ein Plakat oder mit dem Whiteboard werden die vier theologischen Einzelaussagen zusammenhanglos präsentiert: „Es gibt keine Erlösung"; „Ein zweites Leben gibt es auch für dich"; „Mehr kannst du nicht erwarten"; „Nur keine Frömmigkeit aus Schwäche". Im Schreibgespräch, im Sammeln freier Assoziationen oder im Austausch werden diese Aussagen kommentiert und diskutiert. Erst dann wird das Gedicht präsentiert, das die scheinbar nicht miteinander harmonisierbaren Aussagen in einen stringenten Duktus zusammenführen. Wie lässt es sich angesichts der Vorüberlegungen stimmig erschließen? Krügers Text bliebt vieldeutig. Das ist seine Stärke. Wie heißt es im Gedicht „Kleine Kirche": „Mehr kannst du nicht erwarten."

III. Ringen um das Gebet

Zum Inhaltsfeld „Sprechen von und mit Gott" führt der nordrhein-west-fälische Kernlehrplan für den katholischen Religionsunterricht in der Sekundarstufe I aus: „Unter dem Gesichtspunkt der Rede mit Gott werden unterschiedliche Ausdrucksformen wie Gebet und Meditation beleuchtet, mit denen Menschen in eine Beziehung zu Gott treten" (Kernlehrplan, 16). Ziel ist es, dass Schülerinnen und Schüler bewerten sollen, inwiefern Gebete und Rituale Möglichkeiten sind, „mit Gott in Kontakt zu treten" (ebd. 20) und „Sicherheit und Kraft für das eigene Leben zu gewinnen" (26).

Ein solches Ringen um Möglichkeiten und Grenzen, mit Gott in Kontakt zu treten, zu ihm zu sprechen und darin Halt zu erfahren, kennzeichnet auch das Werk vieler Schriftstellerinnen und Schriftsteller (vgl. *Zwanger/ Kuschel* 2011). Quer durch die Literaturepochen hindurch finden sich Texte, die man als „Gebete der Dichter" (vgl. *Weimer* 2006) bezeichnen kann. Durch die epochalen Erschütterungen des 20. Jahrhunderts, insbesondere durch die Erfahrungen der Shoa, gerät die Tradition der literarischen Gottesrede jedoch in eine Krise. Vor allem in der deutsch-jüdischen Literatur werden die Krise des Betens, die zerbrochene Gewissheit der Möglichkeit eines Gottesglaubens, das zweifelnde Ringen um ein Verständnis des Bezeugten angesichts der religiösen Verheißungen zum Thema, etwa in den Gedichten von *Nelly Sachs*, *Paul Celan* oder *Hilde Domin*. Auch bei Schriftstellerinnen und Schriftstellern christlicher Provenienz wird diese tief greifende Krise der Gottesrede literarisch gestaltet: etwa bei *Marie Luise Kaschnitz* oder bei *Johannes Bobrowski*. Diese – eine ganze Generation zeichnende – Krise der religiösen und sprachlichen Gewissheit kann sich mit individuell ausweglosen Lebenssituationen verbinden und ihren Ausdruck in ‚Lästergebeten' finden – etwa bei *Christine Lavant* oder *Thomas Bernhard*, also in unversöhnlichen Klagegedichten, die zwischen Gottesverdunkelung und trotzig erflehter Gottesgewissheit ausgespannt sind.

Eine weitere Traditionslinie vollzieht den Abschied von der klassischen literarischen Gebetstradition noch drastischer. Hier geht es allein darum, die sprachlichen Impulse der jüdisch-christlichen Gebetstradition zu be-

erben und zu transformieren, um sie für ganz eigene literarische Verwen-
dungszusammenhänge einzusetzen. Zum einen können so ironische ‚Ge-
gengebete' verfasst werden, in denen christliche Grundgebete wie das
Vaterunser oder das Credo durch sprachliche Verdrehung und Kontrafak-
tur ad absurdum geführt oder in andere Deutungszusammenhänge gestellt werden (vgl. *Langenhorst* 2003, 137–182).

Die beiden aufgenommenen Beispiele aus der jüngsten Literatur bezeugen das bleibende Ringen um Sinn und Möglichkeit des Gebets. Um Krise
des Bittgebets und Abschied angesichts eigener Leiderfahrungen geht es
auch hier, zugleich aber um neue Annäherungen – zumindest um ein
Spiel mit Möglichkeiten – jeweils eingebettet in biografische Erzählungen, die eher Fragen aufwerfen, als Antworten zu geben: Sind Bittgebete
heute noch möglich? Ist schon das bloße Besinnen auf die Möglichkeit,
dass ein Gebet denkbar wäre, ein Gebet?

5. Vom Suchen und Finden des „Kendauchdich" Zur (Ohn-)Macht des Bittgebets in *Esther Maria Magnis'* „Gott braucht dich nicht"

Johannes Heger / Clemens Hermann Wagner

Die kürzeste Definition von Religion sei „Unterbrechung", formulierte einst *Johann Baptist Metz* und inspirierte damit zahlreiche Theologen und Theologinnen zur Weiterentwicklung dieses Gedankens. Die meisten Menschen erfahren eine existenzielle Unterbrechung heute vor allem dann, wenn Unfälle, Krankheiten oder auch Tod in ihr eigenes oder das Leben von geliebten Menschen treten. Solche leidvollen Einschnitte stellen nicht nur das Leben selbst, sondern für Glaubende auch häufig Religion sowie Gott selbst in Frage. Unterbrechungen können so zum harten Prüfstein des eigenen Glaubens an den immer als ‚lieb und gut' gepriesenen Schöpfer und Lenker der Welt werden. „Gott braucht dich nicht" erzählt von mehreren solcher Unterbrechungen und Prüfsteinen sowie von einer Gottessuche in der Postmoderne, die zur eigenen Auseinandersetzung mit dem Suchen und Finden Gottes anregen will und auch zum Gegenstand der Auseinandersetzung im Religionsunterricht oder der Katechese gemacht werden kann.

1. Von der Rede zu Gott zum Verstummen vor Gott

Der folgende Textauszug aus dem von *Esther Maria Magnis* (*1980) 2014 veröffentlichten Roman „Gott braucht dich nicht" versetzt auch mit dem Gesamttext nicht Vertraute unverzüglich in die erdrückende Lebenswirklichkeit der Protagonistin:

> Ab diesem Tag begann ich, mein ganzes Vertrauen Gott zu schenken und zu glauben, dass sich der Berg erheben und ins Meer stürzen würde, dass Papa gesund würde, weil ich betete, als hätte ich's schon empfangen. Den letzten Zweifel verscheucht. Danke, dass du uns helfen willst. Danke, dass du Papa gesund machst. Ich sprach zu ihm, den ich am Meer ahnen durfte. Ich gab ihm den Glauben aus meiner frühesten Kindheit.
> Und ein halbes Jahr später habe ich das Stockwerk des Krankenhauses

zusammengeschrien und kurz vorm Wahnsinn gedacht, ich müsse
mir die Haut vom Gesicht reißen, als ich meinen Vater tot im Bett liegen sah.

Danach bin ich verstummt.

Totenstille die ganze Welt.
Still und kalt. Wie wenn Schnee gefallen ist. Ohne Gott. Ohne mich.
Und keine Regung mehr.

Esther Maria Magnis, Gott braucht dich nicht. Eine Bekehrung, 75

Innerhalb weniger Zeilen wird hier ein gewaltiger, von einer Zäsur unter-
stützter Kontrast aufgebaut: Wo Leben pulsierte, ist nun Tod; wo Vertrauen herrschte, nüchterne Realität; wo ungetrübte Kindheit und ein
Kinderglaube war, nun die kalte Erwachsenenwelt; wo der Erfüllung si-
chere Bitte artikuliert wurde, nur noch Schweigen. Es ist nicht nur still
und kalt, sondern die ganze Welt ist ohne Gott, ohne die Icherzählerin,
ohne eine Regung. Was bleibt, ist Leere – absolute Leere.

Es ist die alles durchdringende, vor nichts haltmachende Erfahrung des
Todes, die die Welt zum Stehen bringt und die Erzählerin in eine tiefe
Existenz- und Glaubenskrise stürzt: Warum musste ihr junger Vater ei-
nem Krebsleiden erliegen? Wie hat ein liebender und allmächtiger Gott
das zulassen können? War ihr bittendes Gebet letztlich umsonst? Schon
diese wenigen ausformulierten Zweifel lassen erkennen, dass die dem
Raum der literarisch gespiegelten Lebenserfahrungen entstammenden
Probleme auch entscheidende (An-)Fragen der und an die (christliche)
Theologie darstellen, die im „korrelativ durchwirkten Begegnungsraum"
(*Heger* 2015, 313) des autobiografischen Textes existenziell herausfordernd
aufeinandertreffen.

Bereits durch den Textauszug und diese ersten Andeutungen ist ein theologisch brisantes sowie didaktisch dramatisches (vgl. *Englert* 2013, 69f.)
und damit chancenreiches Szenario skizziert, dem es im Folgenden – fo-
kussiert auf die Frage nach der (Ohn-)Macht des Bittgebets – nachzugehen lohnt. Dazu wird der kurze Blick in Magnis' „Gott braucht dich
nicht" zunächst geweitet, um in einem zweiten Schritt die Theologie auf
ihre Reflexion des Bittgebets hin zu befragen und auf dieser Basis schließlich religionsdidaktische Chancen auszuloten.

2. Von der Leere zum Finden des „Kendauchdich" – der Text im Kontext

Esther M. Magnis' autobiografischer Roman „Gott braucht dich nicht" versetzt die Leserinnen und Leser ab der ersten Sekunde in Unruhe. Unbarmherzig leuchtet bereits der vermeintlich nüchtern feststellende Titel auf dem Buchcover entgegen, darunter der irritierende Untertitel „Eine Bekehrung", der erahnen lassen will, welche Spannung diesem Text innewohnt.

Gemäß Philippe Lejeunes Bestimmung der idealtypischen Autobiografie als einer Erzählung, bei der eine formale Identität von Autor, Erzähler und Hauptfigur besteht (vgl. *Lejeune* 1994), erzählt Magnis ihr Ringen um einen Glauben an Gott angesichts der schmerzhaften Tragödien des eigenen Lebens: Aufgewachsen in einem christlichen Elternhaus, schildert sie ihren tragenden Kinderglauben, der in einer epiphanischen Gotteserfahrung vor den Weiten des Meeres seinen Höhepunkt findet (vgl. *Magnis*, Gott braucht dich nicht, 21–23). Die Erfahrung der Zuneigung Gottes, die schließlich in einem sich anvertrauenden Gebet mündet, weicht im Jugendalter der Icherzählerin einem neuen Verhältnis zu Gott, das einem „ausgeleierten, bröseligen Kaugummi, auf dem zu viele rumgenuckelt haben" (*Magnis*, Gott braucht dich nicht, 26f.), gleicht. Schonungslos und bisweilen bitter ironisch beschreibt Magnis, wie es weder Kirche noch Religionsunterricht vermochten, Gott als für sie bedeutsam aufzuzeigen. Als die Icherzählerin 15 Jahre ist, erkrankt ihr geliebter Vater unheilbar an Krebs; den drohenden Tod ihres Vaters vor Augen „hatte jede Sekunde ein Gewicht bekommen, das man kaum tragen konnte" (ebd., 47). Den drängenden Satz, „Ich will Papa behalten", längst zu einem Dauergedanken geworden, wertet Magnis als Gebet – ja mehr noch, als sich selbst, wenn sie in ihrer luftraubenden Not konstatiert: „Ich war das Gebet. Ganz" (ebd., 41). Gemeinsam mit ihrem Bruder und ihrer Schwester beschließt sie, auf dem Dachboden für ihren Vater zu beten. In einem unaufgeregten Schreibstil beschreibt Magnis die anfängliche Unsicherheit dieser Situation und das schließlich doch daraus erwachsene Vertrauen in die „Wirklichkeit Gottes" (ebd., 50), seine Handlungs- und Wunderoptionen. Umso grausamer ist der Tod des Vaters, der gedanklich zunächst gar nicht gefasst werden kann und schließlich doch zur schrecklichen Gewissheit wird.

Die ausgewählte, zu Beginn zitierte Passage führt – erzählperspektivisch eindrucksvoll, durch zeitliche Raffung in gleichzeitig dramatischem Mo-

dus – die gesamte Unmittelbarkeit der Szenerie vor Augen: Nach der Hoffnung auf Gottes gutes Handeln bleiben der Icherzählerin durch den Tod
des Vaters nur Leere und Enttäuschung. Aus dieser Ohnmacht über Gottes Nicht-Handeln erwächst in ihr Hass: „Also, was für ein Schwein ist
das, das nicht mal meinen Glauben an seine Wunder will [...]. Ich glaube
nicht mehr an dich. Du bist tot. Ich hasse dich" (ebd., 108).

Drei lange Jahre nach dem Tod ihres Vaters, am Bett ihrer pflegebedürfti-
gen Großmutter, gewinnt Magnis den vertrauten (Kinder-)Glauben an
Gott in geläuterter Form zurück. Das Singen eines Kinderliedes offenbart
der jungen Studentin ihr Urwort: „Kendauchdich", im Liedtext eigentlich
„Kennt auch dich" (vgl. ebd., 176). Und dieses war und wird wieder bedeutsam: „Kendauchdich [...] das war sehr groß, das war sehr ernst, aber
auch lieb, das war majestätisch wie die Alpen, aber viel freundlicher"
(ebd., 177). Dieser wiedergefundene, nun jedoch reflektierte Glaube wird
alsbald noch einmal auf eine harte Probe gestellt, als auch ihr Bruder an
Krebs erkrankt und stirbt. Doch dieses Mal vermag er zu tragen – ohne
die Schnee- oder Wüstenerfahrungen der Gottesleere. Das gefundene
„Kendauchdich" ist nun so internalisiert, dass es trotz Kälte der Welt und
des Lebens wärmt. Eindrucksvoll, beunruhigend sowie sprachlich oszil-
lierend zwischen Poesie und Rohheit zeichnet Magnis somit ein Suchen,
Finden, Verlieren und immer neues Ringen um Gott – und das (bittende)
Sprechen mit ihm.

3. Von der Fragilität des Bittgebetes – einige theologische Überlegungen

Wer nun einen harten Zusammenprall zwischen dem literarisch lauten
Ringen um das bittende Sprechen mit Gott und einem gleichsam ruhi-
gen, dogmatisch gesicherten Verständnis des Bittgebetes vermuten
würde, geht fehl: Auch in der Theologie hat das Bittgebet seine unhinter-
fragte Selbstverständlichkeit eingebüßt. Während die Bitte unbestritten
zu den basalen traditionellen (liturgischen) Gebetsformen gehört, wird
um eine nachaufklärerische Theologie des Bittgebets längst gerungen;
dies nicht zuletzt, um den christlichen Glauben und seine Glaubenspraxis für Menschen in der Postmoderne weiterhin als denkerisch plausibles
Potenzial zu bewahren.

Dabei sieht sich die Theologie mit jenen Problemen und Versuchungen
konfrontiert, mit denen auch die Icherzählerin in ihrer mächtig-ohn-

mächtigen Sprache ringt und von denen drei exemplarisch benannt werden sollen:

(1) *Ist Gott eigentlich frei oder nur eine Marionette des Menschen?* Was zunächst blasphemisch oder zumindest irritierend anmutet, resultiert aus einem Gebetsverständnis, das einem ‚Do ut des‘-Denken entspringt. Etwas vereinfacht könnte man dieses wie folgt fassen: Wenn der/die Bittende die Anstrengung des Gebets unternimmt und Gott das Gute für den Menschen will, dann *muss* dieser der geäußerten Bitte nachkommen. Wäre dies aber der Fall, würde Gott sich dem Willen des Menschen vollkommen fügen und damit seine göttliche Freiheit verlieren – abgesehen davon, dass hinter einem solchen Automatismus ein magischer Wunderglaube steckte.

(2) *Hört Gott die Bitte nicht, ist er nicht der gute Gott, vermag er nicht zu handeln oder existiert er vielleicht gar nicht?* Wenn jedoch kein zwingender Kausalzusammenhang zwischen Bitte und Erfüllung existiert, es zur anthropologischen Grunderfahrung hinzuzählt, dass geäußerte Bitten nicht erhört werden und es weiterhin Leid auf der Welt gibt, dann ergeben sich ebenso drängende Anfragen an die Logik des Bittgebets, die nicht minder an Prämissen des christlichen (Gottes-)Glaubens rütteln: Kann es etwa sein, dass Gott die menschlichen Bitten nicht realisiert/realisieren kann? Ist er etwa doch der ‚unbewegte Beweger‘? Dann aber wäre nicht mehr von einer dialogischen gott-menschlichen Beziehung zu sprechen, sondern von einem das Bittgebet obsolet machenden Monolog des Menschen.

Wenn hingegen mit der biblischen Offenbarung davon ausgegangen werden muss, dass Gott die Menschen sieht (Gen 1,31), ihre Bitten hört (2 Kön 20,5) und ihre Schritte als der ‚Ich-bin-der-ich-bin-da‘-Gott (Ex 3,14) begleitet, dann schnappt die ‚Theodizee-Falle‘ zu und alle mit ihr einhergehenden Konsequenzen, welche die Denkbarkeit des Bittgebetes und Gottes selbst vor enorme Herausforderungen stellen. Denkt man Gott zum Beispiel als ‚weltzugewandt‘ und zugleich ‚geschichtsmächtig‘, dann steht seine Güte auf dem Prüfstand der Vernunft. Hält man dagegen an Gottes Güte und Weltzuwendung fest, dann steht zumindest die umfassend begriffene Allmacht Gottes auf dem Spiel. Welchen Sinn hätte es aber zu einem nicht dem Menschen zugeneigten oder zu einem ohnmächtigen Gott zu beten?

(3) *Ist der Mensch die Marionette Gottes?* Auch eine zur ersten Denkbewegung diametral entgegengesetzte Überlegung wurde zur Rettung des Bittge-

bets in der Theologiegeschichte vollzogen: Getragen vom Leitgedanken eines geschichtsmächtigen und -wirksamen Gottes wurde die menschliche Bitte von Thomas von Aquin als bereits eingeplantes Moment göttlicher Selbstkundgabe gesehen. Diese vermeintliche Rettung des Bittgebets hat aber nur insofern Erfolg, als dass lieb gewonnene Gottesprädikationen aufrechterhalten werden könnten – jedoch mit fatalen Konsequenzen für die Anthropologie: Denkt man das Bittgebet auf dieser Linie, dann verliert der Mensch die von Gott gewollte Freiheit und wird zu einer Marionette eines zynischen Puppenspielergottes.

Ist das Bittgebet also lediglich ein schöner Schein, das Rudiment eines voraufklärerischen Glaubens oder gar heillos vor dem Forum der Vernunft verloren?

4. Das Bittgebet – einige theologische Konturen

Wie Magnis' literarische Suchbewegungen, so gerät auch das theologische Ringen um das Bittgebet nicht in eine absolute Sackgasse. Leuchtet man mit dem Suchlicht möglicher Anknüpfungspunkte zu „Gott braucht dich nicht" die christliche Tradition aus, so können unter anderem folgende positive Momente des Bittgebets als theologische Konturen destilliert werden:

(1) *Glaube und Beten kommt vom Hören:* Da das (Bitt-)Gebet phänomenologisch betrachtet ein Sprechen des Menschen darstellt, droht in den Hintergrund zu geraten, dass Gott in seiner Schöpfung, Offenbarung und in seinem Suchen des Menschen das erste Wort hat, von dem sich der Mensch ansprechen lässt und das die Bedingung der Möglichkeit des menschlichen Wortes darstellt; der Mensch ist zunächst ‚Hörer des Wortes' (*Karl Rahner*). Das Bittgebet lebt also nicht zuerst von der Anstrengung des Menschen, sondern von der Gnade, dem Licht und dem Entgegenkommen Gottes, der das Gute für den Menschen will – und zwar auch in Situationen der Finsternis, des Leids und der vermeintlichen Gottesferne. Auch wenn es angesichts schwerer Prüfungen im Leben nicht immer klar erscheint, ist Gott also zunächst der, der immer da ist und der dem Menschen einladend entgegenkommt – selbst wenn dieser Gottes Da-Sein erst im Nachhinein realisiert (vgl. Lk 24,13–35).

(2) *Im Gebet begegnet der Mensch sich, dem anderen, greift über sich hinaus und wird dadurch er selbst:* Auch vom Betenden her gedacht ist das betende Wort kei-

neswegs voraussetzungslos. Wer betet, wird sich über sich selbst und seine Bitten bewusst, öffnet sich, sucht den anderen, lässt sich betreffen, wird dadurch ein anderer und lässt es zugleich auch zu, dass Gott ihm/ihr als der andere wirklich begegnet. Das damit verwirklichte ‚Sein im Wort' (*Hans-Joachim Höhn*) führt den Menschen zu sich selbst.

(3) Das Beten und Bitten ist keineswegs ‚Opium des Volkes', sondern eine radikale Weise, Gott und die Welt ernst zu nehmen: Missverstanden wäre das Bittgebet auch als reine Expropriation oder weltvergessene Kontemplation, die Gott und den Menschen ent-weltlichte. Vielmehr realisieren Betende durch die Bitte die Welt in ihrer Unvollendetheit erst unter dem Eindruck des verheißenen Möglichkeitsraums des Reiches Gottes. Der christliche Glaube und die Praxis des Bittgebets stellen demnach kein Sedativum gegenüber den Missständen des Lebens dar. Sie sind gerade nicht ‚Opium des Volkes', sondern Ausrichtungen des Menschen auf die Welt sowie eine von ihm mitzugestaltende Zukunft.

Zugleich heißt dies aber auch, dass das Bittgebet kein ‚braves' Einfügen des Menschen in sein Schicksal darstellt. In Analogie zur heute nahezu in Vergessenheit geratenen, biblisch aber vor allem durch Hiob prominenten Gebetsform der Klage artikuliert der Mensch im bittenden Gebet gegenüber Gott, inwiefern er sein Leben oder seine Welt für erlösungsbedürftig hält. Damit stellt das Bittgebet weder eine naive Unterwerfung, noch einen Versuch, Gott zu überwinden, dar. Die spannungsvolle Hinwendung speist sich letztlich aus dem Vertrauen, dass Gott den (Weh-)Ruf des Menschen hört.

(4) Der vernunftgemäße Glaube kann die Unverfügbarkeit Gottes nicht überwinden und damit die Brüchigkeit des Bittgebets nicht auflösen: Trotz aller positiver Akzentuierung muss aber zugleich deutlich benannt werden, dass das Bittgebet letztlich fragil bleibt, da um der Freiheit Gottes willen nicht automatisch mit der Erfüllung der Bitte gerechnet werden kann. Weder eine qualitative noch eine quantitative Ausweitung der Gebetspraxis sind imstande, die göttliche Gnade zu erzwingen. Zusammengelesen mit den in der christlichen Glaubenstradition zahlreich vorhandenen Zeugnissen von Gottes Zuwendung, bleibt mit Magnus Striet als Grundlage des Bittgebets demnach ein spannungsvolles Paradoxon festzuhalten: „Bittend und gleichzeitig ernüchtert zu leben[,] könnte den Kern christlicher Gebetsspiritualität ausmachen" (*Striet* 2010, 120).

(5) Die Worte und Rituale der Glaubenstradition und die Teilhabe an der Glaubens-

gemeinschaft können zu einer Stütze des Individuums werden: War die Reflexion des Bittgebets bislang konzentriert auf die persönlich-individuelle Dimension, bleibt – als letzter Punkt dieser Skizze – auf die Verbindung des Individuums zur Glaubenstradition und -gemeinschaft hinzuweisen. Was gerade für Menschen, die sich jenseits der Institution Kirche verorten, zunächst irritierend wirken mag, kann über die theologische Selbstverständlichkeit hinaus für die reflexive Beschäftigung und die existenzielle Bedeutung des Bittgebets fruchtbar gemacht werden: Ist es Menschen geschenkt, an den christlichen Gott glauben zu können, dann können sie sich nämlich nicht nur in Gott geborgen fühlen, sondern auch in der Gemeinschaft der Glaubenden, der Kirche, und ihrem (für-)bittenden Gebet.

Gerade in Momenten des intensiven individuellen oder kollektiven Leids, bei denen das Leben, sein Sinn und die Frage nach Gott hart auf die Probe gestellt sind, helfen neben dieser konkreten Gemeinschaft im Glauben auch die über Jahrhunderte gewachsenen Worte und Rituale der Glaubensgemeinschaft, in denen Glaubens- und Lebenserfahrungen von Generationen geronnen sind, über das Schweigen und die Sprachlosigkeit hinweg.

Alle exemplarisch herausgehobenen Momente einer positiven Bestimmung des Bittgebets mögen verdeutlichen: Auch wenn Aufklärung und Postmoderne das Verständnis des Bittgebets entscheidend geläutert haben, ist es nicht obsolet, sondern eine entscheidende Größe im christlichen Glaubensleben und der Beziehung zu einem Gott, der mit den Menschen in Beziehung stehen möchte.

5. Von der Bedeutung des ‚Interim' und religionsdidaktischen Möglichkeiten

Die Autonomie von Esther M. Magnis' „Gott braucht dich nicht" wahrend, lassen sich nach dieser Reise in die Theologie des Bittgebets schließlich deutliche Überschneidungen zwischen der literarischen und der theologischen Auseinandersetzung um ein bittendes Sprechen mit Gott erkennen, die religionsdidaktisch fruchtbar gemacht (vgl. *Bertsch-Nödinger* u. a. 2016) und entlang der oben aufgeführten theologischen Konturen zusammen gelesen werden können:

(1) Indem die Icherzählerin realisiert, dass „Kendauchdich" sie schon seit

frühester Kindheit an begleitet, zwischenzeitlich verschwunden zu sein schien und ihr schließlich in der akuten Lebens- und Glaubenskrise zu einer Stütze wird, wird deutlich, *dass Gott schon immer* für sie *da war*. Damit erfährt sie einen treuen, begleitenden Gott, den bereits das Volk Israel (er-) kannte und der in der christlichen Tradition überliefert ist. Jedoch zeigt das enttäuschte, erschütterte und verzweifelte *Interim zwischen Suchen und Finden* – das ‚ohne Gott‘ –, wie schwierig es sein kann, dieses Da-Sein durch das Leid hindurch zu realisieren.

(2) Schließlich ist es das Gebet, das Ausstrecken auf den anderen, das die Icherzählerin nicht nur zu Gott, sondern auch *zu sich selbst* führt. Diese Ausrichtung hilft ihr dabei, nicht mehr vor dem Leben zu flüchten (vgl. *Magnis* Gott braucht dich nicht, 152–160), sondern dieses in seinen Höhen und Tiefen anzunehmen und somit auch das ‚ohne mich‘ zu überwinden.

(3) Zugleich aber macht das durch den Tod ihres Vaters ausgelöste Interim, in dem die Icherzählerin das gesamte „Stockwerk des Krankenhauses" zusammenschreit und schließlich „verstummt", deutlich: Die durch Christi Auferstehung geschenkte Gewissheit, dass der Tod nicht das letzte Wort hat, ist eine Glaubensüberzeugung, die nicht einfach ‚vermittelt‘ werden kann. Diese Hoffnung im Glauben muss selbst bei Christinnen und Christen angesichts jeder neuen Konfrontation mit dem Skandalon des Todes und des Leids immer wieder neu angenommen werden. Gott in Anbetracht des Todes und des Leids ins Gebet zu nehmen, heißt auf einen Nukleus verdichtet also *das Leben, die Welt und Gott radikal ernst zu nehmen*.

(4) Aber selbst nach dem Finden des „Kendauchdich" gibt es im Leben der Icherzählerin Momente, in denen „Gott schweigt" oder „abwesend [scheint]", in denen „unser Glaube [...] ‚Buh‘ macht" (ebd., 224). Mit der Icherzählerin lässt sich feststellen: An Gott zu glauben, eine Beziehung zu ihm zu suchen und zu ihm zu beten, bedeutet nicht, sich aller (Lebens-) Fragen und Unsicherheiten zu entledigen – geschweige denn jeden Wunsch erfüllt zu bekommen. Wo, wie und wann Gott handelt, ist und bleibt dem Menschen entzogen. Letztlich müssen es auch Glaubende aushalten, dass Gott trotz seiner Nähe, seiner Erfahrbarkeit und seiner liebevollen Absicht stets der *Unverfügbare*, das ‚unendliche Geheimnis‘ (Karl Rahner) bleibt.

(5) Selbst wenn es keine absolute Gewissheit über Gottes Handeln und die Erfüllung geäußerter Bitten geben kann, so erinnert „Gott braucht dich

nicht" zugleich daran, dass das Ritual des Gebets, die *in der Glaubenstradition gewachsenen Worte* (vgl. ebd., 228) und auch die *geschwisterliche Gemeinschaft* gerade in Momenten der existenziellen Unsicherheit ein Hafen sein können. Dies vermag eine für viele Menschen durchaus heilsame Erfahrung zu sein, die angesichts von Säkularisierung und Privatisierung der Religion in der Postmoderne alles andere als selbstverständlich ist.

Diese zwischen Lebenserfahrungen/Literatur und Glaubenserfahrungen/Theologie schwebenden Spuren sind es schließlich, denen es – ausgehend vom vorangestellten Textauszug sowie inspiriert von den Ausführungen – im Rahmen von religiösen Lern- und Bildungsprozessen nachzugehen lohnt. Eine Erkundungsreise, die nicht nur in der Sekundarstufe, sondern auch in der Erwachsenenbildung und Katechese produktiv zu sein verspricht. Denn gerade das Wissen um den Text als Autobiografie gepaart mit der Veranschaulichung theologischer Hintergründe stößt die Tür für die Subjekte weit auf, die von der Icherzählerin in „Gott braucht dich nicht" artikulierten und reflektierten anthropologischen und religiösen Erfahrungen wahrzunehmen und ernst zu nehmen. Der Text hilft dabei insbesondere deshalb, weil er sowohl für eine kognitive als auch für eine existenzielle Auseinandersetzung mit dem Glauben an Gott und dem Bittgebet Raum bietet und den Subjekten damit die Freiheit eröffnet, die Bewegung vom Suchen und Finden des „Kendauchdich" nachzuvollziehen und sich der letztlich hoffenden und glaubenden Position der Icherzählerin anzuschließen, diese aber auch zu verwerfen oder eigene Sinnkonstruktionen zu bilden.

Bei aller Rede von Ermöglichung und positiver Deutung des Bittgebets setzen die literarisch geronnenen Gedanken Magnis' jedoch einen theologisch wichtigen und auch für Religionspädagoginnen und Religionslehrer entscheidenden Kontrapunkt, den es nicht zu überspielen gilt: Letztlich gewinnt der Mensch durch das Bittgebet keine Macht über sein Schicksal, geschweige denn über Gott. Wahrhaft zu leben, zu beten und betend zu leben, heißt schließlich, Beziehung zu wagen und zu glauben sowie auf das dem Menschen unverfügbare Geschenk der Nähe Gottes zu vertrauen. Eine bleibende Herausforderung, die es gerade in den Momenten des Schattens, der Leere und des Interim nicht nur in der literarisch-reflexiven, sondern der realen Welt anzunehmen lohnt.

6. „Ich könnte beten. Wenn ich einen Funken Religion hätte."
Tamara Bach: „Marienbilder"

Markus Tomberg

> Ich sehe dich in tausend Bildern,
> Maria, lieblich ausgedrückt,
> Doch keins von allen kann dich schildern,
> Wie meine Seele dich erblickt.
>
> Ich weiß nur, dass der Welt Getümmel
> Seitdem mir wie ein Traum verweht,
> Und ein unnennbar süßer Himmel
> Mir ewig im Gemüte steht.
>
> *Novalis 1987, 71*

1. Macht und Ohnmacht der Geschichten

Geschichten haben Macht. Zugleich sind sie Manifeste des Möglichen. Sie beschreiben, wer wir sind, deuten an, wer wir sein können. Sie changieren zwischen Bevormundung und Befreiung. Und das religionsaffin: Lesende unterwerfen sich im Akt des Lesens einem gottähnlichen Wesen, einem Autor-Gott wie dem ‚Fenoglio' in *Cornelia Funkes* „Tintenherz"-Trilogie (2003–2007). Aber auch der fügt sich ein in ein semantisches Geflecht, in dem seine Macht oszilliert.

Geschichten können diese *Möglichkeitsmacht* selbst aufdecken. Gerade im Bereich der Kinder- und Jugendliteratur, die junge Menschen beim literarischen Kompetenzerwerb begleitet, ist solche Selbstenttarnung von großer Bedeutung. Fantasyliteratur scheint hier eine große Rolle zu spielen (vgl. *Heidler* 2016). Noch die neueste Episode um den Zauberlehrling Harry Potter spielt mit der Möglichkeitsmacht von Geschichten (vgl. *Rowling* 2016). Sogar im historischen Roman ist sie inszenierbar: *Anne C. Voorhoeve* hat beispielsweise die Geschichte derselben Personen zweimal erzählt: in „Liverpool Street" (2007), dann in „Nanking Road" (2013), unterschieden zunächst nur in einem kleinen Detail. Doch im weiteren Verlauf der Romane wächst sich dieses dann zu ganz verschiedenen Erzählungen aus. *Tamara Bach* (*1976), 2013 mit dem katholischen Kinder- und Jugendbuchpreis für ihren Roman „Was vom Sommer übrig ist" ausgezeichnet, erzählt in dem 2014 erschienenen Roman „Marienbilder" das, was möglich wäre, nicht in tausend, aber immerhin in fünf Varianten. Der folgende Textauszug, gesetzt in fast lyrikartige Versstruktur, stammt aus einer dieser Varianten:

Hätte ich Religion, dann wäre es leicht. Dann wäre
ungeborenes Leben heilig. Dann gäbe es nur zwei
Möglichkeiten. Hätte ich auch nur einen Funken Religion
und Glauben in mir, wäre das aber auch gar nicht
passiert. Dann wäre ich bestimmt nicht auf der Party
gelandet. Hätte nicht getrunken, keine Drogen genommen, wäre nicht geblieben und halb nackt mit einem
Jungen gewesen. In den ich nicht mal verliebt bin.
Ich wäre zu Hause gewesen, hätte gelernt. Hätte
bestimmt was sehr Wichtiges und Gutes gemacht.
Meine Mutter wäre nicht weg, meine Mutter wäre da,
wäre nicht so gottlos, Mann und Kinder zu verlassen.
Ohne Grund. Es gibt keinen Grund.
Ich könnte beten.
Wenn ich einen Funken Religion hätte. Ein kleines,
glimmendes bisschen Glauben.
Ich könnte sagen: Lieber Gott. Bitte hilf mir. Ich bin
ein gefallenes Mädchen, ein mutterloses Kind, ich
brauche deine Güte, ich brauche Zuwendung, ein
Zeichen, gib mir ein Zeichen.
Ich bräuchte kein Zeichen, weil Abtreibung keine Option
wäre.
Mein Vater liegt auf dem Sofa mit Milch und Keksen, eine
Hand zwischen Wange und Kissen, die Brille noch auf
der Nase. Im Fernsehen läuft ein Regionalsender. Ich
stelle den Fernseher leiser, mache ihn aus, lege meinem
Vater die Decke über. Nehme das Milchpäckchen,
die Kekse, die Milch in den Kühlschrank, die Kekse in

den Küchenschrank. Stelle das Geschirr vom Abendbrot
in die Geschirrspülmaschine, die noch nicht voll
genug ist.
Ich mache die Kaffeemaschine bereit für morgen früh,
wenn mein Vater aufsteht, Frühschicht hat er. Ich
wische den Esstisch noch einmal ab und muss eigentlich
saugen.
Dann gehe ich in mein Zimmer. Räume Wäsche in den
Schrank, rieche an einem Shirt, das über dem Stuhl
hängt, lege es wieder über den Stuhl.
Setze mich an den Schreibtisch und schaue aus dem
Fenster.
Draußen ist es fast Nacht.
Ich packe meine Tasche für morgen, gehe ins Bad, wasche
mir das Gesicht, putze mir die Zähne, bürste meine
Haare. Creme mich ein. Lege kurz eine Hand auf den
Bauch. Gehe schlafen ohne Gebet, ohne Traum.

Tamara Bach, Marienbilder, 109–111

Tamara Bachs Roman „Marienbilder" ist eine Dekonstruktion der Möglichkeitsmacht von Geschichten, und das gleich in mehrfacher Hinsicht. Denn erzählt wird von Möglichkeiten im religiösen Resonanzraum des marianisch geprägten Katholizismus, klingt doch schon im Romantitel *Novalis'* Gedicht „Ich sehe dich in tausend Bildern, / Maria, lieblich ausgedrückt" an. Das Religiöse selbst wird so als Möglichkeitsraum inszeniert, welcher „der Welt Getümmel" transzendiert, aber auch erst sichtbar macht. Denn „Marienbilder" ist keine linear erzählte Geschichte. Vielmehr verzweigt sich der Text in fünf verschiedene Erzählungen, welche zwar, den Gesetzmäßigkeiten von Sprache und Erzählen folgend, nacheinander erzählt werden, die jedoch an einem jeweils leicht veränderten Detail ansetzen.

Doch schon die Vorgeschichte ist nicht leicht nachzuerzählen, verknüpft sie doch Gegenwart und sie ermöglichende Vergangenheit, sodass sich zuweilen gegenwärtige und vergangene Ereignisse ineinander verschieben – und ohnehin bilden sich beide ineinander ab. Aber der Reihe nach – soweit das möglich ist.

2. Dekonstruktionsstrategien

Mareikes Mutter ist verschwunden, die Familie – Vater Günther, die älteren Geschwister Nadine und Frank – nimmt das zwar scheinbar hin. Und doch fehlt von jetzt an allem die Ordnung. Auf einer Party findet sich Mareike unversehens als letzter Gast wieder. Gregor, der Gastgeber, geht mit ihr auf sein Zimmer. Beim Petting wird Mareike schwanger. Zunächst bemerkt sie die Schwangerschaft nicht, die Abwesenheit der Mutter hemmt ihre Selbstwahrnehmung: „Meine Mutter weiß, wann ich blute [...] Das hat alles keine Ordnung mehr, seitdem sie weg ist, wir sind aus dem Takt gefallen" (*Bach*, Marienbilder, 38).

Eingewoben in Mareikes Geschichte ist die Geschichte ihrer Mutter. „Als meine Mutter mit Frank schwanger ist, ist sie gerade 18 und arbeitet bei einem Arzt und hilft auf dem Hof ihrer Eltern. Als meine Mutter schwanger wird, ist sie mit 18 noch nicht volljährig und Abtreibungen sind ungesetzlich. Meine Mutter ist eine Schande" (ebd., 41). Mareike sieht die Parallelität: „Ich bin ein Klischee. Die Mutter weggelaufen, die Tochter wird minderjährig schwanger ohne Freund. Der Apfel fällt nicht weit vom Stamm, Mutters Tochter. Wie die Jungfrau zum Kinde" (ebd., 42).

Virtuos verbindet Bach Mareikes Geschichte mit dem Möglichkeitsraum religiöser Weltdeutung: hier erstmals mit der Hervorhebung der quasi-jungfräulichen Zeugung ihres Kindes. Doch noch behält Religion eine gewissermaßen klandestine Gestalt, begegnet als ein wie zufällig eingestreutes Relikt, im Mai, dem Marienmonat, als bloße Spur der Vergangenheit. Wenig später, erzählt in einer der fünf Möglichkeiten, wird sie im Schuhkarton der dementen Großmutter in Form von marianischen Andachtsbildchen – „Die Marienbildchen, schau doch, wie schön die sind" (ebd., 88) – konkreter. Allmählich lässt sich erahnen: Mareike selbst ist ein Marienbild, ihr Name ja ein Diminutiv von Maria. Und das nicht nur wegen ihrer jungfräulichen Schwangerschaft.

Doch bevor es dazu kommt, trifft sie am Mittwoch vor Fronleichnam zufällig Gregor am Bahnhof. Der Termin erschließt sich nur indirekt aus Anspielungen und mit erheblichem Reflexionsaufwand: ein Feiertag im Mai ohne bundesweite Geltung (vgl. ebd., 52, 75) – da bleibt nur dieses urkatholische Hochfest. Tamara Bach allerdings hat bereits andernorts (*Bach* 2009, 89f.) mit eucharistischen Anspielungen gearbeitet; hier bildet Fronleichnam die Folie einer Sehnsucht nach Gemeinschaft und Liebe, die variantenreich durchgeprobt wird.

Was dann geschieht, geschehen könnte, spielt die Erzählung nämlich in fünf Versionen durch. Es könnte ja sein, dass der Zug kommt, dass er Verspätung hat, ausfällt, dass ein anderer Zug kommt – oder das Erzählte gar nicht stattfindet, weil bereits Mareike gar nicht erst zur Welt kommt, weil die Zufälle und Verwicklungen ihr keinen Platz im Leben einräumen. „Marienbilder" zeigt, dass Geschichten Möglichkeitsräume sind. Einer davon trägt den oben abgedruckten Textabschnitt, der explizit Religion thematisiert, indem er sie ausdrücklich in diesen Möglichkeitsraum stellt – bezeichnenderweise im Konjunktiv.

3. Möglichkeit zweiter Ordnung: das Gebet

Dieses konjunktivische, dieses *Fast-Gebet* Mareikes erinnert an Gretchens Gebet vor der *Mater dolorosa* in Goethes „Faust". Auch die Situation, die ungewollte Schwangerschaft, ist vergleichbar. Doch in „Marienbilder" bleibt das Gebet gebrochen, ein Zitat, eine nicht mehr lebbare Möglichkeit. Erzählt in einer von mehreren Möglichkeiten wird es zu einer Möglichkeit zweiter Ordnung, in der alles leicht und klar geordnet scheint. Zugleich macht es das ‚Getümmel' der erfahrenen Realität sichtbar.

Für Mareikes Geschichte wird diese Ordnung selbst zum Sehnsuchtsort. „Meine Geschichte ist ein mühseliges Zusammenflicken von Hörensagen und schiefen Chronologien, und nichts dran, was hieb- und stichfest ist, nur Indizien, eventuell, aber das reicht nicht für ein Urteil" (*Bach* Marienbilder, 80). Da gibt es nichts zu erzählen, „nur noch Leerzeichen", wohl aber die Hoffnung, dass

>„irgendwann
>die Sonne
>aufgeht" (ebd. 81).

Novalis' „süßer Himmel" klingt hier an, der zur Folie für das ‚Getümmel' der Welt wird. Und die Vorstellung von einer Religion, in der alles ganz klar und einfach ist.

4. Tummelplatz der Möglichkeiten: die Biografie

Von diesem ‚Getümmel' erzählt „Marienbilder" immer wieder, nach und nach entwickelt sich so, besonders innerhalb der fünf am Bahnhof beginnenden Varianten, eine Familienchronik – ihrerseits ein Möglichkeitsraum für Mareikes Biografie. Mareikes Mutter Magda hat nicht ihre große Liebe, sondern Günther geheiratet, der Magdas Kind Frank, hervorgegangen aus einer flüchtigen Beziehung zu einem namenlos bleibenden Patienten der Arztpraxis, in der Magda arbeitete, an Sohnes statt annimmt. Ellen, eine Freundin Magdas, hatte die beiden zusammengebracht. Mareike kommt erst zur Welt, als „Frank schon fast erwachsen und Nadine aus dem Gröbsten raus" ist (*Bach* Marienbilder, 5) – oder, auch das eine Möglichkeit, eben auch nicht (vgl. ebd., 134). Mareikes Leben ist so eingespannt zwischen Sein und Nichtsein: Es wird bestimmt von den Entscheidungen und Geschichten, die andere Leben prägen, bleibt eine Möglichkeit unter vielen.

Die Zufälle, die Mareikes Leben bestimmen, erbt sie auch aus der Biografie ihres Vaters. Er ist ein in der Nachkriegszeit außerehelich gezeugtes Kind. Über seiner Herkunft liegt deshalb ein Tabu:

> Es war kalter Winter und es ist geschehen, Erwin, was geschehen ist, ist geschehen, und da ist nun ein Kind, du bist zurückgekommen, und so ist das, wenn man nach langer Zeit zurückkommt, die Dinge sind anders, für alle, für den, der geht, und für die, die bleiben mussten und sehen mussten, wie sie zurechtkamen, wie sie sich im Winter warm hielten, wie sie den Hunger in Schach hielten, sich aufrecht hielten, den Verstand nicht verloren, den Kopf nicht.
>
> *Tamara Bach*, Marienbilder, 89f.

Beide Elternteile tragen so die Erfahrungen missglückter Liebe und enttäuschter Sehnsucht mit sich – kein Wunder, dass Mareikes Schwester Nadine Ähnliches widerfährt. Und Mareike selbst erlebt sich als „eine Geschichte, die ich nicht lesen will" (ebd., 111), als die schon genannte schiefe Chronologie (vgl. ebd., 80). Sie ist ein „Klischee" (ebd., 42), eine „Geschichte mit Moral" (ebd., 43), eine „Geschichte, die nicht anders ausgehen kann, als man das kennt" (ebd., 106). Und in den Geschichten selbst wuchert das Misstrauen: „All die Geschichten, die doch nur Fiktion sind, sobald sie passiert sind. Ich trau den Geschichten nicht" (ebd., 80).

5. Religionsdidaktische Themenfelder

„Marienbilder" birgt – im Ganzen, aber auch im wiedergegebenen Fragment – mehrere religionspädagogisch anschlussfähige Themenfelder. Inszeniert wird die eigene Biografie als Möglichkeitsgeschichte, erzählt von einer hoffnungslosen Sehnsucht. Und hineinverwoben begegnen Spuren des Religiösen.

1. Es geht in „Marienbilder" um *biografisches Erzählen*, um die mühsame Rekonstruktion der Kontingenz des eigenen Da- und Soseins – und die abgründige, erschaudern lassende Einsicht. Alles hätte auch ganz anders kommen können. Mareike ist – ganz anders als in dem in religiösen Kreisen viel gesungenen Lied von *Paul Janz* und *Jürgen Werth* („Vergiss es nie") – ein „Kind des Zufalls", am eigenen Leib erlebt sie dessen Bodenlosigkeit: in der eigenen Existenz, zugespitzt in ihrer Schwangerschaft. Möglicherweise gilt auch für sie: „Die biographische Identität ist bemüht um Kontinuität, Kohärenz sowie einen übergreifenden Sinnzusammenhang" (*Pirker* 2016, 61). Mareike findet jedoch weder das eine noch das andere – folgerichtig ist die letzte ihrer Möglichkeitsgeschichten die, dass sie gar nicht existiert, weil ihre Mutter sich gegen sie entscheidet.
„Marienbilder" wird damit zu einer Gegengeschichte zur marianischen Tradition. Bewusst inszeniert der Text diesen Verweis mit der schon genannten Möglichkeitsgeschichte des Besuchs der Großmutter, die – dement geworden – marianische Andachtsbilder als eines der letzten Wirklichkeitsfragmente hervorkramt. Marienbilder bilden die Folie transzendentaler Obdachlosigkeit – die Erzählung wird zur Reflexion auf die fortwährende, aber eben nur noch negativ, kenotisch wirksame biblische Tradition (vgl. *Vattimo* 1997). Und das eben ohne den Optimismus des italienischen Philosophen, sondern als nüchterner Abgesang auf eine lebbare, weil gute Möglichkeiten bereithaltende Welt. Diese bleibt stumm: „Ist auch kein Zeichen" (*Bach*, Marienbilder, 109, Wenigstens Nietzsche ist da. Aber selbst der bleibt ungelesen (vgl. ebd., 62).
2. „Marienbilder" ist nicht die Geschichte einer ‚guten Hoffnung', sondern eine fast hoffnungslose. Sehnsüchte, immer wieder prominent thematisiert, zerschlagen sich, Glaube verdämmert in Demenz, jungfräuliche Empfängnis geschieht beim Petting. Die Geschichten selbst sind ineinander verkrallt, die Erzählung montiert, über Assoziationen und Stichwortverbindungen lose verknüpft, biografische Fragmente stehen

nebeneinander, es gibt keinen linearen Erzählfluss, sondern Stichwort-verbindungen wie die der Sehnsucht, die Mutter Magda und Schwester Nadine verbinden. Es gibt zuweilen ein Aufbegehren von Gedanken, von Wörtern, die dann mühsam durch Klammern wieder eingefangen werden – ein bei Tamara Bach häufig anzutreffendes Stilmittel. Es gibt den Traum eines Lebens im Süden und einer „andere[n] Sprache als die, die ich gelernt habe" (ebd., 125).

Tamara Bach spielt in „Marienbilder" mit Fragmenten, die sich nur nach und nach zusammensetzen lassen – und große Freiräume öffnen, wo Bruchstücke fehlen. Es sind Fragmente der Sehnsucht wie der Religion. Mareike, die kleine Maria, die Erzählerin des Textes, die sich bis zum Gedanken an die eigene Nichtexistenz vortastet, bleibt für die Leserinnen und Leser selbst ein Fragment, nicht klar fassbar in den Möglichkeiten, die sie entwirft, und den Wirklichkeiten, die sie erzählt. „Marienbilder" spielt mit der Idee der Fiktionalität, dekonstruiert die Macht des Möglichen. Die Verwirrung, die die Erzählung hinterlässt, ist dabei vielleicht das reale Ergebnis. Geschichten offenbaren reale Möglichkeiten.

3. Dabei ist sowohl in zeitdiagnostischer als auch in didaktischer Hinsicht von Interesse, wie Religion hier eingespielt wird. Offensichtlich versteht Mareike sie nämlich als Normgebäude mit klaren, in Gott fundierten Handlungsanweisungen. Religion reduziert Komplexität, macht aus fünf zwei Möglichkeiten – ja und nein – und gibt die richtige Entscheidung gleich noch vor. Doch bei genauerem Hinsehen entdeckt Mareike selbst, dass diese Annahme ihrerseits unterkomplex ist. Es geht, religiös betrachtet, nicht nur um die Frage für oder gegen das Kind, gegen oder für die Abtreibung. Erzählerisch macht dies die übernächste auf die Gebetsszene folgende Episode deutlich, in der Mareike eine Fehlgeburt hat. Innerhalb der Reflexion auf Religion und Glaube entdeckt Mareike, dass ihr Handeln kontingent ist, dass sie andere Optionen gehabt hat. Ihre Vorstellung vom religiös richtigen Leben bleibt zwar klischeehaft. Ihr Gebetsversuch jedoch wirkt authentisch: Zuwendung und ein Zeichen, das wäre etwas – und Abtreibung wäre keine Option.

Wenn danach die Erzählung des Alltags weitergeht, wird deutlich: Religion, Glaube, Gebet unterbrechen Alltagserfahrungen, bringen neue Möglichkeiten ins Spiel – über diesen Gedanken wird „Marienbilder" fast zu einem religiösen Erlebnis. Denn der Text unterbricht die Einlinigkeit des Ablaufs, destruiert den autoritären „Gott der Erzählung" (vgl. *Kayser*

135) und schafft einen Freiraum des Möglichen, in den wiederum Religion eingespielt wird. Und das auch noch in einer marianischen Gestalt ...

6. Drei didaktische Perspektiven

1. Es ist gut vorstellbar, den relativ knappen Text ohne Hintergrundinformationen als *literarische Etüde über die Möglichkeiten des Betens* zu lesen und zu bearbeiten, vielleicht sogar innerhalb einer mit literarischen Gebetsbeispielen arbeitenden thematischen Einheit. Auch die Frage nach dem impliziten, stark normativ gefärbten *Religions- bzw. Gottesverständnis* lässt sich in höheren Mittelstufenklassen gut erarbeiten. Gebet ist eine Möglichkeit, bietet seinerseits Möglichkeiten an – über die wiederum zu reden wäre, die ‚zu denken geben' (vgl. *Englert* 2013), die aber auch lebenspraktisch relevant sind, die Erinnerungsräume bereitstellen, Sehnsüchte imaginieren, Normen begründen. Lerngruppen könnten nach Lektüre und Analyse des Gebets Mareikes eigene gebetsförmige Möglichkeitsräume skizzieren: Texte, die die ersten Wörter des Auszugs aufnehmen und zu eigenen Kompositionen religiöser Vorstellungen ausbauen. „Hätte ich Religion ...“

2. Die Anlage des Romans lädt aber auch dazu ein, *biografisches Erzählen*, das Entdecken der Kohärenzen und Kontingenzen der eigenen Geschichte und die Möglichkeiten, die diese verbergen, zu bearbeiten. Dazu muss allerdings, soll nicht gleich mit der Ganzschrift gearbeitet werden, der Textauszug kontextualisiert sein als eine von mehreren Möglichkeiten, die sich aus der für Mareike verfahrenen Lebenssituation ergeben. Deshalb werden Eckpunkte der Vorgeschichte erzählt (etwa über ein Referat): der Weggang der Mutter, die Partynacht und die Entdeckung der Schwangerschaft, der Entschluss Mareikes, ihre Schwester zu besuchen, der sie zum Bahnhof führt. Der Bahnhof als Sehnsuchts- und Möglichkeitsort eröffnet biografische Perspektiven: Der Zug kommt – zu spät – gar nicht – es kommt der falsche Zug. Die Perspektiven lassen sich noch ergänzen: Mareike steigt in einen anderen Zug – trifft unverhofft eine Bekannte oder einen Bekannten. Aus dem Textauszug rekonstruiert die Lerngruppe dann die Lebensfragen Mareikes nach Halt und Geborgenheit, nach dem richtigen Handeln, vor allem aber nach ihrem ungeborenen Kind. Sie erarbeiten, dass diese Fragen Entscheidungen erforderlich machen, die wiederum nicht nur Mareike selbst, sondern auch ihr Kind be-

treffen – ebenso wie Mareike von den Entscheidungen anderer betroffen ist. Vor diesem Hintergrund lassen sich weitere Möglichkeitsgeschichten entwerfen. Und es lässt sich entdecken, dass die Wirklichkeit des eigenen Lebens ihre Möglichkeiten und Bedingtheiten einem komplexen Zusammenspiel von Selbsttätigkeit und Vorgaben verdankt: Freiheit ist ihrer selbst nicht mächtig, auf andere bezogen und von anderen ermöglicht. Und dennoch ist sie die Macht des Möglichen, die manchmal auch auf Geschichten angewiesen ist, um so etwas wie Erlösung zu erfahren.

Das, was am Beispiel der Person Mareikes erarbeitet ist, ließe sich dann behutsam auf die eigene Biografie übertragen. Lernende können ihre eigenen ‚Bahnhöfe‘, ihre eigenen Möglichkeitsorte identifizieren und Alternativen in den Blick nehmen: Hätte ein Gebet, ein religiös gedeutetes Leben zu einer anderen Möglichkeit geführt? Sind die Geschichten lesenswert? Ist meine Geschichte eine, die ich lesen will? Oder jemand anderes?

3. Damit ist der religiöse Horizont abermals angesprochen. Lohnenswert könnte im Kontext beispielsweise einer differenzierten Firmvorbereitung für interessierte Jugendliche eine Beschäftigung mit dem noch überschaubaren *Gesamtwerk von Tamara Bach* sein. Bachs Geschichten thematisieren Lebenswelten Jugendlicher und junger Erwachsener, ihre Sehnsüchte und Unentschiedenheiten: Sie sind Möglichkeitsräume *par excellence*, in die Grenzfragen des Lebens eingespielt sind und in denen Religion oft genug eine unscheinbare, aber nicht unerhebliche Rolle zukommt. Neben dem literarisch ermöglichten und geschützten Gespräch auch über die eigenen Lebensthemen wäre es möglich, Religion als Möglichkeit höherer Ordnung zu besprechen und den Rückwirkungen dieses religiösen Möglichkeitsdiskurses auf das reale Leben nachzuspüren: „Hätte ich Religion, dann wäre es leicht."

Das wäre eine Möglichkeit. Oder auch nicht.

IV. Leid als Ort der Gotteserfahrung?

Theodizee? Pädagogisch betrachtet hielt man diesen Problemkomplex lange Zeit für die erste und wichtigste „Einbruchstelle für den Verlust des Gottesglaubens" (*Nipkow* 1987, 49), die „erste und wahrscheinlich größte Schwierigkeit in der Gottesbeziehung überhaupt" (ebd., 56). So zumindest lautete für Jahrzehnte eine Grundüberzeugung, stellvertretend verbalisiert im 1987 erschienenen Buch „Erwachsenwerden ohne Gott?" des Tübinger Religionspädagogen *Karl Ernst Nipkow*. Die Frage, warum Gott so viel, so sinnloses, so unfassbares Leid bewirkt oder zulässt – an ihr entscheide sich zentral, ob der als Voraussetzung mitgedachte Kindheitsglaube eine reife Fortsetzung in Jugend und Erwachsenenalter finden könne.

Wie selbstverständlich galten schulische Unterrichtseinheiten zur Theodizeefrage seit den 1960er-Jahren deshalb explizit oder implizit als Prophylaxe gegen Glaubensverlust. Die ehrliche, authentische und schonungslose Auseinandersetzung mit der Frage nach Gott angesichts übergroßen und sinnlosen Leids zielte dabei vor allem auf eine kognitive Durchdringung: Wie lässt sich das biblische Gottesbild vor dem aufgeklärten menschlichen *Verstand* rechtfertigen angesichts von Naturkatastrophen wie Tsunamis oder Erdbeben, angesichts der nie endenden Kette von unvorstellbaren Grausamkeiten, die Menschen anderen Menschen antun, angesichts von absurden Leiderfahrungen im persönlichen Umfeld? Wie kann man weiter an Gott glauben angesichts solcher Bezeugungen und Erfahrungen?

Stimmt all das heute noch? In einer umfassenden Untersuchung hat ein Team um *Werner H. Ritter* die Grundthese Nipkows unter heutiger Perspektive erneut beleuchtet. Es kommt zu einem Ergebnis, das weitreichende konzeptionelle Konsequenzen nach sich zieht. Unter Berücksichtigung heutiger religiöser Sozialisationsbedingungen ist ein „Glaube an Gott, der die für das Virulentwerden der Theodizeefrage nötigen konstitutiven Momente aufweist, bei einer Mehrzahl der Schülerinnen und Schüler" so nicht (mehr) „vorhanden". Damit aber verliert sie die bis dato unhinterfragt vorausgesetzte Relevanz. Durchaus verständlich: „Die

Theodizeefrage kann ja auch nur aufbrechen, wenn das biblische – oder zumindest ein theistisches – Gottesverständnis bis zu einem gewissen Grad internalisiert ist" (*Ritter* 2006, 160f.).

Eva Maria Stögbauer kann zeigen, dass man diesen Befund noch ausdifferenzieren muss. Beim subjektiv zugeschriebenen „Stellenwert der Theodizeefrage" handele es sich „um eine ‚Typ-Sache'" (*Stögbauer* 2011, 300). Zwar kommt dem Problemzusammenhang in der Tat nicht mehr jene zuvor behauptete grundlegende Bedeutung zu, gleichwohl kann die Theodizeefrage bei „Gottzweiflern" die vorgängige Skepsis bestätigen. Bei „Neutralen und Relativierern" hinterlässt das Problem auch nach intensiver Aufarbeitung kaum Spuren. Entscheidend: Für „Bekenner und Sympathisanten" hingegen wird die Theodizee heute eher „zu einem Moment der religiösen Sinngebung", der den Glauben eher bestärkt als infrage stellt (ebd., 300f.). Der von Matthias Werner in diesem Buch vorgestellte Text „Klopfzeichen" weist bereits in diese Dichtung.

Diese Befunde verlangen nach einer grundlegenden Revision bisheriger Unterrichtssequenzen zur Theodizeeproblematik. Sicherlich ist diese Thematik nicht unwichtig geworden, dafür nimmt sie in der Geistesgeschichte einen zu gewichtigen Platz ein. Der didaktische Rahmen ist jedoch neu zu bedenken. Leiderfahrungen oder Leidbezeugungen können zum Ort werden, an dem die Gottesfrage überhaupt erst aufbricht. Das ist die neue Herausforderung. Auf dieser Linie liegen auch die beiden Textbeispiele aus der jüngsten Literatur.

7. Trauerarbeit literarisch
Nils Mohl: „Stadtrandritter"

Kathrin Wexberg, unter Mitarbeit von Alexandra Hofer

Im Prozess der Trauerarbeit ist das Moment des Erinnerns ein zentrales –
in alltäglichen Situationen, aber auch in Momenten des Innehaltens tauchen, schmerzhaft, wehmütig oder positiv, Erinnerungen an die verlorene Person oder die Situation des Verlustes auf. Von einem solchen Moment erzählt der folgende Textauszug, in dem sich Silvester Lanzen, die
achtzehnjährige Hauptfigur im für sich stehenden zweiten Teil von Nils
Mohls Liebe-Glaube-Hoffnung-Trilogie, sich an den plötzlichen Tod seiner Schwester Kitty und die Zeit unmittelbar danach erinnert.

1. Ein Kreuz als Ort der Erinnerung

Das Gras am Holzkreuz ist nass. Feuchtigkeit dringt tief in Silvesters
Kleidung. Der klamme Hosenstoff saugt sich an mehreren Stellen an
der Haut fest, kühlt sie aus.

Erstaunlich schnell, soweit Silvester das abschätzen kann. Lange hält
er sich noch nicht hier auf. Höchstens ein paar Minuten, wenn überhaupt.

Doch wen schert das? Es kommt nicht darauf an.

Damals bei Kitty allerdings hat jede Sekunde gezählt. Seine Schwester
ist nicht im Freien gestorben. Die Rettungssanitäter bringen sie noch
lebend in die Notaufnahme. Und von dort geht es gleich weiter auf die
Intensivstation.

– Massenblutung. Fünf Prozent Überlebenschance. Das sollten Sie
wissen, sagt jemand in OP-Bekleidung.

Betont viel Sachlichkeit in der Stimme. Die Druckstelle, wo das
Gummi der Haube in die Stirn geschnitten hat, umrahmt von tiefen
Mimikfalten.

Die Notoperation kommt zu spät.

Am Tag nach dem Schlaganfall wird Kitty im Krankenhaus für tot erklärt. Es lässt sich keine Hirntätigkeit mehr feststellen.

Silvester und seine Mutter dürfen noch einmal zu ihr. Wie in sich oder
eher wie in die Matratze eingesunken liegt sie da. Ein dünnes

Schläuchchen ragt aus ihrer Nase, ein anderes aus der Armbeuge. Alle übrigen Verbindungen zu den Geräten im Raum sind bereits gekappt. Kitty steckt in einem papierenen Flügelhemd. Sie sieht aus wie unvorteilhaft geschminkt. Die Lippen bläulich, die Farbe in den Nagelbetten nur noch ein stumpfes Graubraun. Silvester, der sonst nie Kaffee trinkt, stößt die bittere Automatenplörre auf, an der er in der Nacht genippt hat. Fürchtet, die Augen seiner Schwester könnten sich gleich einen Spalt öffnen, den gebrochenen Blick enthüllen.
Er friert. Friert, als wäre er bis zum Bauchnabel ins Meer gewatet, in Wasser, das keine Badetemperatur hat. Und er kann sich nicht rühren.
Stur geht sein Blick weiter am Kreuz vorbei in den Himmel.
Wie groß wäre die Überlebenschance gewesen, wenn man sie wirklich früher gefunden hätte? Zehn Prozent bei einer Viertelstunde? Oder mehr? 50? Und bei einer halben Stunde? 99?
Diese unwirklichen Momente, als sie das Krankenhaus verlassen. Ohne Kitty. Das taube Gefühl in den Gliedern und im Kopf. Der Schock der frischen Luft: Die Schiebetür öffnet sich vor ihnen, sie treten ins Freie.
Die Gehwege erscheinen zu breit. Die Autos auf der Straße zu schnell und zu laut. Die Spatzen hüpfen zu flink umher. Und hängt nicht auch der Himmel, der die Farbe von altem Spülwasser hat, viel zu tief?
Die Tage und Wochen unmittelbar danach.
Alles wie von schwarzen Passepartouts eingerahmt. Jeder wache Augenblick. Jede Erinnerung. Jeder Traum. Überall Tod. Überall Kitty.
An allen Ecken plötzlich Leichenwagen Beerdigungsinstitute.
Silvester hat sein Zimmer schwarz gestrichen und mit weißem Marker nach und nach Sätze von Kitty, die ihm einfielen, an der Decke notiert, Wörter, die ihn an sie denken ließen. Er ist oft draußen gewesen, umhergelaufen, um nicht zu Hause sein zu müssen, wenn seine Mutter auf Kittys Bett gesessen hat, stundenlang.
Der Schmerz in ihrem maskenstarren Gesicht.
Die Totenstille um sie herum.
Die Haut an Silvesters Hals fing an, sich zu röten zu schuppen zu nässen. Er hat die Stelle mit Dreieckstüchern von Kitty verdeckt.
Silvester hebt im Liegen unwillkürlich die Hand dorthin, lässt sie anschließend zur Naht der klammen Hose wandern.
Über ihm schlüpft ein wenig Sonnenglanz durch die Wolken.

Er holt ein vergessenes Blinzeln nach, schließt die Augen, und wie von selbst streunen seine Gedanken weiter zu Merle.

Wie sie sich das Tuch, das er ihr umgelegt hat, zurechtzupft. Ihre geflüsterten Worte.

– Es geht nicht gut aus ...

Er versucht, sich vorzustellen, sie würde neben ihm liegen. Wie vorvorgestern, in der Nacht in Dominos Wohnung. Oder wie an seinem Geburtstag, bei der Ausfahrt.

Wann war das genau?

Vor drei Wochen?

Entlang der Rippenbögen scheint freie Elektrizität zu fließen.

– Heirate mich, hat er gealbert.

– Darüber denke ich gern in den nächsten Jahren nach, hat Merle gesagt, mal sehen, was noch so an Angeboten kommt.

Ein Zweig knackt.

Der Schreck strahlt bis aus in die Fingerspitzen, die Zehen und sofort wieder zurück durch die Brust, schießt hoch bis unter die Schädeldecke.

Die Lider öffnen. Einen kühlenden Schatten auf der Netzhaut spüren. Die Nähe einer anderen Person, eine fremde Hand im Gesicht. Finger, übersät von winzigen Schnitten und Kratzern, Dreck unter den Nägeln. Das sind nicht Merles Finger.

Aber ist das überhaupt die Wirklichkeit?

Kondors hohlwangiges Antlitz schwebt über ihm.

– Hast du geflennt, Meister? Bist du in Ordnung?

Perplex wischt sich Silvester über die Wange, die Kondor gerade berührt hat. So perplex, dass er die Sache einfach wortlos abhakt.

– Die Kälte, sagt Silvester, was willst du?

Kondor, weiter über ihn gebeugt, weicht ein Stück mit dem Oberkörper zurück.

– Was ich will? Gegenfrage, was bitte wird das hier, wenn's fertig ist?

Silvester versteht nicht.

– Wovon redest du?

Übertriebenes Augenbrauenheben bei Kondor:

– Haut sich wie tot ausgerechnet hier ins Gras und fragt, wovon ich rede?

Silvester hat sich auf die Ellbogen abgestützt, mustert Kondor. Ein ungutes Gefühl beschleicht ihn. Eine Art Vorahnung. Kondors Blick geht nach innen, das ist zu sehen, und Silvester hört ihn etwas murmeln, kaum verständlich.

Es braucht eine Zeit, bis das Begreifen einsetzt.

– Sag das noch mal, presst Silvester hervor, habe ich mich verhört, oder hast du eben wirklich behauptet, ich sehe aus wie...?

Er bricht ab. Kondor wischt sich über den Nacken, druckst herum.

– Es gibt da ein Wort für, Meister, fällt mir gerade nicht ein. Wenn man etwas wiedererlebt, was schon mal so ähnlich passiert ist.

Heiß-kaltes Brennen unter der Haut.

– Keine Rätsel, Kondor. Lenk nicht ab! *Wem* sehe ich ähnlich?

Kondor hebt den Kopf, stiert in Richtung Kreuz.

–– Na, ihr, sagt er.

Ein kurzer, aber harter Stich in der Magengegend. Silvesters Hand krampft sich um ein Büschel feuchter Halme. Er sagt:

– Fang nicht mit dem gleichen Mist an wie beim Kater!

– ...

Keine Reaktion darauf von Kondor. Außer, dass er sich erhebt. Silvester zerrt an dem Büschel. Halme reißen.

– Spuck aus, was du über Kitty weißt, sagt er, alles!

Ein Schuss ins Blaue soll es sein. Und doch trifft er mitten ins Schwarze. Das weiß Silvester, noch ehe Kondor die ersten Schritte rückwärts macht.

Sie tauschen Blicke.

Silvester nach wie vor halb aufgerichtet am Boden liegend, Kondor sich langsam entfernend. Aus dem Stich ist körperliches Unbehagen geworden.

– Man soll die Toten ruhen lassen, Meister, sagt Kondor, das ist doch das, was die Leute einem immer raten!

Nils Mohl, Stadtrandritter, 83–87

2. „*Stadtrandritter" im Kontext der Trilogie ,Glaube – Liebe – Hoffnung'*

Bevor auf die erzählerischen und sprachlichen Besonderheiten des Romans „Stadtrandritter" von *Nils Mohl* (*1971) näher eingegangen wird, zunächst assoziativ einige Überlegungen zum Textauszug. Sie deuten eine erste Richtung an, wie mit diesem Text religiös gelernt werden könnte.

Der achtzehnjährige Silvester Lanzen erinnert sich an den plötzlichen Tod seiner Schwester *Kitty* drei Jahre vor dem Einsetzen der Handlung. Sehr unverblümt wird über die körperlichen Aspekte des Todes (die Farbe von Kittys Lippen), aber auch der Trauer (Silvester friert, die Haut an seinem Hals entzündet sich) geschrieben. Auch die Individualität von Trauerarbeit wird angeschnitten: Während Silvester aktiv wurde, sein Zimmer mit Sätzen von Kitty bemalt hat, saß die Mutter stundenlang bewegungslos auf Kittys Bett. Ganz zu Beginn wird der Ort der erzählten Passage deutlich, der gleichzeitig auf eine religiöse Bedeutungsebene verweist: Ein Holzkreuz, das Silvester an jener Stelle aufgestellt hat, an der seine Schwester damals den Schlaganfall erlitten hat und einige Zeit lag, bevor sie gefunden wurde.

Silvesters Sinnieren wird jäh unterbrochen, als Kondor, eine weitere zentrale Figur des Romans, plötzlich auftaucht, und etwas sagt, das einen der vielen Handlungsfäden in Gang setzt: Durch dessen Aussage, er sähe aus wie Kitty, begreift Silvester, dass Kondor damals die sterbende Kitty gesehen haben muss, und will herausfinden, ob ihn eine Mitschuld am Tod der Schwester trifft. Im Bemühen, das Unbegreifbare zu begreifen, stellt er Berechnungen an, wie sich die Wahrscheinlichkeit ihres Todes verändert hätte, wäre sie früher gefunden worden. In diesem Ringen um Wahrscheinlichkeiten ähnelt er Kiki, der kindlichen Hauptfigur eines Kinderromans der niederländischen Autorin Marjolijn Hof mit dem Titel „Tote Maus für Papas Leben" (2008): Um statistisch die Chance zu verringern, dass ihr Vater bei seinem Einsatz als Arzt in einem Kriegsgebiet ums Leben kommt, überlegt Kiki, eine Maus zu töten – denn sie kennt kein Kind, das einen toten Papa *und* eine tote Maus hat. Silvesters Verlust aber hat bereits stattgefunden und ist nicht mehr zu ändern – sein Beklagen dessen, was verloren ist, erinnert an Hiob. Kondors letzter Satz hingegen erinnert frappant an Matthäus 8,22: „Lass die Toten ihre Toten begraben!" Bemerkenswert dabei ist, dass Kondor Silvester mit „Meister" anredet, ein Begriff, der im Neuen Testament vor allem bei Lukas für Jesus selbst verwendet wird (etwa beim Sturm auf dem See in Lukas 8,24: „Meister, Meister, wir gehen zugrunde!").

Diese ersten Überlegungen machen bereits deutlich, dass es sich bei diesem fast 700 Seiten umfassenden Roman um einen Text handelt, der wie kaum ein anderes Jugendbuch der letzten Jahre religiös relevant ist – und das nicht nur im Subtext oder durch seine Interpretation: Daniela Frickel konstatierte in dieser geradezu aufdringlichen christlich-religiösen Komponente neben der imposanten postmodernen Darstellungsweise die Originalität des Buches (*Frickel* 2014, 27). „Stadtrandritter" ist der zweite Teil einer Trilogie, die der Autor lose an die bereits im ersten Korintherbrief genannten christlichen oder auch göttlichen Tugenden von Glaube, Liebe und Hoffnung angebunden hat. Fragen des Glaubens werden nicht nur in der Sinnsuche der jugendlichen Figuren verhandelt, sondern auch ganz konkret in einem kirchlichen Setting verortet: Silvester und Merle, in die er sich verliebt, engagieren sich in der Jugendarbeit in der Gemeinde Zum Guten Hirten, deren Pastor Christian Kamp für sie eine wichtige Ansprechperson in Lebens- und Glaubensfragen darstellt.

Dieses Umfeld, das in der aktuellen Jugendliteratur sonst nur selten vorkommt, basiert auch auf eigenen Erfahrungen des Autors Nils Mohl. In einem Interview mit dem Deutschlandfunk antwortete er 2015 auf die Frage, was ihm Religion und Kirche bedeute:

> Das ist die Gretchenfrage. Es ist mir beim Schreiben aufgefallen, dass diese Frage deutlich aktueller wird, je älter man wird. Nicht dass man denkt, man bräuchte dringend einen Gott, zu dem man sprechen könnte oder von dem man Antworten erhofft. Aber es wird einem klar, dass die Erziehung, die man genossen hat, einen weiter trägt und weiter beschäftigt als man denkt. In meinem Fall, ich bin in Hamburg groß geworden, in einem Umfeld, in dem Religion keine große Rolle gespielt hat. Nichtsdestotrotz bin ich getauft, bin zum Konfirmandenunterricht gegangen und ich habe als Jugendgruppenleiter in einer Kirchengemeinde gearbeitet. Das waren damals eher praktische Gründe. Wenn man Jugendgruppenleiter war, dann ist man auf Ausfahrten gegangen und hatte die Möglichkeiten, von zu Hause weg zu sein übers Wochenende. Das waren auch alles sehr feucht-fröhliche Veranstaltungen, die während des Jungseins ihre Funktion hatten. Dass der Glaube, die Religion, dennoch seine Spuren hinterlässt, das merkt man erst im Laufe seines Lebens. Und die Frage, woran können wir glauben, ist eine, die einen das ganze Erwachsenenleben weiter beschäftigt. Und man muss sich entscheiden.
>
> http://www.deutschlandfunk.de/jugendroman-liebe-in-ihren-verschiedenen-facetten.1202.de.html?dram:article_id=311636, zuletzt abgerufen am 8. März 2017

Die Differenziertheit, mit der Mohl hier über die Funktionen kirchlicher Aktivitäten nachdenkt, spiegelt sich auch im Roman: Der Pastor etwa ist kein ungebrochenes Vorbild, sondern eine durchaus ambivalente Figur. Die dargestellte Gemeinde jedenfalls ist kein weltfremdes Theotop, sondern offen für soziale Probleme – sowohl der Pastor als auch die Jugendlichen bemühen sich intensiv (aber letztlich vergeblich) um Kondor, der tief in ein mafiös-kriminelles Milieu verstrickt ist. Die im Titel angedeutete Rittermetaphorik wird auf verschiedenen Ebenen durchgespielt: Der Text ist in drei Âventiuren gegliedert, die Jugendgruppenleiter nennen sich die Knappen. Als Gralssuche lässt sich dabei Silvesters Suche nach der Wahrheit über Kittys Tod lesen. In der Komposition all dieser Elemente war sich der Autor seiner Bezogenheit auf literarische Traditionen sehr bewusst:

> All die Geschichten, die wir uns erzählen, fliegen uns ja nicht einfach so zu, sondern entspringen einer langen Linie des Erzählens, die in unserem Fall wohl stark christlich geprägt ist und die in den biblischen Texten ihren Ausgangspunkt hat. [...] Auch die Suche nach dem heiligen Gral als wesentlicher Bestandteil der mittelhochdeutschen Epik stellt eine Art Ur-Geschichte dar. Es handelt sich um Erlöser-Geschichten in unterschiedlichen Varianten, die damit auch die Tradition der Evangelien aufgreifen.
>
> *Nils Mohl*, in: *Lexe*, 2014b, 21

So ungewöhnlich es ist, dass sich ein Autor explizit in der Traditionslinie der Evangelien sieht, so ungewöhnlich ist auch die ästhetische Gestalt dieses Buches: „Die fragmentierte Wahrnehmung, die keine Chronologie oder logische Aufeinanderfolge von Ereignissen mehr möglich macht, überträgt Nils Mohl auf seine Erzählform und arrangiert Erzählpassagen wie das Rohmaterial eines Films, das erst durch den Schnitt in logischen Handlungsablauf gebracht werden muss (müsste)" (*Lexe* 2014a, 43f). Das beinhaltet unterschiedliche Textsorten wie Trailer, Bonusmaterial und Making-Ofs, in denen die Figuren über sich selbst erzählen. Diese Passagen sind auch hinsichtlich der Thematisierung von Glaube und Religion besonders aufschlussreich: Ganz explizit geben die Figuren hier Auskunft über ihre philosophische Herangehensweise an die Gottes- und Glaubensfrage und darüber, welche Umstände oder Schicksalsschläge zur Veränderung dieser Herangehensweise beigetragen haben.

Geprägt wird der Erzählduktus nicht zuletzt durch einen erzählerischen Countdown, der das apokalyptische Ende – einen Brand in der Gemeinde, bei dem Kondor ums Leben kommt – sowohl vorwegnimmt als auch in seiner Unabänderlichkeit zeigt, wenn einzelne Kapitel mit Angaben wie „Samstag, drei Monate vor Ausbruch des Feuers" überschrieben sind. Dieses Vor- und Zurückspulen wird durch grafische Symbole, wie sie sich auf DVD- oder CD-Playern finden, verdeutlicht. Alle drei Romane der Trilogie sind, in unterschiedlichen Ausprägungen, ein komplexes Geflecht aus verschiedensten medialen Referenzen, das auch einen nachgereichten Soundtrack beinhaltet: „Die Verweise auf Icons und Hashtags tragen so neben ihrem Bezug auf spezifische Symbole einer medialen Jugendkultur auch narrative Funktionen" (*Stemmann* 2014, 17).

Während diese Erzählform in der Rezeption des ersten Bandes ausnehmend gut angenommen wurde (der erste Teil „Es war einmal Indianerland" gewann 2012 den Deutschen Jugendliteraturpreis und wird derzeit verfilmt), wurde „Stadtrandritter" nur sehr zögerlich wahrgenommen und laut Autor kaum verkauft. Das mag am Umfang des Romans liegen, aber auch an seinen religiösen Fragestellungen, die manches offenlassen. So wird der erzählerische Rahmen der eingangs formulierten Frage „Woran glaubst du?" ganz am Ende des fulminanten Textes nicht mit einer Antwort, sondern mit einem lakonischen „Glaubst du nicht?" geschlossen.

3. Zum erzählerischen Umgang mit Tod und Trauer in „Stadtrandritter"

Obwohl oder gerade weil das Thema Tod und Trauer hier nicht wie in anderen Jugendromanen (mittlerweile hat sich ‚Sick-Lit' als eigener Genre- bzw. Marketingbegriff etabliert) das eine, zentrale, sondern eines von vielen gehaltvollen Themen ist, erweist es sich als reizvoll, den Text auf sein religiöses Lernpotenzial bezüglich dieser Frage zu beleuchten. Ganz weit gefasst könnte man formulieren: Was hier religiös zu lernen ist, ist der unabänderliche Umstand, dass der Tod, wie andere Schicksalsschläge auch, zum Leben dazugehört – und dementsprechend Strategien gefragt sind, um mit dieser Tatsache umzugehen. Mittlerweile ist das Konzept von verschiedenen Trauerphasen, das 1969 von der Sterbeforscherin Elisabeth Kübler-Ross erstmals formuliert und später unter anderem von Verena Kast weiterentwickelt wurde, allgemein bekannt.

Am Text zeigt sich, nicht zuletzt durch seinen souveränen Umgang mit verschiedenen Zeitebenen (der sich ja auch am Textausschnitt abbildet), wie wenig sich diese Trauerphasen verallgemeinern lassen und wie individuell jeder Trauerprozess verläuft, sowohl in seinem zeitlichen Verlauf als auch in dem, was die Figuren zur Bewältigung ihrer Trauer konkret tun. Silvester errichtet ein Holzkreuz, verbirgt seinen wunden Hals unter Dreieckstüchern von Kitty und verbeißt sich in die Fragen, ob jemand – und gegebenenfalls wer – Mitschuld an ihrem Tod trägt. Die Mutter scheint auch drei Jahre später noch völlig erstarrt und in ihrer Trauer gefangen, ihr Unglück über die verschwundene Katze kann auch als stellvertretende Trauer interpretiert werden. Domino, Kittys beste Freundin, beteuert stets, dass ihr der Besuch des Grabes nichts gibt, war aber dann offenbar doch dort. Der Umgang mit dem Tod ist einerseits eine persönliche Aufgabe, die natürlich immer auch eine religiös-spirituelle Dimension hat, andererseits auch eine zutiefst kirchliche: Neben den persönlichen Ritualen wird nicht nur vom kirchlichen Begräbnis Kittys erzählt, sondern auch von einem Gottesdienst anlässlich ihres dritten Todestages. Kitty scheint jedenfalls, zumindest in der Verklärung der Erinnerung, jemand zu sein, an dem sich schon zu Lebzeiten spirituelles Erleben gezeigt hat. Bozorg, ihr Freund, sagt zu Silvester, seine Schwester sei eine Art Gottesbeweis. Eine ungewöhnliche Aussage für einen verliebten jungen Mann – die natürlich die Frage aufwirft, was dann ihr Tod bedeutet. Theologisch gesprochen, geht es hier auch um die Frage der Theodizee – warum musste Kitty so früh sterben? Der Begriff der Theodizee an sich behandelt die Rechtfertigung des allmächtigen Gottes, warum auf der Welt so viel Schlechtes und Übles geschieht. Besonders relevant wird diese Frage natürlich, wenn der individuelle Glaube wie im Fall von Silvester durch einen Schicksalsschlag massiv infrage gestellt wird. Die zugrunde liegende Frage ist dabei stets das Warum. Wie lässt sich die Vorstellung eines gütigen, zugewandten Gottes mit dem als Ungerechtigkeit empfundenen Verlust von Kitty vereinbaren? Alle Figuren in Mohls Roman versuchen auf unterschiedliche Weise eine Antwort darauf zu finden, doch vor allem Silvesters Ringen darum wird besonders eindringlich geschildert.

4. Religiöses Lernen mit dem Text – Theologisieren mit Jugendlichen

So unausweichlich die Auseinandersetzung mit den Themen Sterben, Tod und Trauer ist (schließlich wird zwangsläufig jeder Mensch im Lauf seines Lebens damit konfrontiert), so groß ist oft die Scheu, darüber ins Gespräch zu kommen, sei es als Kind, Jugendlicher oder Erwachsener. Literarische Beispiele wie „Stadtrandritter" bieten in unterschiedlichen Kontexten Erwachsenen wie Religionslehrern oder Pastoralassistentinnen eine Möglichkeit, sich dem Thema zu nähern, unabhängig von akuter persönlicher Betroffenheit, in der natürlich vor allem die Rolle als Seelsorgerin oder Seelsorger gefragt sein wird.

Im theologischen Gespräch mit Jugendlichen kann unter anderem herausgearbeitet werden, dass der Umgang mit Sterben, Tod und Trauer etwas ganz Individuelles ist und dass verschiedenste Ausdrucksformen angemessen sein können – wie im Roman sichtbar wird. Dabei spielen nicht nur die jeweilige Persönlichkeit, sondern auch die Familienkonstellation und andere Umstände eine Rolle. Wesentlich für das Gelingen eines solchen Gesprächs ist jedenfalls eine einfühlsame und flexible Haltung der Lehrperson. Dazu gehören auch ein entsprechendes Setting und eine angenehme Atmosphäre, also zum Beispiel eine Sitzanordnung, in der sich alle gleichermaßen einbringen können, ein zeitlicher Rahmen, der einigermaßen flexibel ist, und eine Gesprächskultur, die eine offene Auseinandersetzung ermöglicht. So wie jedes Kind und jede Jugendliche oder jeder Jugendliche individuell ist, ist es auch die Vorstellung und Auseinandersetzung mit dem Tod – es soll also eine Hinwendung zu jedem einzelnen Subjekt passieren, wie es auch das folgende Zitat nahelegt.

> Das Theologisieren [...] bietet eine Möglichkeit, Schüler zu Wort kommen zu lassen und mit ihnen gemeinsam nach Antworten zu suchen. Die Lehrperson hat die Chance, auf die Schüler einzugehen, Interesse an ihnen zu zeigen und offen für deren Fragen, Nöte und Ängste zu sein. Genau das legt [...] den Grundstock für eine mögliche Seelsorge im Religionsunterricht.
>
> *Reuß, 2008, 37*

Eine universal gültige Anleitung für das Gelingen eines solchen Gesprächs gibt es nicht, ist doch jede Gruppe auf eine andere Weise heterogen und hat andere Bedürfnisse. Die Art, wie im Text Pastor Kamp mit

den Jugendlichen Gespräche führt, kann dabei durchaus als Vorbild dienen. Sollte im Gespräch bei den Jugendlichen Interesse an anderen Büchern zum Thema Tod aufkommen, können folgende Hinweise gegeben
werden: Mittlerweile sehr populär ist *John Greens* „Das Schicksal ist ein
mieser Verräter" (2014), das auch verfilmt wurde. Sehr bemerkenswert
sind zudem die Jugendromane „Superhero" (2007) von *Anthony McCarten*
und „Paranoid Park" (2008) von *Blake Nelson*.

8. „Der bleiche Tod, ein großer Arzt, heilt allen Schmerz"?
Makiia Lucier: Das Fieber

Norbert Brieden

Historische Romane eignen sich die Vergangenheit narrativ an – und vieles spricht dafür, dass wir uns auch die angeblichen Fakten des Geschehenen im Horizont unserer Gegenwart immer neu aneignen müssen. Das in dem vorliegenden Roman aufgerufene historische Thema ist die sogenannte ‚Spanische Grippe': Die Zahl ihrer Opfer weltweit wird zwischen 20 und 70 Millionen Menschen geschätzt. Allein in den USA starben 600.000 Menschen an dieser aggressiven Form der Influenza – mehr US-Amerikaner, als im gesamten 20. Jahrhundert durch Kriege ihr Leben ließen. Heute vermutet man: Der Grippevirus hatte sich aus einer Vogelgrippe entwickelt; weil der Virus so neu war, gab es noch keine Resistenzen. Und weil der Virus das Immunsystem zu heftigen Reaktionen veranlasste, waren besonders Menschen mit starkem Immunsystem betroffen: 40 Prozent der Opfer waren zwischen 20 und 35 Jahre alt, während in der Regel sonst eher junge und alte Menschen einem Grippevirus erliegen.

Makiia Lucier hat dieses Thema eindrucksvoll in ihrem 2014 erschienenen Erstlingswerk „Das Fieber" – im Original unter dem Titel „A Death-Struck Year" – verarbeitet. Die deutsche Übersetzung erschien ein Jahr später. Die bis dahin völlig unbekannte Autorin ist auf der Pazifikinsel Guam aufgewachsen, die zwischen Japan und Indonesien liegt, aber zu den Außengebieten der USA gehört. Nach ihrem Studium in Oregon (Journalismus) und Wisconsin (Bibliothekswissenschaften sowie Kinderliteratur) lebt sie nun in Idaho. Ihr Roman beschreibt den Ausbruch der Grippe in Oregons größter Stadt Portland, die 1920 ungefähr 250.000 Einwohner zählte (heute etwa 550.000). In einem Interview unterstreicht Lucier, wie wichtig ihr die genaue Erforschung der damaligen Zeitumstände war: der soziopolitischen Rahmenbedingungen, der technischen Entwicklung, der räumlichen Gegebenheiten und vieles mehr. Und das merkt man dem Roman an, der lebendig veranschaulicht, wie das Leben einer begüterten jungen Frau in einer Metropole im Nordwesten der USA zu Beginn des 20. Jahrhunderts durch die Pandemie nachhaltig erschüttert wird – mit dem ‚positiven Effekt' einer enormen inneren Entwicklung der Protagonistin.

1. Grundzüge der Romanhandlung

Der Roman erzählt in 28 Kapiteln, die jeweils mit einem Datum überschrieben sind (vom 21. September 1918 bis zum 17. Januar 1919), wie das 17-jährige Mädchen Cleo den Ausbruch des ‚Fiebers‘ in ihrem Heimatort erlebt und angesichts dieser Katastrophe zur Frau wird.

Lucier erzeugt Spannung, indem sie sich widersprechende Ereignisse und Ankündigungen geschickt miteinander verbindet, sodass man als Leserin oder Leser nie weiß, was noch passieren wird, wer am Fieber erkrankt, ihm erliegt oder es überleben wird. Diese Spannung baut sich zu Beginn langsam auf, als die ersten Nachrichten über die noch weit entfernte Grippewelle in jenem Internat eintreffen, in dem die behütete Cleo auf ein späteres Studium vorbereitet wird. Sie leidet darunter, dass sie nicht weiß, was aus ihr werden und was sie studieren soll. Eigentlich wohnt sie bei ihrem älteren Bruder Jack und dessen Frau Lucy im gemeinsamen Elternhaus; während deren Urlaubsreise zieht sie ins Internat. Da aber die Grippe immer näher kommt, soll der Internatsbetrieb aufgelöst werden; bis auf wenige werden die Mädchen von Eltern oder Verwandten abgeholt. Cleo müsste auf ihren Bruder warten, doch sie will selbstständig sein, verlässt im Trubel allgemeiner Aufbrüche am 11. Oktober das Internat und bezieht ihr verwaistes Elternhaus, denn die Haushälterin Mrs. Foster nutzt den Urlaub von Jack und Lucy für eigene Familienbesuche in Hood River.

Derart allein liest Cleo einen Aufruf des Roten Kreuzes, freiwillig bei der Bekämpfung der Krankheit zu helfen. Und weil Jack ihr das Autofahren beigebracht hat und eine Tin Lizzie vor ihrem Haus steht, meldet sie sich vor dem Konzerthaus-Hospital bei Schwester Hannah. Direkt am ersten Tag ihres Einsatzes rettet sie in einer dramatischen Aktion zwei Kindern, William und Abigail Cooke, das Leben. Danach sucht sie mit Kate, die 13 Geschwister hat und als Tochter einer Krankenschwester und eines Milchbauern einem Milieu angehört, zu dem Cleo zuvor nie Kontakt hatte, Straße für Straße in Häusern nach „unbehandelten Fällen" (*Lucier* Das Fieber, 72f), die selbst keine Hilfe mehr holen können.

Dabei wird über Sinn und Unsinn der gefährlichen Hilfe verhandelt; unterschiedliche Motivationen zum diakonischen Einsatz oder zu seiner Vermeidung treten zutage und geben den Personen ihr jeweils eigenes Profil. Cleo hatte als Sechsjährige beide Eltern durch einen Kutsch-Unfall verloren. Sie saß selbst in der Kutsche und ihre Mutter hätte gerettet werden können, wenn der Unfall früher bemerkt worden wäre (ebd., 221f.). Die immer selbstbewusster werdende Cleo und der kriegsversehrte Medizinstudent Edmund, der ebenfalls ein Trauma zu verarbeiten hat und sich so intensiv wie möglich als Arzt einsetzt, verlieben sich ineinander. Entscheidenden Tagen sind mehrere Kapitel gewidmet, so dem „Montag, 14. Oktober 1918" die Kapitel 13 bis 15. Das 13. Kapitel erzählt, wie Cleo mit Kate einem jungen Mann zu helfen versucht, der plötzlich auf der Straße an der Grippe stirbt – und endet mit der Zeitungs-Schlagzeile „Influenza in Portland geht zurück, ernsthafte Ausbreitung unwahrscheinlich" (ebd., 191). Damit schließt zugleich der erste Teil des zweiteiligen Romans. Der zweite Teil beginnt damit, dass Kate dieses Ereignis im Keller des zum Hospital umfunktionierten Konzerthauses durch ihr virtuoses Klavierspiel verarbeitet. Cleo lernt so eine unbekannte Seite ihrer neuen Freundin kennen.

Bevor ein Impfstoff erprobt werden kann, erkrankt jedoch auch Kate und stirbt am 22. Oktober 1918. Als die aufgewühlte Cleo nach Hause fahren will, springt das Auto nicht an: Sie hat vergessen zu tanken. In strömendem Regen läuft sie durch die Straßen: „Ohne etwas zu hören. Ohne etwas zu sehen. Außer Kate" (ebd., 306). Hier setzt der ausgesuchte Textabschnitt ein.

2. Ohnmacht angesichts der Epidemie: Der Textauszug

Schon vor Stunden war die Nacht angebrochen und überließ es den Straßenlaternen, die Schatten zu jagen. Zitternd sah ich mich um und stellte fest, dass ich einmal quer durch die Stadt gelaufen war. Der Lebensmittelgroßhandel Lang & Co. war dunkel und verrammelt, aber im Telegrafenbüro der Western Union daneben war immer noch Betrieb. Ich konnte die Schlange aus Männern und Frauen durch das große Fenster sehen, was mich daran erinnerte, dass ich gar nichts mehr aus Hood River gehört hatte. Ich verdrängte den Gedanken. Nicht jetzt. Nicht jetzt.

Der Skidmore-Brunnen vor dem Telegrafenbüro stand still und ruhig da. Ich setzte mich auf den steinernen Rand und ließ die Beine baumeln. Es hatte aufgehört zu regnen und den Fuß des Beckens bedeckte ein kleiner See aus Regenwasser. Mit dem Zeh streifte ich über die Wasseroberfläche.

Ich strich mir die tropfenden Haare aus den Augen und musterte die Statuen, die in der Mitte des Brunnens aufragten. Sie stellten zwei Mädchen dar, die Rücken an Rücken standen und in die entgegengesetzte Richtung blickten. Ihre Kleider fielen in langen, anmutigen Falten herab und ihre Arme hatten sie erhoben und trugen eine große ovale Schale. Ich betrachtete das Mädchen, das mir am nächsten war. Der Kopf der Statue war leicht gesenkt und sie starrte mich mit ausdruckslosen Augen direkt an. Sie sah nicht so aus, als würde sie frieren, wäre verwirrt oder verängstigt. Was hätte ich in diesem Moment dafür gegeben, nichts zu spüren.

Der bleiche Tod, ein großer Arzt, heilt allen Schmerz. Als ich diesen Spruch in der Schule zum ersten Mal gelesen hatte, war er mir romantisch vorgekommen, aber jetzt klang er in meinen Ohren einfach nur töricht. Wer immer das geschrieben hatte, war nie in einem Influenzaspital gewesen. Der Tod heilte überhaupt nichts. Tat nichts, um den Schmerz der Hinterbliebenen zu lindern. Ich musste an Kates Lachen denken, an ihre Freundlichkeit, an ihre Finger, die über die Tasten geflogen waren. Und ich fragte mich, wie Gott nur einen solch entsetzlichen Fehler hatte begehen können.

Ich keuchte, als ein Windstoß durch meinen nassen Mantel fuhr. Was ich getan hatte, war unvernünftig und gefährlich. Das wusste ich. Ich musste nach Hause. Und ich würde laufen müssen. Kein Straßenbahnführer würde mich in seine Bahn lassen. Nicht so. Selbst, wenn jemand Mitleid mit mir hätte, würden ihn die Polizeibeamten, die an den Wagen stationiert waren, davon abhalten. Ich blickte zu den West Hills hinüber, sie waren meilenweit weg. Dann schwang ich meine Beine aus dem Brunnen und versuchte nicht über die Entfernung nachzudenken.

In der Dunkelheit leuchteten Scheinwerfer auf. Ich blickte zur Seite und wartete darauf, dass der Wagen vorbeifuhr, aber das tat er nicht. Er hielt plötzlich mit quietschenden Reifen mitten auf der Straße an, bevor er auf den Bürgersteig fuhr und keinen halben Meter vor der Stufe des Brunnens zum Stehen kam.

Ich wich zurück und fiel beinahe in die Pferdetränke an der Seite des Brunnens. Nachdem ich mich gefangen hatte, hob ich eine Hand, um meine Augen vor dem Licht zu schützen. Der Motor war unglaublich laut. Und beängstigend. Ich schätzte die Entfernung bis zum Telegrafenbüro ab. Die Autotür ging auf und eine große dunkle Gestalt stieg aus. Meine Schultern sanken herab, als mir zwei Dinge bewusst wurden. Erstens, ich würde nicht angegriffen und dem Tode geweiht auf den Stufen des Skidmore-Brunnens zurückgelassen werden. Und zweitens, ich würde doch nicht zu Fuß nach Hause laufen müssen.

Edmund betrachtete meine durchnässte Kleidung und die Haare, die mir am Kopf klebten. „Du bist verrückt geworden!", brüllte er. „Bist du verrückt geworden? Seit drei Stunden fahre ich herum und suche dich!" Er stürmte auf mich zu und sah dabei wütender aus denn je. Er zog seinen Mantel aus. Hängte ihn mir über die Schultern. Wrang mir das Wasser aus den Haaren, befühlte meine Stirn, meinen Hals. Legte mir den Kopf in den Nacken und sah mir in die Nase. Blickte mir in die Ohren. Pustete warme Luft auf meine Hände. Und währenddessen brüllte er weiter: „Dein Auto steht vor dem Krankenhaus. Ich dachte, du wärst bei Hannah. Dann erfahre ich, dass du im eisigen Regen davonspaziert bist, *inmitten einer Grippeepidemie!* Bist du verrückt geworden?"

Ich ließ ihn brüllen. Ich ließ ihn zum Ende kommen. Und dann fragte ich erschöpft: „Wo ist sie?"

Urplötzlich fiel die Wut von ihm ab. Er senkte den Blick und schüttelte den Kopf, aber er antwortete nicht.

„Ist sie noch im Krankenhaus?", beharrte ich. „Haben sie sie ...?"

„Shhh." Er nahm mein Gesicht zwischen seine Hände und küsste mich. Ein Auto raste vorbei und ein lauter Pfiff sowie männliches Gelächter ertönten. Keiner von uns blickte auf.

Edmund legte seine Stirn an meine, bevor er sagte: „Ich habe sie weggebracht." Seine Stimme klang abgehackt und erinnerte mich daran, dass ich nicht die Einzige war, die heute gezwungen gewesen war, Dinge zu sehen und zu tun, die ich mir nie hatte träumen lassen. „Sergeant LaBouef und ich haben Kate in die Leichenhalle gebracht. Ihr Vater war auch dabei. Sie war ... Sie werden sich gut um sie kümmern."

Ich trat zurück, die Hand auf den Mund gepresst, und wünschte, ich hätte nicht gefragt. „Ich habe Angst, dass ich morgen aufwache und du nicht mehr da bist", sagte ich. „Meine Familie. Sie werden nicht da sein. Sie werden nirgendwo sein."

„Ich werde hier sein."

Ich schüttelte den Kopf und blinzelte die Tränen weg. „Woher weißt du das? Das kannst du nicht wissen."

Er streckte die Hand aus und zog seinen Mantel fester um mich. „Ich werde hier sein", wiederholte er. „Und du auch. Und wenn ich dir irgendetwas bedeute, Cleo, wirst du mich dich nach Hause bringen lassen. Jetzt sofort."

Ich nickte. Er hatte seinen Arm um mich gelegt, hielt mich aufrecht und führte mich zum Auto.

Wir saßen bei mir zu Hause in der Küche am Feuer, riesige Becher mit Tomatensuppe in der Hand. Dosensuppe. Edmund hatte sie erhitzt, während ich gebadet und mir warme, trockene Kleidung angezogen hatte.

„Die Cookes werden bald entlassen", sagte Edmund.

„Ja."

„Und der Junge, Mateo Bassi?", fragte er.

Trotz meiner Benommenheit war ich überrascht. Mateo hatte ich Edmund gegenüber nie erwähnt. „Er ist immer noch im County Hospital", sagte ich. „Aber er hat keine Lungenentzündung. Die Ärzte glauben, dass er eine Chance hat."

Edmund nickte, als wüsste er das bereits. „An deinem ersten Tag im Konzerthaus dachte ich: *Ich werde sie nicht wiedersehen. Sie wird zu Hause bleiben und die Türen verriegeln. Wer kann es ihr verdenken?* Aber ich habe dich wiedergesehen, am nächsten Tag und am übernächsten, obwohl so viele andere weggeblieben sind."

Ich blickte auf meine Suppe hinab und schwieg.

Er stellte seinen Becher auf einem kleinen Tisch ab. „Ich weiß, was es heißt, einen Freund zu verlieren und sich zu fragen, warum man selbst zurückbleibt. Zu denken, dass alles sinnlos ist. Wirklich alles. Ich weiß es, Cleo."

Edmund streckte die Hand aus und schürte das Feuer. Ich beobachtete den Schein der Flammen, der über seine silberne Uhr und die Erkennungsmarken tanzte, und hörte ihm zu.

„Aber wenn du morgen aufwachst und glaubst, es gebe keinen Grund, weiterzumachen, keinen Grund aufzustehen und einen Fuß vor den anderen zu setzen, hoffe ich, du denkst daran, dass William und Abigail Cooke genau wie Mateo Bassi aufwachsen werden, nur weil du beschlossen hast, durchzuhalten. Das ist keine Kleinigkeit."

Draußen goss es in Strömen.
Wir saßen am wärmenden Feuer und lauschten auf das entfernte Donnergrollen.

Makiia Lucier, Das Fieber, 306–312

3. Themen für die Erarbeitung im Unterricht

Wenn möglich sollte der gesamte Roman als ‚Ganzschrift' bearbeitet werden, etwa im fächerverbindenden Unterricht mit dem Fach Englisch. Möglich ist das schon am Ende der Sekundarstufe I, aufgrund des Alters der Protagonisten jedoch vielleicht besser in der Sekundarstufe II. Aber auch eine intensive Arbeit nur an dem ausgewählten Textauszug lohnt sich: Fünf Themenkreise sind hier ineinander verschränkt: Tod, Freundschaft und Liebe, ästhetische Wahrnehmung, ethische Entscheidung und die religiöse Frage nach dem Handeln Gottes.

3.1 „Der bleiche Tod, ein großer Arzt, heilt allen Schmerz"

Der Tod ist allgegenwärtig. Menschen sterben im Gewimmel auf der Straße, einsam und verlassen in ihren Häusern, in überfüllten Krankenhäusern (in Portland „dem St. Vincent's, dem Multnomah County Hospital und dem Good Samaritan", 104) oder in umfunktionierten öffentlichen Räumen wie dem Konzerthaus. Angelernte Trostworte tragen nicht mehr: „Der Tod heilte überhaupt nichts." Im Angesicht des Todes werden die Werte neu sortiert – Sicherheit und Reichtum etwa rücken weit nach hinten – und Entwicklungen beschleunigen sich: Cleo wird zur Frau, und tiefe Freundschaften, denen gegenüber langjährige Klassenkameradschaften verblassen, entstehen in nur wenigen Tagen.

3.2 „Du bist verrückt geworden! Bist du verrückt geworden?" – „Wo ist sie?"

Der Ausruf und die Frage Edmunds zeigen seine Sorge um Cleo. Sie lässt ihm den Raum, ihr Ausdruck zu verleihen, und besänftigt ihn mit ihrer einfachen Frage, wo Kate sei. Er spürt sowohl ihre tiefe Zuneigung zur Verstorbenen als auch, dass es in ihrer Frage nicht nur um den Ort des Leichnams geht. Deshalb erstickt er ihr beharrendes Fragen in ihrem ersten Kuss – der 1918 in der Öffentlichkeit noch Aufsehen erregt, die aufgeregte Cleo aber tatsächlich beruhigt. Die Angst, einander zu verlieren, verhindert zum Glück nicht, sich aufeinander einzulassen. Im Gegenteil:

Das gemeinsame Stehen vor der Gefahr stärkt das Bewusstsein für den Wert des Lebens in jedem Augenblick und führt zu einem Wachstum authentischer Solidarität: „Wir saßen am wärmenden Feuer und lauschten auf das entfernte Donnergrollen."

3.3 „Was hätte ich in diesem Moment dafür gegeben, nichts zu spüren"

Die musisch und künstlerisch gebildete Cleo nimmt immer wieder in den Gegenständen des Alltags, etwa in den Erscheinungen des Wetters, eine ästhetische Qualität wahr. Sie genießt es, Kate Beethoven und Bach spielen zu hören (vgl. *Lucier, Das Fieber*, 199–204), und reflektiert ihre eigene Situation beim Anblick des Skidmore-Brunnens: „Der Kopf der Statue war leicht gesenkt und sie starrte mich mit ausdruckslosen Augen direkt an. Sie sah nicht so aus, als würde sie frieren, wäre verwirrt oder verängstigt." Die ästhetische Wahrnehmung hilft ihr, die eigenen Gefühle ernst zu nehmen und sich zugleich von ihnen zu distanzieren. So eröffnet sie Freiheitsräume. Weitere Beispiele dazu: die Erinnerung an ein Gespräch mit Jack über Äsops Fabel „Trost der Tränen": Cleo darf frei sein zu trauern (ebd., 41–45); die Wahrnehmung der hässlichen Nektarinenkerne, über die schon zu Beginn Cleos Hilfsbereitschaft gezeigt wird (ebd., 33–39), und die später angesichts des Erbrochenen einer Kranken wieder vor Augen treten (ebd., 106).

3.4 „... obwohl so viele andere weggeblieben sind"

Edmund will Cleo im Gespräch vermitteln, dass ihr Einsatz sinnvoll ist, trotz der Lebensgefahr. Er weiß, dass Cleo aufgrund von Kates Tod zweifelt. Auch er hat im Krieg dem Tod ins Auge geschaut. Nach ihrem ersten Einsatz wollte Cleo wie „so viele andere" – zum Beispiel Kates Schwester Ruby (vgl. ebd., 98) – angesichts der vielen Todkranken aufgeben und sich zu Hause einigeln. Aber im Gespräch mit Kate und Hannah bekennen sich die drei Frauen zu ihren Ängsten. Im Eingestehen der Angst nehmen sie zugleich ihre Verantwortung wahr und gewinnen so die Freiheit zur ethischen Entscheidung: „Aber diese Menschen brauchen unsere Hilfe", sagt Hannah, „Wer, wenn nicht ich?" (ebd., 105). Wie der barmherzige Samariter entscheiden sich die drei Frauen angesichts der Not zum diakonischen Handeln. Positiv ist, dass der Roman an keiner Stelle moralisiert, sondern die Option wegzubleiben als verständliche und legitime Entscheidung jedes Einzelnen respektiert. Im Gegensatz dazu stehen allerdings die Nachbarn Cleos, das Ehepaar Pike, das sich angesichts des Todes sogar gegenseitig im Stich lässt (vgl. ebd., 236–238, 270–274). Edmund bestärkt Cleo in ihrer Entscheidung zu helfen, durch die sie sich bewusst dem Wunsch ihres Bruders und Vormunds widersetzt, ja, ihn sogar per Telegramm belügt (vgl. ebd., 235, 240). Edmund nennt „diese Menschen" beim Namen: „William und Abigail Cooke genau wie Mateo Bassi" leben, weil Cleo sich entschieden hat „durchzuhalten. Das ist keine Kleinigkeit".

3.5 „... wie Gott nur einen solch entsetzlichen Fehler hatte begehen können"

Es ist jedoch auch keine Kleinigkeit für Cleo, dass Kate gestorben ist, diese wunderbar-menschliche und musikalisch hochbegabte junge Frau, die in weniger als zehn Tagen zu ihrer besten Freundin wurde. Cleo macht Gott dafür verantwortlich, wenn sie sich fragt, wie er „nur einen solch entsetzlichen Fehler hatte begehen können". Er ist Adressat ihrer Klage: An wen sollte sie sich sonst damit wenden? Später, nachdem sie mangels Totengräbern zusammen mit Edmund und Sergeant LaBouef das Grab für Kate ausgehoben hat, betet sie für sich: „Gott behüte dich, bis wir uns wiedersehen" (ebd., 330). Laut spricht sie den einzigen Psalm, an den sie sich erinnern kann: Psalm 23. Gott wird so am Ende auch Adressat ihrer Hoffnung und Zuversicht. Die schrecklichen Erfahrungen führen nicht zum Verlust ihres Glaubens, sondern bestärken sie paradoxerweise darin, indem sie ihr Gottesbild weiten und vertiefen: Selbst wenn Gott aus unserer Perspektive ‚Fehler' macht, wächst in der Erinnerung an die Tote die Hoffnung auf eine Vollendung der zu früh Gestorbenen, auf ein ‚Wiedersehen' in der Gegenwart Gottes.

4. Methodisch-didaktische Anregungen

Im Unterricht kann die präsentierte Textpassage im Spiegel der fünf angedeuteten Themenschwerpunkte des Romans mit folgenden Anregungen fruchtbar gemacht werden.

– Die Schülerinnen und Schüler vermuten anhand der Buchcover der englischen und deutschen Ausgabe des Romans und der unterschiedlichen Titel „Das Fieber" und „A Death-Struck Year", worum es im Buch geht.
– Sie informieren sich über die Spanische Grippe und ihre Auswirkungen, sammeln Materialien. In Gruppen (je nach gewünschtem Umfang der Recherche arbeitsgleich oder arbeitsteilig) können Plakate zum

Thema gestaltet und dann im Plenum miteinander verglichen werden. Wenn weniger Zeit ist, bereitet eine Gruppe oder eine Schülerin bzw. ein Schüler vor Beginn der Reihe eine Präsentation zum Thema vor. Wichtig ist, dass die Folgen der Grippeepidemie für das öffentliche Leben (Einrichtung von Notkrankenhäusern, Zusammenbruch des Telefonnetzes, Überlastung der Telegrafenbüros, Angst vor Ansteckungsgefahr etc.) dargestellt werden. Deutlich sollte werden: Jede Hand zur Hilfe wird benötigt.

- Danach könnte der Aufruf des Roten Kreuzes (vgl. *Lucier, Das Fieber,* 72f.) verlesen werden. Die Schülerinnen und Schüler überlegen jeweils für sich, aus welchen Gründen sie selbst dem Aufruf folgen würden oder nicht. In einer Pro-Contra-Diskussion werden die Argumente ausgetauscht und gesammelt.

- Ein Schreibgespräch zu dem Satz: „Der bleiche Tod, ein großer Arzt, heilt allen Schmerz." Die Stellungnahmen der Schülerinnen und Schüler *können später mit dem Wandel Cleos in ihrer Einstellung zu dem Satz verglichen werden.*

- Entweder die Lehrperson oder eine damit beauftragte Schülerin bzw. ein Schüler stellt die Situation Cleos vor dem Beginn des Textauszugs vor. Nach der Lektüre des Textes können Fragen gestellt werden (z. B. nach der Bedeutung von „Hood River" – dem Ort, an dem Mrs. Foster an der Grippe erkrankt ist, weshalb sie nicht nach Portland zurückkommt; warum die „Telegrafenbüros" überfüllt sind – weil private Telefonate untersagt wurden, um das Telefonnetz für Notrufe freizuhalten; warum kein Straßenbahnführer sie einlassen würde – weil sie durchnässt ist und keinen Mundschutz trägt; wer „Sergeant LaBouef" ist – ein Freund Edmunds, der einen Trupp Soldaten befehligt, der zur Hilfe im Krankenhaus abgestellt wurde). Daran kann sich eine Diskussion über Cleos Sinneswandel bezüglich des alle Schmerzen heilenden Todes anschließen.

- Zur Würdigung des Textausschnitts verfassen die Schülerinnen und Schüler einen Facebook-Eintrag: Was hat mir gefallen, mich beeindruckt? Was spricht mich an, was nicht?

- Die Lehrkraft zeigt ein Bild des Skidmore-Brunnens (im Netz). Die Schülerinnen und Schüler beschreiben die Statuen und überlegen: Wie nimmt Cleo in ihrer Situation den Brunnen wahr? Was verbindet sie mit dem einen dort dargestellten Mädchen, das die Brunnenschale trägt, was unterscheidet sie von ihr? Wie gelingt es ihr, in der Betrachtung des Gegenstandes Distanz zu sich selbst zu gewinnen?

- Die Schülerinnen und Schüler stellen die Beziehungen zwischen Cleo, Kate und Edmund, wie sie sich für sie aus dem Textauszug ergeben, in einem Standbild dar. Hier wird interessant sein, zu beobachten, wie das Ereignis des Todes von Kate darin verarbeitet wird (oder eben nicht).
- Die Schülerinnen und Schüler lesen das Gleichnis vom barmherzigen Samariter (Lk 10,25–36) und vergleichen es mit dem Textauszug: Inwiefern erhellt/spiegelt/kontrastiert das Gleichnis die ethische Entscheidung von Kate? Wenn möglich lesen sie weitere Passagen des Romans, etwa 100–106 (Diskussion zwischen Hannah, Kate und Cleo über ihre Angst), 219–222 (Cleo erzählt Edmund vom Tod ihrer Eltern), 273f. (Mr. Pike lässt seine Frau im Stich), 318–322 (Cleo rettet ein weiteres Kind und verabschiedet sich von Hannah).
- Die Schülerinnen und Schüler diskutieren über den Gedanken Kates, „wie Gott nur einen solch entsetzlichen Fehler hatte begehen können“: Kann Gott Fehler machen? Was hat Gott mit dem Tod Kates zu tun? Warum ist Kates Klage gerechtfertigt, warum nicht? Im Anschluss an die Diskussion verfassen sie eine Anklage- oder Verteidigungsschrift in Bezug auf das „Handeln Gottes“.
- Sie verfassen eine Rede, die Cleo bei Kates Begräbnis halten könnte. Wenn möglich wird im Anschluss daran Kapitel 24 gelesen, um abschließend zu einem Vergleich der eigenen Überlegungen mit denen Kates zu kommen. Als Anknüpfung bietet sich auch die Lektüre von Psalm 23 und eine Diskussion über seine tröstende Kraft an.

Makiia Luciers Roman „Das Fieber“ bietet so zahlreiche Anknüpfungspunkte für einen didaktisch sinnvollen Einsatz im Religionsunterricht.

V. Die Gottesfrage angesichts des eigenen Sterbens

Die Theodizeefrage bricht auf angesichts von eigenen Leiderfahrungen oder der Bezeugung des Leidens anderer. Sie wird – in ihrer klassischen Ausprägung – vor allem zu einem *philosophischen* Problem, zu einer Auseinandersetzung der Vernunft mit der Möglichkeit eines Gottesglaubens. Wenn es um die Bedrohung des eigenen Lebens geht, genauer: wenn Menschen im sicheren Wissen um den baldigen eigenen Tod mit Gott ringen, verschiebt sich die Perspektive. Dann geht es weniger um ein denkerisches *Verstehen* als um ein existenzielles *Bestehen*. Dann geht es nicht mehr um Philosophie, sondern um jene gewissmachende Wahrheit, die sich nur im Glauben findet, sei es in Ablehnung oder Zustimmung, sei es in bleibender Unsicherheit oder im Sich-Einfügen in ein tiefes Vertrauen.

Das Ringen um den eigenen baldigen Tod ist ein uraltes literarisches Motiv. Die Sprache der Poesie und Erzählung bietet in ihrer ‚Ver-Dichtung‘ jenes Medium, das sich für die Artikulation von Hoffnung und Ablehnung, Glaube oder Zweifel, in dem sich das Durchprobieren geeigneter Zukunftsbilder nahelegt. Biblische Figuren wie Hiob und die – hochliterarischen – Texte des nach ihm benannten Buches wurden zu Folien, gegen die Dichter des 20. Jahrhunderts ihr Sterben zu begreifen versuchten, etwa jüdische Lyriker wie *Karl Wolfskehl* (1869–1948) oder *Yvan Goll* (1891–1950). „O Herr, dass du mich ausbrennst", klagt der unheilbar Erkrankte Goll in einer letzten Identifikation mit Hiob, dem biblischen Urbild des Leidens: „Höre mein Mark singt / Unsicherer Gott / Dich dir zu beweisen" (*Goll* 1996, 636f.). Der Dichter stilisiert das eigene Sterbensringen zur letzten Auseinandersetzung mit Gott, indem er den Leidensprozess als trotzigen literarischen Gottesbeweis gestaltet.

Von alldem ist heute wenig zu spüren. Biblische Gestalten sind nur noch wenigen Menschen so vertraut und nahe, dass sie zu wirklichen Vorbildern eigener Lebensbewältigung herangezogen werden. Gleichwohl bleibt die poetische Sprache ein immer wieder aufgegriffenes Medium, um der Sprachlosigkeit letzte Worte, letzte Versuche des Verstehens des eigenen Schicksals abzuringen. Harmonische Bilder des Sich-Einfügens, des Einverständnisses mit dem eigenen Sterben wird man dabei nicht finden. Literatur entsteht aus der Kraft des Trotzes, der Rebellion, des Aufbegehrens gegen Resignation. Solche Texte fordern (ältere) Schülerinnen und Schüler genauso heraus wie Erwachsene, die sich diesen Passagen aussetzen. Sie helfen jedoch, derartige Erfahrungen dem Verstummen zu entreißen. Sie geben gerade da die Kraft des Ausdrucks, wo andere vielfach keine eigenen Worte mehr aufbringen können.

So auch in den beiden hier aufgenommenen Texten. Das Sterben wird beide Male zur *Anfrage* an Gott, nicht zum Anlass eines gläubigen Annehmens. Auch derartige Sterbeprozesse gibt es, eingebunden vor allem in Glaubensbiografien. Literarisch produktiv wird eher die Absage; die sich vielleicht eine kleine letzte Hoffnungstür offenhält. Vielleicht.

9. „Ich stelle mir vor, jemand sieht mich von oben, aber niemand sieht mich"
Wolfgang Herrndorf und der Tod

Michael Winklmann

> Wir treffen uns wieder in meinem Paradies
> Und Engel gibt es doch
> In unseren Herzen lebst du weiter
> Einen Sommer noch
> Noch eine Runde auf dem Karussell
> Ich komm' als Blümchen wieder
> Ich will nicht, daß ihr weint
> Im Himmel kann ich Schlitten fahren
>
> *Herrndorf 2013, 47*

Selten ist ein Autor mit seiner unweigerlich zum Tod führenden Krankheit offener umgegangen als *Wolfgang Herrndorf* (1965–2013). Er führte – zunächst für seine Freunde, dann öffentlich – ein Onlinetagebuch, in dem er seine täglichen Verrichtungen und seine momentane Befindlichkeit beschrieb. In dem posthum gedruckt veröffentlichten Werk findet sich am 11. Mai 2010 der Satz „Priester sind mit Waffengewalt von mir fernzuhalten" (*Herrndorf* 2013, 54). Auch wenn das im Kontext dieses Buches vielleicht verwundern mag: Herrndorf war weder ein religiöser Schriftsteller, noch spielte Religion in seinem Werk eine nennenswerte Rolle. Nun wäre die Auseinandersetzung mit literarischen Texten aus theologischer beziehungsweise religionspädagogischer Perspektive äußerst langweilig, wenn sie sich *ausschließlich* mit Werken beschäftigen würde, die eine klare religiöse Intention aufweisen oder aus einem deutlichen religiösen Selbstverständnis heraus entstanden sind. Das ungehemmte Spielen mit religiösen Vorstellungen, der – hoffnungsvolle oder zweifelnde – Konjunktiv des *was wäre wenn* öffnet eine ungemein spannende Sichtweise auf die Frage nach dem, was im Leben wirklich wichtig ist.

An dem posthum veröffentlichten Romanfragment „Bilder deiner großen Liebe" soll gezeigt werden, dass Wolfgang Herrndorfs Texte auch religionspädagogisch fruchtbar gemacht werden können. Vorweg muss aber deutlich werden: Es geht nicht um eine zwanghaft religiöse Missdeutung seines Werkes. Das würde Autor und Text nicht gerecht werden. Behutsam soll der Frage nachgegangen werden, wie Herrndorf sich in seinem letzten Roman mit dem Tod und allem, was damit zusammenhängt, auseinandergesetzt hat, und wie dieser Text Schülerinnen und Schüler dazu anregen kann, über diesen Themenkomplex ins Nachdenken zu kommen.

Der Höhenunterschied zwischen Mauer und Ufer ist nur gering. Mit einem Fuß auf der Mauerkrone, mit dem anderen im Gras holpere ich den Kanal entlang. Alle paar hundert Meter treffe ich auf einen Poller. Dann und wann in die Spundwand eingelassene Leitern. Oder gelbe Metallgriffe, an denen man absteigen kann, um die Hand ins Wasser zu halten, wenn man will. Oder wenn man ein Arbeiter ist. Ich bin so vertieft in mein künstliches Hinken, dass ich die Computertasche erst bemerke, als ich drauftrete. Sie liegt halb auf der Bewehrung. Eine braune Computertasche, die wirkt, als läge sie schon ewig da. Tropfnass. Der letzte Sturm hat schlammiges Gras über den Tragegurt gekämmt. Ich gebe der Tasche einen Tritt, die Lasche öffnet sich. Ein zweiter Tritt, und die Tasche dreht sich. Auf ihre Rückseite ist mit vier Streifen Gaffa-Tape eine Klarsichthülle geklebt. In der Hülle ein großes Papier, Schwitzwasser, ein Ausweis und ein Handy. Ich lese: *Rufen Sie die Polizei! Ich habe mich umgebracht. Verständigen Sie bitte* – und dann zwei Namen mit zwei Telefonnummern. Ich sehe mich nach allen Seiten um. In immer größeren Kreisen gehe ich um die Stelle herum. Eine Leiche sehe ich nicht. Ich knie mich vor die Tasche. Ich sehe in das Wasser und in die Ferne. Ich sehe flaches Gras, Blumen, weiß und rot. Oben auf der Böschung stehen drei Eichen, deren Äste abgebrochen sind. Dicke Stümpfe zu beiden Seiten. Die Kronen sind kahl. Ich gehe um die Bäume herum und sehe hoch. Das Gelände ist übersichtlich, ich gehe weiter und dann zurück. Einsam liegt die Tasche da. In ihrem Innern sind drei Fächer, alle leer. Ich weiß nicht, wie ich die Polizei rufen soll. Ich gehe weiter. Und weiter durch die Nacht, weiter durch den Sarg aus Sternen, mich schwindelt, ich falle, der Körper fällt durch bodenlosen Nebel, ich schlafe. Die Wärme des Tages ist im Gras. Ich liege auf dem Rücken. Weiß umrandete Wolken ziehen vor dem Mond vorbei. Ich stelle mir vor, jemand sieht mich von oben, aber niemand sieht mich. Dabei liege ich so malerisch. Das glaube ich, und ich fühle mich so wohl und so tot und wie ein aufgestauter Fluss, über den in der Nacht immer wieder einmal der Wind geht.

geistlos
verachtenswert
nutzlos
unmoralisch
dumm

    tot und gestorben und so wohl

Wolfgang Herrndorf, Bilder deiner großen Liebe. Ein unvollendeter Roman, 58–59

1. Biografisches

Wolfgang Herrndorf wurde 1965 in Hamburg geboren, studierte Malerei an der Akademie der Bildenden Künste in Nürnberg und arbeitete in der Folge als Illustrator und freier Schriftsteller. 2002 erschien sein Debütroman „In Plüschgewittern". Im Jahr 2010 wurde ein aggressiver Hirntumor bei ihm festgestellt:

Arzttermin bei Gott, er versteckt sich hinter dem nom de plume Prof. Drei. Kurz vor der Rente oder drüber, Jahrzehnte Erfahrung, arbeitet zwölf Stunden am Tag, jeden Tag, schiebt mich am Sonntag in der Sprechstunde dazwischen. Wartezimmer voll mit Hirntumoren, die sein Loblied singen."

Wolfgang Herrndorf 2013, 23

Die Erkrankung – so ist zumindest seinem in Buchform veröffentlichten Onlinetagebuch „Arbeit und Struktur" zu entnehmen – führt zu einem Kreativitätsschub, dem die Romane „Tschick" (2010), „Sand" (2011) und, nicht mehr vollendet, „Bilder deiner großen Liebe" (2014) entspringen. Wie wichtig die Arbeit an seinen Texten Wolfgang Herrndorf war, wird in einem seiner Tagebucheinträge deutlich. Am 13. März 2010 schreibt er: „Gib mir ein Jahr, Herrgott, an den ich nicht glaube, und ich werde fertig mit allem. (geweint)" (*Herrndorf* 2013, 22). 2013 nimmt er sich in Berlin das

Leben. Schon kurz nach der Krebsdiagnose legte er sich diese „Exit-Strategie" (ebd., 50) zurecht:

> Ich schlafe mit der Waffe in der Faust, ein sicherer Halt, als habe jemand einen Griff an die Realität geschraubt. Das Gewicht, das feine Holz, das brünierte Metall. Mit dem Mac-Book zusammen der schönste Gegenstand, den ich in meinem Leben besessen habe.
>
> *Wolfgang Herrndorf* 2013, 247

> Am liebsten das Grab in dem kleinen Friedhof im Grunewald, wo auch Nico liegt. Und, wenn es nicht vermessen ist, vielleicht ein ganz kleines aus zwei T-Schienen stümperhaft zusammengeschweißtes Metallkreuz mit Blick aufs Wasser, dort, wo ich starb.
>
> *Wolfgang Herrndorf* 2013, 421

2. Bilder deiner großen Liebe

Den Fragment gebliebenen Roman „Bilder deiner großen Liebe" schrieb Herrndorf in seiner letzten Lebensphase. Der Tod bildet hier ein zentrales Motiv. Vom Autor als „Roadmovie zu Fuß" (*Herrndorf,* Bilder deiner großen Liebe, 316) konzipiert, weist das Werk einige Nähe zum Erfolgsroman „Tschick" (2010) auf.

Die jugendliche Protagonistin Isa beschreibt sich bereits im ersten Satz des in der Ichperspektive verfassten Romans als „verrückt" (*Herrndorf,* Bilder deiner großen Liebe, 7) und entlarvt sich so als „unzuverlässige Erzählerin" (*Cho* 2015, 150). Sie flieht aus einer psychiatrischen Anstalt und begibt sich – ähnlich wie der Protagonist in „Tschick" – auf eine Reise ohne klar erkennbares Ziel. Meistens ist sie dabei allein. Hin und wieder kommt es aber auch zu Begegnungen mit anderen Menschen, etwa mit einem Binnenschiffer, einem Lastwagenfahrer oder einem Schriftsteller. Diese Begegnungen laufen aber selten ‚normal' ab, sondern zeigen, dass auch das erwachsene Personal des Romans nicht den Normen sozialer Erwünschtheit entspricht. So gesteht der Binnenschiffer einen Banküberfall und der Lastwagenfahrer stellt sich als pädophil heraus.

Meistens ist Isa aber alleine. Sie zieht sich in die Natur zurück. Die Beobachtung von Himmel und Sternen lösen dabei immer wieder starke Gefühle in ihr aus:

Unendlich viele Sterne, und ich frage mich, ob es wirklich unendlich viele sind, und wenn ja, ob abzählbar viele oder überabzählbar. Abzählbar, würde ich schätzen. Das Weltall ist grenzenlos, aber endlich, folglich ist es auch die Zahl der Sterne, und während ich nachdenke und hochschaue in die unendliche Kleinheit und Enge über mir, schreie ich. Ich stehe fünf Minuten auf der Stelle und schreie, der Boden fällt auf mich und ich schreie und schreie, bis der Blick durch das Fenster zum Nachthimmel mich davon überzeugt, dass es doch überabzählbar viele sind, und zwar, weil alles andere nicht zum Aushalten wäre, und deshalb sind es überabzählbar unendlich viele Sterne über mir. Auf Beschluss der Herrscherin des Universums.

Im einen Moment denkt man, man hat es. Dann denkt man wieder, man hat es nicht. Und wenn man diesen Gedanken zu Ende denken will, dreht er sich unendlich im Kreis, und wenn man aus dieser unendlichen Schleife nicht mehr rauskommt, ist man wieder verrückt. Weil man etwas verstanden hat.

Wolfgang Herrndorf, Bilder deiner großen Liebe. Ein unvollendeter Roman, 105f.

Der Ausschnitt weckt Assoziationen zu Kants berühmtem Schluss der „Kritik der praktischen Vernunft". „Zwei Dinge erfüllen das Gemüth mit immer neuer und zunehmender Bewunderung und Ehrfurcht, je öfter und anhaltender sich das Nachdenken damit beschäftigt: der bestirnte Himmel über mir und das moralische Gesetz in mir. [...] Der erstere Anblick einer zahllosen Weltenmenge vernichtet gleichsam meine Wichtigkeit als eines thierischen Geschöpfs, das die Materie, daraus es ward, dem Planeten (einem bloßen Punkt im Weltall) wieder zurückgeben muß, nachdem es eine kurze Zeit (man weiß nicht wie) mit Lebenskraft versehen gewesen" (*Kant* 1968, 161f.). Außerdem äußert Herrndorf sich in seinem Tagebuch zum Himmel:

Warum ist der Anblick des Sternenhimmels so beruhigend? Und ich brauche nicht einmal den Anblick. Vorstellung und Beschreibung reichen. Als ich noch auf der Kunstakademie war, war das immer mein Einwand gegen die Abstraktion: der Himmel. Leider war ich mit dieser Meinung ganz allein.

Wolfgang Herrndorf 2013, 56

Wie bereits erwähnt, ist der Tod ein Motiv, das sich durch den gesamten Roman zieht. Isa stolpert über die Nachricht eines Suizidenten, findet eine Leiche und spielt am Ende des Textes mit dem Gedanken, sich selbst das Leben zu nehmen – mit versöhnlichem Ausgang. Sie beschließt geheilt zu sein.

3. Bilder deiner großen Liebe – Eine Einladung zum Theologisieren mit Jugendlichen

Das Romanfragment „Bilder deiner großen Liebe" ist – unabhängig von der Frage nach der persönlichen Religiosität seines Autors – in einen *auch* religiös besetzten Verweiszusammenhang eingebettet. Eine eng geführte Konzentration auf die Suizidthematik, die schlussendlich ja doch fast ausschließlich in der Biografie des Autors begründet ist, scheint vor diesem Hintergrund dem Text nicht gerecht zu werden. Deshalb wird im Kontext dieses Beitrags auch bewusst darauf verzichtet.

Nicht zu leugnen ist aber, dass Reflexionen über den Tod Herrndorfs Spätwerk und damit auch „Bilder deiner großen Liebe" prägen. Hier liegt ein Anknüpfungspunkt für religiöse Bildungsprozesse. Der eingangs zitierte längere Textausschnitt und die im Beitrag aufgeführten Tagebucheinträge, die von Herrndorf durchaus mit einem literarischen Anspruch verfasst wurden, können dazu beitragen, ein „Gespräch mit Jugendlichen über Gott, Glaube und Zweifel" anzustoßen und so „Mut zum Glauben und Zweifeln zu wecken" (*Thiel* 2013, 165).

Der *bestirnte Himmel* ist ein wiederkehrendes Motiv in Herrndorfs Werk. Neben dem Tagebuch und der Passage in „Bilder deiner großen Liebe" taucht es auch in „Tschick" auf und mündet dort in die Frage des Protagonisten Tschick „Glaubst du, da ist noch irgendwas?" (*Herrndorf* 2011, 121). Hier bietet der nächtliche Sternenhimmel auch den Anlass, über die Endlichkeit respektive Unendlichkeit des Universums zu reflektieren: „Ich schaute in die Sterne mit ihrer unbegreiflichen Unendlichkeit, und ich war irgendwie erschrocken. Ich war gerührt und erschrocken gleichzeitig" (ebd., 122). In „Bilder deiner großen Liebe" nimmt Isa die Sterne zum Anlass, einen – der Jugendsprache der Protagonistin geschuldeten nicht ganz einwandfreien – Konjunktiv des Zweifelns zu formulieren. „Ich stelle mir vor, jemand sieht mich von oben, aber niemand sieht mich" (*Herrndorf*, Bilder deiner großen Liebe, 59). Diese Vorstellung wird nicht eindeutig als positiv gekennzeichnet. Das Fehlen einer negativen Abgrenzung gegenüber einer (göttlichen?) von oben herabschauenden Instanz und die Tatsache, dass die Protagonistin sich eine solche Instanz überhaupt vorstellt, lassen aber auf eine durchaus positive Bewertung schließen. Diese wird durch die Überlegung „Aber niemand sieht mich" (ebd., 59). gleich wieder verworfen. Der Blick von oben ist ein schönes Bild, eine Träumerei, die aber mit dem Leben nichts zu tun hat.

Hier kann in religiösen Bildungsprozessen angeknüpft werden. Der in diesem Beitrag vorgestellte Ausschnitt aus „Bilder deiner großen Liebe" kann beispielsweise mit der Sternenhimmelszene aus „Tschick" (vgl. *Herrndorf* 2011, 120–122) und dem passenden Tagebucheintrag (vgl. *Herrndorf* 2013, 56) zu einem intertextuellen Gewebe werden, das die Schülerinnen und Schüler dazu herausfordert, für sich selbst die Frage zuzulassen, ob da *noch etwas sei*. Die Reflexion über diese Frage ist schließlich Voraussetzung für eine Reflexion über Fragen, die mit dem Tod zusammenhängen.

Der Tod selbst taucht in „Bilder deiner großen Liebe" oft in Zusammenhang mit einem Natur-Kultur-Dualismus auf. Isa findet die Habseligkeiten eines mutmaßlichen Suizidenten, durch die Reizwörter „Gaffa-Tape", „Klarsichthülle" und „Handy" als der Sphäre der Kultur zugehörig markiert. Die Nachricht „Ich habe mich umgebracht" veranlasst Isa zwar dazu, sich nach einer Leiche umzusehen, Gefühlsregungen werden aber nicht beschrieben. Das ändert sich schlagartig, als das Naturphänomen des Nachthimmels auf die Protagonistin einwirkt. Sie fühlt sich „so wohl und so tot und wie ein aufgestauter Fluss, über den in der Nacht immer wieder einmal der Wind geht" (*Herrndorf*, Bilder deiner großen Liebe, 59).

„Bilder deiner großen Liebe" reiht sich in eine immer größer werdende Zahl an Kinder- und Jugendbücher ein, in denen „die Auseinandersetzung über dieses Thema [den Tod] stattfindet und nach neuen Formen des Ausdrucks dafür gesucht wird" (*Rahner* 2010, 21). Auffällig: Es gelingt Isa jedes Mal, den Tod „als ein Teil des Lebens zu integrieren – ihm wird von ihr keine größere Bedeutung geschenkt als dem Leben" (*Cho* 2015, 164). An dieser Stelle liegt – ohne den Anspruch, „Bilder deiner großen Liebe" theologisch vereinnahmen zu wollen – ein Anknüpfungspunkt an christliche Vorstellungen vom Tod.

Auch im Christentum gehört der Tod zum Leben dazu. Auch im Christentum ist der Tod eine schreckliche Vorstellung. Der christliche Blick auf den Tod hat aber einen Eigenwert, nämlich die Hoffnung darauf, dass mit ihm nicht alles zu Ende ist. Johanna Rahner verdeutlicht mit Verweis auf den Philosophen Gabriel Marcel und den Theologen Walter Simonis, dass es nicht der eigene Tod ist, der diese Hoffnungsperspektive begründet, sondern der Tod des geliebten anderen: „Es ist ein in der Liebe sich selbst bergendes Motiv, das die Hoffnung auf ein Leben nach dem Tod begründet. Anzunehmen, der geliebte Mensch fiele nach dem Tod ins Nichts, würde die in der Liebe behauptete Zuwendung wieder rückgängig machen. Kein wirklich liebender Mensch kann sich mit dem Gedanken abfinden, dass derjenige, den er liebt, nach einem kurzen, zufälligen Dasein der absoluten Dunkelheit, dem Nichts anheimfällt" (*Rahner* 2010, 27). Dieser Gedanke ist schon für junge Schülerinnen und Schüler nachvollziehbar. Für Schülerinnen und Schüler der gymnasialen Oberstufe kann er zum Ausgangspunkt einer Auseinandersetzung mit dem christlichen Verständnis des Todes werden.

4. Unterrichtspraktische Anregungen

Die Lektüre von ‚Ganzschriften‘ im Religionsunterricht ist immer noch etwas Besonderes. Wenn längere Texte im Zusammenhang gelesen werden, dann sind das oft biblische Bücher. Der Lehrplan für die Gymnasien in Bayern schlägt beispielsweise in der 7. Jahrgangsstufe die Lektüre des Markusevangeliums vor. Religionsunterricht verschenkt aber großartige Gelegenheiten für Schülerinnen und Schüler, sich in der Auseinandersetzung mit längeren literarischen Texten über existenziell Bedeutsames klar zu werden, wenn er diese Texte dem Deutschunterricht überlässt. Auch wenn dieser Beitrag einen *Textausschnitt* präsentiert, soll er doch als Plädoyer für eine Lektüre von „Bilder deiner großen Liebe" als *Ganzschrift* verstanden werden. Neben dem Thema des Romans, das sich für eine Auseinandersetzung mit der Todesthematik sehr gut eignet, ergeben sich auch viele Anknüpfungspunkte an den Deutschunterricht. Wolfgang Herrndorfs Erfolgsroman „Tschick" wurde schnell in den Kanon der Schullektüren aufgenommen. „Bilder deiner großen Liebe" steht in direktem Zusammenhang zu diesem Roman. Im Sinne eines fachübergreifenden Unterrichts wäre also eine parallele Lektüre denkbar. Auch das Zeitproblem, das eine praktisch denkende Religionslehrkraft immer vor Augen hat, wird durch die Lektüre des Romans nicht allzu sehr strapaziert. Der Text ohne Anhang beläuft sich auf 129 groß bedruckte Seiten – für Schülerinnen und Schüler der Oberstufe ein Pensum, das sie ohne Probleme in ein bis zwei Wochen bewältigen können.

In der konkreten Auseinandersetzung mit dem abgedruckten Textausschnitt erhalten die Schülerinnen und Schüler zu Anfang den Auftrag, alle Naturbeschreibungen und alles ‚Menschengemachte' im Text zu markieren. Auf diese Weise markieren sie Schlüsselwörter des Natur-Kultur-Dualismus, der im Text vorherrscht. Sie erarbeiten – wenn sie nicht den gesamten Roman gelesen haben, wird durch Hinweise der Lehrkraft ihre Kenntnis des weiteren Textverlaufs ergänzt –, wie prägend Naturerfahrungen für die Protagonistin sind. Im Textausschnitt ist es der nächtliche Sternenhimmel, der „Sarg aus Sternen" (*Herrndorf,* Bilder deiner großen Liebe, 59), der Isa überwältigt. An dieser Stelle sind die Schülerinnen und Schüler dazu aufgefordert, darüber nachzudenken, ob und wann sie schon einmal eine solche Erfahrung des Überwältigtseins gemacht haben. Inwieweit die Ergebnisse dieses Reflexionsprozesses zur Sprache kommen, ist ganz von der Klassenatmosphäre abhängig.

In einem nächsten Schritt verweist die Lehrkraft auf die Worte „Ich stelle mir vor, jemand sieht mich von oben, aber niemand sieht mich. Dabei liege ich so malerisch" und lenkt so den Blick auf Isas Konjunktiv des Zweifelns. Schülerassoziationen, Meinungen, Aussagen werden gesammelt und dann auf einen Nenner gebracht: Die Vorstellung, dass nach dem Tod nicht alles vorbei ist, dass da jemand ist, der von oben auf uns herabschaut, ist schön. Sie ist in den Augen Isas aber nur ein netter Wunsch. Im Anschluss werden die Schülerinnen und Schüler zu einem Gedankenexperiment eingeladen, das auf den christlich-existenzialistischen Philosophen *Gabriel Marcel* zurückgeht: Sie philosophieren darüber, was mit dem Menschen nach dem Tod geschieht. Behutsam kann die Lehrkraft diesen eher allgemeinen Gedanken in eine subjektive, auf die einzelne Schülerin und den einzelnen Schüler fokussierte Richtung lenken. Kann ich es aushalten, dass ein mir persönlich wichtiger Mensch nach seinem Tod einfach weg sein soll?

Daraus folgt sicher nicht für alle, dass die christliche Hoffnungsperspektive sinnvoll ist. Die Vorstellung, dass die gemeinsame Geschichte mit Menschen, die einem etwas bedeuten, mit dem Tod unwiederbringlich vorbei ist, macht aber zumindest plausibel, wieso die christliche Hoffnungsperspektive als tröstlich empfunden werden *kann.* Mehr darf sich

Religionsunterricht in der öffentlichen Schule auch nicht vornehmen, wenn er der Gefahr einer Indoktrinierung von Schülerinnen und Schülern begegnen will, und wenn – vor allem in einem literarisch sensiblen Religionsunterricht wichtig – Wolfgang Herrndorfs Text als authentische Reflexion über den Tod verstanden werden soll.

Isa verneint den Gedanken einer sie von oben beobachtenden Instanz. Das muss respektiert werden. Dennoch kann eine abschließende Aufgabe für die Schülerinnen und Schüler lauten, das den Textabschnitt abschließende kurze Gedicht umzuschreiben. Es ist eine spannende Frage, wie es unter der positiven Aufnahme einer (christlichen?) Hoffnungsperspektive aussehen könnte. Ausgehend vom Roman ist es dann in weiteren Unterrichtsstunden möglich, mit den Schülerinnen und Schülern zu erarbeiten, was genau diese christlich-eschatologische Hoffnungsperspektive ausmacht. Hier kann Isa als Suchende, als Zweiflerin für die Schülerinnen und Schüler eventuell zu einer Identifikationsfigur werden, über die eine behutsame Annäherung an Tod und Jenseits, Himmel und Hölle, ewiges Leben möglich ist.

In der editorischen Nachbemerkung beschreiben die Herausgeber Marcus Gärtner und Kathrin Passig, dass das Romanfragment von ihnen bearbeitet wurde, um es in eine lesbare Form zu bringen, der Titel aber von Herrndorf selbst gewählt wurde. Ohne zu viel in diesen Titel hineinzuinterpretieren: Er klingt versöhnlich. Und so endet auch der Text. Isa bringt sich nicht um, sie beschließt zu leben:

Ich halte die Waffe genau senkrecht hoch und sehe mit offenem Mund der Kugel hinterher, sehe sie steigen, sehe sie immer kleiner und kleiner und fast unsichtbar werden im tiefdunklen blauen Himmel, bevor sie sich aus dem Verschwundensein wieder materialisiert und zu fallen beginnt, millimetergenau zurück in den Lauf der Waffe.

Wolfgang Herrndorf, Bilder deiner großen Liebe. Ein unvollendeter Roman, 129

10. Schöpfungsglaube an der ‚Schwelle zum unsichtbaren Licht'
Erika Burkart: „Existenz"

Eva Willebrand

Die besondere Chance gerade der Gegenwartslyrik mit ihren spirituellen Motiven liegt darin, dass sie „den selbstsicheren Gestus einer etablierten Glaubenssprache" (*Grom* 2004, 128) vermeidet, wodurch sie eine Nähe zur Lebenswelt vieler Jugendlicher aufweist. Dies gilt in besonderer Weise für das Werk der 2010 verstorbenen Schweizer Dichterin *Erika Burkart* (*1922), „deren Spracharbeit bewusst den transzendenzverriegelten Alltag auf ‚andere Dimensionen' hin aufbricht, die routinierte Blindgängigkeit vieler unserer sprachlichen Handhaben Gottes in Frage stellt und dazu anstiftet, das Spirituelle – angesichts tiefgreifend veränderter heutiger Welterfahrung – weiter zu denken" (*Gellner* 2013b, 344).

Die „profilierteste Lyrikerin der deutschsprachigen Schweiz" (*Gellner* 2013a, 268), aufgewachsen im Kanton Aargau, war zunächst einige Jahre als Lehrerin tätig, bis sie aufgrund einer Herzerkrankung diesen Beruf in den 1950er-Jahren aufgab und sich fortan allein dem Schreiben widmete. Noch während ihrer letzten Lebensjahre, die von einer schweren chronischen Krankheit gekennzeichnet waren, war Erika Burkart literarisch produktiv.

1. Skripte einer Sterbenden

Ihre letzten Gedichte sind im Bändchen „Nachtschicht" (2011) versammelt. Sie wurden posthum von ihrem Ehemann, dem Schweizer Schriftsteller und Publizisten *Ernst Halter* (*1938), veröffentlicht, der den Versen seiner Frau unter dem Titel „Schattenzone" einige aus seiner Feder stammende Gedichte beifügte. Zusammen bilden die Werke Beatrice Eichmann-Leutenegger zufolge ein „lyrisches Zwiegespräch" (*Eichmann-Leutenegger* 2011) zweier Menschen, die um ihre letzte Zeit zu zweit wissen und den Schmerz gemeinsam zu tragen versuchen. „Nachtschicht" – so Ernst Halter im Vorwort – sei das „Skript einer Sterbenden, die sich selbst beobachtet und begleitet, solange die Worte sich einstellen und die Hand gehorcht" (*Halter* 2011, 9).

Zu diesen Gedichten, entstanden, um den körperlichen Schmerz zeitweise in den Hintergrund zu drängen, gehört auch das handschriftlich hinterlassene „Existenz", das sich wie folgt liest:

Existenz
Unsere Existenz zwischen Sternen,
deren Fernen Schönheit vortäuschen;
in unüberbrückbaren Leeren
weltalte Scheinkörper, Bälle aus Gas und Gift,
steinerne Totenmonde
im Schleier von Reflexen,
zaubrischem Truglicht,
das Herzschlag und Menses
der Frauen, Flut und Ebbe
der Meere bestimmt.
Ausgesetzt in die Felder der Schwerkraft
sind wir eines kosmischen Physikers Kreaturen;
ruhelos in der Sehnsucht
nach der dunklen Energie,
existieren wir auf Abruf
kraft des eingeborenen Traums
von einem Licht,
das wir nicht ertragen,
das wir in uns tragen,
das uns, die Unerträglichen,
trägt.
Erika Burkart, Nachtschicht, in: *Ernst Halter*: Schattenzone, 62

Was hier vorliegt, ist mit Christoph Gellner gesprochen die „ungeschminkte Bestandsaufnahme der *condition humaine*" (*Gellner* 2013a, 269), die konsequent in der ersten Person Plural verfasst ist. Wie das Werk Erika Burkarts überhaupt ist auch dieser Text geschrieben im Bewusstsein, dass sich Teilhabe „nicht abschütteln" lässt „wie die letzte Mode oder Ideologie", da sie „Voraussetzung unserer Existenz" (*Halter* 2011, 17) ist.
Der erste Teil des Gedichts lässt an Eichendorffs „Mondnacht" erinnern, jedoch wird hier dem romantischen Gefühl einer Verschmelzung von Himmel und Erde, von Raum und Zeit das moderne physikalische Welt-

bild entgegengesetzt, das jegliche romantische Form der Verklärung der Welt und des menschlichen Daseins nicht zulässt: Nahezu bedeutungslos und verloren ist die menschliche Existenz „zwischen Sternen" angesichts der Unermesslichkeit des Weltalls; die Sterne täuschen ihre Schönheit nur vor, de facto sind es „Scheinkörper", „Bälle aus Gas und Gift"; das Licht „steinerne[r] Totenmonde" ist nicht mehr als ein „zaubrische[s] Truglicht", das Einfluss auf Herzschlag und Menstruation haben soll und die Gezeiten reguliert. Soweit die Bestandsaufnahme, die für die Existenz Gottes keinen Platz zu lassen scheint. Bis hierher steht das Gedicht in der Tradition zahlreicher literarischer Werke des 20. Jahrhunderts, die den Gottesglauben verneinen oder sogar bekämpfen, indem sie aufrufen zu einer „Verscheuchung jedweden Gottes, wo / Immer er auftaucht" – so etwa Bertolt Brecht in dem um 1943 verfassten Gedicht „Die Verwandlung der Götter" (*Brecht* 1988, 16f.).

Erika Burkart jedoch bleibt hierbei nicht stehen. In ihren Versen schlägt der Ton schließlich um. Das Gedicht bekommt eine spirituelle Wendung: Die Menschen können sich gerade nicht mit dieser Verlorenheit und Bedeutungslosigkeit abfinden. Als „eines kosmischen Physikers Kreaturen" haben sie eine *Sehnsucht* und einen *Traum*, die zusammengenommen paradox sind: die Sehnsucht „nach der *dunklen* Energie" und den Traum „von einem *Licht*". Damit bleibt beides merkwürdig in der Schwebe.

Die hier aufscheinende Scheu, die menschliche Sehnsucht eindeutig zu benennen, ist auch in den 2013 posthum publizierten Aufzeichnungen Erika Burkarts enthalten: „Wir wissen gar nichts. Unvorstellbar eine gottlose Welt. Wir leben von etwas, an das wir uns wider jede Wahrscheinlichkeit seines Seins klammern als an die letzte Hoffnung" (*Burkart* 2013, 299). Diese ‚letzte Hoffnung' wird im Gedicht „Existenz" vor allem durch die Lichtmetapher eindrücklich umschrieben: „Licht, / das wir nicht ertragen, / das wir in uns tragen, / das uns, die Unerträglichen, / trägt". Angesichts ungezählter schlafloser und schmerzvoller Nächte, die die Dichterin erlebt hat, ist das Licht, von dem in vielen ihrer Gedichte die Rede ist, „geliebt und jeden Morgen erhofft als Spender des Lebens" (*Halter* 2011, 11) – so Ernst Halter. Im vorliegenden Text wie auch in anderen Gedichten – so etwa in „Das Staunen" von 2002 – wird es zum Inbegriff der erhofften Vollendung des Lebens:

Nur dem Staunen sichtbar
das letzte Gesicht,
stolperst du über die Schwelle
ins unerschaffene Licht.

Burkart 2002, 158

2. Poetisches Ringen um Schöpfungsglauben? Lernchancen und -wege

Kann man angesichts der gegenwärtigen naturwissenschaftlichen Einsichten die Welt noch als Schöpfung, den Menschen als Geschöpf Gottes betrachten? Wie gehen Naturwissenschaft und Schöpfungsglaube zusammen? In einer empirischen Studie über die Glaubensentwicklung Jugendlicher kommt *Martin Rothgangel* zu dem Ergebnis, dass mit „dem Thema Naturwissenschaft [...] ein Faktor benannt [sei], der zu einem ,Erwachsenwerden ohne Gott' führen kann" (*Rothgangel* 1999, 72) – ein Befund, den sicherlich viele Religionslehrerinnen und Religionslehrer angesichts ihrer eigenen Unterrichtserfahrungen bestätigen können: Die Vorstellung eines Schöpfergottes wird von zweifelnden oder sich als nicht gläubig verstehenden Schülerinnen und Schülern häufig abgelehnt mit der Begründung, die Naturwissenschaft widerlege Gott. Angesichts der naturwissenschaftlichen Erklärung der Welt sei der Glaube an einen Schöpfergott überholt.

An genau dieser Stelle setzt das Gedicht an, indem es diese verbreitete Haltung nicht einfach spiegelt und bestätigt, sondern indem es eine religiöse Lesart der Welt anbietet, ohne die menschliche Existenz romantisch zu verklären. Die Verse machen darauf aufmerksam, dass die Frage nach Gott trotz naturwissenschaftlicher Erkenntnisse über die Entstehung und Entwicklung des Lebens nicht mit einem Nein beantwortet werden kann, sondern als Sehnsucht und Traum weiterhin Bestand hat. Damit ist schon angedeutet, wie sich der Text im religiösen Diskursuniversum verorten lässt und welche Bezüge und Vernetzungen nahe liegen. Ausgangspunkt soll im nachfolgenden Vorschlag die Frage nach dem Menschsein, die im Religionsunterricht unvermeidlich mit der Frage nach Gott verknüpft ist. An genau dieser Schnittstelle lässt sich die Arbeit mit dem Text verorten.

Um Schülerinnen und Schüler in den Denkansatz und Textduktus mit hineinzunehmen und ihnen ihrerseits individuelle Sinnkonstruktionen zu ermöglichen, wird ihnen das Gedicht zunächst als Lückentext vorgelegt:

Existenz
Unsere Existenz zwischen Sternen,
deren Fernen Schönheit vortäuschen;
in unüberbrückbaren Leeren
weltalte Scheinkörper, Bälle aus Gas und Gift,
steinerne Totenmonde
im Schleier von Reflexen,
zaubrischem Truglicht,
das Herzschlag und Menses
der Frauen, Flut und Ebbe
der Meere bestimmt.
Ausgesetzt in die Felder der Schwerkraft
sind wir _____ Kreaturen;
ruhelos in der Sehnsucht
nach _____,
existieren wir auf Abruf
kraft des ____Traums
von _____,
_____,
_____,
_____,
_____.

Die Auslassungen sind bewusst gewählt: Es fehlen die Attribuierungen zu ‚Kreaturen' und ‚Traum' sowie der Gegenstand der Sehnsucht und des Traums. Dies gibt Schülerinnen und Schülern die Möglichkeit, die Leerstellen mit für sie selbst stimmigen Hoffnungen zu füllen. Wie sehr sie sich dabei persönlich einbringen – ob sie eher ihren eigenen Sehnsüchten oder eher Menschheitsträumen allgemein Ausdruck geben –, bleibt ihnen überlassen.
Im Anschluss daran lassen sich in einem intersubjektiven Austausch die Schülerversionen untereinander und mit dem Original von Burkart vergleichen. Von hier aus kann man dann zu einer Analyse des Textes kommen. Hierbei kann das instruktive Einbringen von Hintergrundinforma-

tionen zur Autorin – ihren Lebensdaten, ihrer Dichtung und ihrem krankheitsbedingten Leiden in den letzten Lebensjahren – die Deutung des Textes bereichern und vor allem die Lichtmetapher nachvollziehbar machen.

Zur Weiterarbeit mit dem Gedicht liegt es nahe, gestalterisch zu arbeiten: Die Verse rufen innere Bilder hervor, die zur Anfertigung von Collagen und zum Malen reizen. In Form einer Collage ließe sich das Gedicht durch Fotografien oder Bilder anreichern, die sich einzelnen Versen zuordnen lassen; die Umsetzung einzelner Textpassagen – etwa der Lichtmetapher – in Formen oder Farben intensiviert die Auseinandersetzung mit dem Gedicht und ermöglicht es, sich von ihm individuell ansprechen zu lassen und seine Lebensbedeutsamkeit zu entdecken. In diesem Zusammenhang kann von den Schülerinnen und Schülern kritisch Stellung dazu genommen werden, ob mit diesem Gedicht eine überzeugende Umschreibung dessen vorliegt, was menschliche Existenz ausmacht.

3. Didaktische Vernetzungen

Von hier aus sind schließlich vielfältige weitere Vernetzungen denkbar: Vom Gedicht selbst und den Gottes- und Hoffnungsvorstellungen der Schülerinnen und Schüler aus lassen sich Beziehungen zu biblischen – vor allem alttestamentlichen – Gottesbildern knüpfen, auch eine Verbindung zur negativen Theologie liegt nahe angesichts der Scheu Burkarts, Gott genauer zu benennen. Schließlich ließen sich über diesen Text hinaus weitere Beispiele für die spirituelle Dimension in zeitgenössischer Literatur vorstellen, um diese zu erschließen und hinsichtlich ihrer Überzeugungskraft und Tragfähigkeit zu befragen.

Interessierten Schülerinnen und Schülern kann die Möglichkeit gegeben werden, sich mit weiteren Texten Burkarts auseinanderzusetzen, um zu überprüfen, ob die Autorin eine Sprache spricht, die möglicherweise auch der eigenen Rede von Gott Impulse geben kann – so etwa ihr Gedicht „Entgegnung" (*Burkart* 2005, 29f.) aus dem Band „Ortlose Nähe" . Bekenntnishaft heißt es darin: „Ich komme nicht aus / ohne Hintergrund-Gott". Ähnlich wie in „Existenz" versucht sie auch hier in paradoxen Umschreibungen diesen „Hintergrund-Gott" näher zu umreißen:

Gestalter von Körpern jeglicher Art,
Errichter von Himmeln,
himmlischen Leeren,
Schöpfer von Zeit,
Räuber, Zerstörer von Zeitlichkeit.
Kein Trost, dieser Gott,
weniger als ein Bild;
in Abwesenheit eine All-Präsenz,
die Leben zulässt, Liebe,
deren Zeitlosigkeit im Schmerz.

„Ein Leben ohne transzendenten Bezug ist, *von mir aus gefühlt*, eine Wiese ohne Blume, eine Stadt ohne Menschen, eine Nacht ohne Gebet, ein Auge ohne Licht, ein Raum ohne Luft. Es ist der Bezug, der uns lebendig erhält" (*Burkart* 2013, 56; Hervorhebung EW), hält die Schriftstellerin in ihren Aufzeichnungen fest. Wenn es im Umgang mit den Versen Erika Burkarts gelänge, den „transzendenzverriegelten Alltag" (*Gellner* 2013b, 344) immerhin einen Spaltbreit zu öffnen, um Schülerinnen und Schülern, die Chance zu geben, ‚von sich aus' zu fühlen, was *sie* lebendig hält, und diesem Ausdruck zu verleihen, wäre viel erreicht.

VI. Angefragte Schöpfung

In den Texten von Erika Burkart wurde schon deutlich, dass die Frage nach Gott immer auch die Frage nach dem ‚Schöpfer' aller Dinge impliziert. Der Verständnis und Hoffnung suchende Blick auf das Ende beinhaltet den Blick auf den Anfang: Ist das Universum von einem Schöpfer umfangen? Oder, mit Wolfgang Herrndorf formuliert: Sieht uns jemand von ‚da oben'? Eine solche religiöse Lesart von Welt, wie sie in den Texten Burkarts und Herrndorfs aufscheint, ermöglicht Schülerinnen und Schülern, die weitgehend in Lebenswelten aufwachsen, in denen eine „naturwissenschaftlich-technische Denkform" (*Hunze* 2007, 166) vorherrscht, eine neue Wahrnehmung von Wirklichkeit – eine andere Perspektive, die erstaunlicherweise von verschiedensten Gegenwartsautorinnen und -autoren ganz unabhängig voneinander aufgegriffen wird.

– *Felicitas Hoppe* (*1960) etwa bestimmt die Hauptaufgabe religiösen Denkens und Suchens wie folgt: „Schließlich kommt es nicht darauf an, dass wir Gott nicht aus den Augen verlieren, sondern darauf, dass ER UNS nicht aus den Augen verliert. Das ist wohl die größte Angst von allen: Dass wir SELBST nicht mehr gesehen und gehört werden" (*Hoppe* 2008, 22f.).

– In diesen Gedanken findet sich eine erstaunliche Parallele zu Aussagen des Österreichers *Peter Handke* (*1942). In einem 2006 veröffentlichten Gespräch mit *Peter Hamm* sprach Handke – ganz Theatermensch – zunächst davon, dass das „Zuschauen" etwas ist, „das wir alle brauchen" (*Handke* 2006, 33f.). Dann die religiöse Wendung des Gesprächs und jene Verwendung des Wortes ‚brauchen', die auch diesem Buch grundgelegt ist: Was wir eigentlich brauchen ist, „dass uns jemand zuschaut auf eine umfassende Weise, wie man sich eigentlich von Gott vorstellt" (sic!). Und weiter die Überlegung, „dass Gott eigentlich durch das Zuschauen" wirkt, dass „das seine einzige Macht ist". Aber was für eine! „Wenn wir uns gewärtig machten, dass Gott uns umfassend zuschaut, wären wir alle total besänftigt." Noch einmal anders gesagt: „Diese Wendung zu Gott ist, dass man sich innerlich angeschaut sieht."

– Und schon im Jahre 1994 findet sich eine erstaunlich ähnliche Gedankenführung im Werk von *Botho Strauß* (*1944). Er schreibt in seinen Notaten „Wohnen, Dämmern, Lügen" vom „Menschenleben als etwas, das danach strebt, erkannt zu werden. Es vollzieht sich in der Gewissheit eines anderen Auges, das überblickt und Gestalt erkennt, wo der Dahinlebende sich nur der wirren, sporadischen Spuren und Teile gewiss ist." Dann zentral: „Das Vertrauen in ein umfassendes Gesehenwerden gründet in der Einheit Gottes". Fast die gleiche Grundaussage wie bei Hoppe und Handke also: „Ohne diese Gewissheit, Erkannte zu sein, hielten wir uns keine Sekunde aufrecht" (*Strauß* 1994, 195).

Gesehen zu werden; Erkannte zu sein; Gott, der Schöpfer als der große Zuschauer; die Sehnsucht danach, dass Gott uns nicht aus den Augen verliert – in solchen Aussagen spiegelt sich die zentrale Bedeutung des Grundgedankens einer jeglichen Schöpfungstheologie. ‚Schöpfung' verheißt Sinn! Wie aber wäre eine Schöpfung denkbar, wenn es keinen Tod gäbe? Wie ein Leben ohne Ende? Diese Gedanken spielt der erste vorgestellte Text durch. Welche Konsequenzen hat der Schöpfungsglaube für den ethischen Umgang mit dieser Schöpfung? Wie werden wir zu Mitbewahrern der Schöpfung? Um diese Fragen kreist das zweite Textbeispiel.

11. *Jürg Schubigers* „Als der Tod zu uns kam" als Fortschreibung der biblischen Schöpfungsgeschichte

Christoph Gellner

Die Welt mit den Augen eines Kindes sehen, als sei sie gerade erst erschaffen worden: Die Geschichten des Zürcher Schriftstellers *Jürg Schubiger* (1936–2014) beginnen oft mit einem solchen kindlichen Staunen und Fragen, dem noch nichts selbstverständlich ist:

> Heute ist mein Geburtstag. Ich bin lange unter meinen geschlossenen Lidern gelegen. Ich habe mir meine Geburt vorgestellt. Nur so im Großen und Ganzen. Und dann den ersten Tag. Wie ich mich fragte, woher er kam und wohin die Nacht ging. Die helle Welt wie ein Zimmer voll Betten. Wie jedes Ding seinen Schatten warf. Nur die Sonne warf keinen Schatten, sie warf das Licht.
> *Schubiger* 1997, 105

Die reflektierte Rückwendung zum unverstellten Blick eines Kindes, seine noch nicht automatisierte Sprache, sein intensives Verhältnis zum Wort bilden den Ausgangspunkt für die *poetischen Weltanfangsspiele* des Schweizer Autors, ohne Kindersprache je bloß zu imitieren. „Das Schöpferische des kindlichen Denkens ist kein uferloses Phantasieren, das sich in anderen Welten bewegt – wo sich Kinder wie Erwachsene natürlich auch ausgiebig aufhalten –, sondern das der Philosophie wie auch der Dichtung verwandte Weltanfangsspiel, das gespielt wird, um sich hier zurecht zu finden" (*Lypp* 2005, 31).

1. Weltanfangsspiele

Der scheinbar naive Schöpfungsgedanke, man könne die Welt und all das, was da ist, noch einmal erfinden, gibt Schubigers Welt- und Familiengeschichte „Mutter, Vater, ich und sie" (1997) den Rahmen. Der Icherzähler, ein etwa zehn- oder elfjähriger Junge, entwickelt daraus sein Tage- und Fragebuch: „Als ich auf die Welt kam, war die Welt schon da. Alles war vorhanden [...]. Auch Vater und Mutter waren schon da, als ich kam. Ist doch klar, sie hatten mich ja bekommen. Meinen Vater erkannte ich am gelben Schnurrbart. Meine Mutter einfach so" (*Schubiger* 1997, 9f.). Gleich zu Beginn stellt er fest: „Die Wörter passen zu den Dingen. Und zwar so gut, dass man meistens gar nicht darüber nachdenkt" (ebd., 15). Sobald man darüber nachdenkt, löst sich das Selbstverständliche unversehens wieder auf: „Warum gibt es überhaupt Gleiches und nicht nur Verschiedenes? Wenn alles verschieden wäre, hätten wir auch verschiedene Sprachen. Jedes Wort in jeder Sprache würde nur zu einem einzigen Ding, einem einzigen Wesen gehören, denn es gäbe ja alles nur einmal: einen Stuhl, einen Tisch, einen Teppich, ein Buch, ein Bett, einen Baum. Es gäbe nur einen Menschen, aber viele Wörter für ihn" (ebd., 65).

„Das ist eine kinderliterarische Neuheit", streicht Maria Lypp das sperrig Wunderhafte von Schubigers Erzählen heraus.

> Aus der Perspektive des nachdenkenden Kindes werden alltägliche Dinge befremdlich. Während die Kinderliteratur üblicherweise über die Traumperspektive zum Wunderbaren führt, führt hier der taghelle Verstand in den Zustand der fundamentalen Verwunderung über das Sosein der Dinge und die zahllosen Möglichkeiten ihres Andersseins. So wird der Kinderalltag zum Platz der Weltbesichtigung. Seinen Fundamentalcharakter erhält das Alltägliche dadurch, dass es für die Wahrnehmung anstößig wird, und das Denken ins Gestrüpp der Fragen hineinlenkt [...] Die Grundfrage, die mit den Einzelfragen stets aufgeworfen wird, ist die nach dem Dasein.
>
> *Lypp* 1999, 236f.

„Dann dachte ich mir das Gegenteil aus", setzt die Schlusspassage von „Mutter, Vater, ich und sie" dazu an, im Umkehrverfahren alles Vorhandene probeweise zu negieren. „Als ich auf die Welt kam, war die Welt noch nicht da. Eine Leere, weit und breit. Ich stand nirgendwo und ich sah nichts [...] Keine Erde [...] Kein Wasser" (*Schubiger* 1997, 106). Der Abbau allen Wissens und alles sinnlich Wahrnehmbaren, den das Buch in mehreren Varianten vollzieht, führt zu einem Nullpunkt, von dem aus eine quasi eigenschöpferische Neukonstruktion erfolgt („So wurde die Welt nach und nach vollständig", ebd.). Imaginiert wird nicht die Entstehung einer anderen Welt, vielmehr wird in schöpferischer Auseinandersetzung mit der vorfindlichen ihre je neue Entstehung bewusst gemacht: „Mit jedem Menschen beginnt die Welt von vorn. Die erste Geburt in eine fertige Welt hinein wird gefolgt von einer zweiten, dem geistig-seelischen Ankommen in einer noch leeren Welt" (*Lypp* 1999, 237), die gewissermaßen auf ihr Begriffen-Werden wartet. Wie nebenher reflektiert Schubigers Buch am Ende die Unabgeschlossenheit der ganzen Schöpfungsveranstaltung: „Manchmal habe ich immer noch das alte Gefühl, etwas stimmt nicht mit der Welt. Etwas Wichtiges ist noch unterwegs, so wichtig wie die Luft, die Erde, der Regen, das Licht, etwas Letztes fehlt noch" (*Schubiger* 1997, 107).

Anfänge sind ein häufiges Thema in Schubigers Texten, geradezu ein Lieblingsmotiv dieses Autors, der nach verschiedenen beruflichen Anläufen und schulischen Fehlschlägen 1968 ein Studium der Germanistik, Psychologie und Philosophie mit einer Dissertation über Franz Kafkas „Verwandlung" abschloss. Nach zehnjähriger Tätigkeit im pädagogischen Verlag des Vaters arbeitete er bis zur Pensionierung vorwiegend als Psychotherapeut. Er schrieb für Erwachsene *und* Kinder, die Übergänge waren stets fließend entsprechend seiner Überzeugung: Texte für Kinder sollten „die Grenze zwischen den Altersstufen und zur Welt der Erwachsenen eher durchlässig machen als festigen. Ein reines Kinderparadies ist ein Gefängnis" (in *Rank* 2012, 44).

Der entscheidende Durchbruch als Autor gelang ihm mit der Geschichtensammlung „Als die Welt noch jung war" (1995), die mit dem Schweizer Jugendbuchpreis und dem Deutschen Jugendliteraturpreis ausgezeichnet wurde. Zu Recht hob die Jury Schubigers staunende Welterkundung hervor: „Als die Welt noch jung war, musste das Leben noch gelernt werden. In wunderbar klarer und prägnanter Sprache erzählt der Autor über Himmel und Erde, Tiere und Menschen, märchenhafte Beziehungen und Veränderungen. Nichts in diesem Band ist vorhersehbar, nichts so, wie wir es zu kennen glauben. Scheinbar alltägliche Dinge erhalten durch eine kindlich naive Sicht eine unerwartete Transparenz und Leichtigkeit."

2. *Kinderliteratur – auch für Erwachsene*

„Als die Welt noch jung war" enthielt auch die frühe Titelgeschichte in Schubigers schmalem Prosaband „Die vorgezeigten Dinge", der 1971 für erwachsene Leser publiziert wurde; ein Drittel der darin enthaltenen Texte wurden 1978 in Schubigers erstem Kinderbuch „Dieser Hund heisst

Himmel" erneut veröffentlicht. Literarisch wie theologisch handelt es sich bei den mehrfach gedruckten „vorgezeigten Dingen" um einen Schlüsseltext für Schubigers Denken und Schreiben: In einem Park in Stuttgart setzt ein Mann ein Meerschweinchen aus, lässt es Gras fressen und legt seinen Hut daneben. Es springt vielleicht über den Stock oder geht auf dem Seil, dachten die Leute, legten Geld in den Hut und fragten den Mann, ob das Meerschweinchen etwas Besonderes könne. Aber der Mann antwortete nur: „Es läuft in der Wiese herum und frisst Gras. Sehen Sie hin!" (*Schubiger* 1995, 31).

Ein Bauer holt seine Kuh aus dem Stall und lässt sie neben dem Meerschweinchen weiden. Sie geht vielleicht auf zwei Beinen, denken die Leute, doch der Mann gibt zur Auskunft, die Kuh stehe da und weide. Und so geht es fort: Ein Fuhrmann zeigt sein Pferd vor, ein anderer stellt sein Motorrad dazu, wieder ein anderer sein Bett und einer seine Polstergruppe. Aber sie erfüllen nicht die gespannten Erwartungen der Leute, die am Ende zueinander sagen: „Auch eine Polstergruppe allein ist schon etwas" (*Schubiger* 1995, 33). Höchst aufschlussreich Schubigers Kommentar, der auf das „es war gut" der Genesis verweist:

Das ist angewandte Schöpfungstheologie. Die Dinge sind gut, nicht weil sie eine Funktion haben, einen Zweck oder eine tiefere Bedeutung, sondern weil sie sind, was sie sind. Das ist im Grunde mein Credo. Ich suche beim Schreiben immer wieder den Moment, wo die Dinge etwas Strahlendes bekommen. Ohne symbolische Bedeutung, einfach so, in ihrer Anwesenheit, wie auf einem Stillleben [...] Wenn ich überhaupt etwas vermitteln möchte, dann das: frisch sehen.

Selchow 2008, 16

„Am Anfang weiss man noch nichts. Das ist immer wieder meine Ausgangslage", berichtete Jürg Schubiger über sein Schreiben. „Das Voraussetzungslose, das noch jeden Weg gehen kann. Und das vor allem noch nicht gedeutet ist" (ebd. 2008, 15). Entschieden weist er im Gespräch mit Christine Lötscher und Christine Tresch die häufige Zuschreibung, er sei ein philosophischer Autor, zurück:

Es handelt sich nicht um eine bewusste Philosophie, sondern sie ergibt sich einfach so. Es ist wie ein kleiner Ruck, eine leichte Verschiebung, die etwas Bekanntes neu sehen lässt. Plötzlich fällt ein neues Licht auf etwas [...] Ich habe einiges Wissen angehäuft: Gedanken, die mir beim Überarbeiten von eigenen Texten oder beim Lesen von Büchern anderer Autoren durch den Kopf gegangen sind. Aber das Wissen, die gezähmte Welt, auch das Gewohnte, Vertraute, schon Gedeutete, in dem man sich auskennt, lasse ich im Schreibprozess strikt hinter mir. Vor mir liegt das Wilde, über das ich noch nichts weiss.

http://www.culturactif.ch/viceversa/schubiger.htm, zuletzt abgerufen am 8. März 2017

Vor diesem Hintergrund überrascht es nicht, dass Schubiger den Anfang und Ursprung unserer Welt wiederholt zum literarischen Projekt gemacht hat, zuletzt in „Aller Anfang" (2006), „34 Hin- und Hergeschichten von der Schöpfung" im Wechsel mit dem befreundeten Schriftstellerkollegen Franz Hohler (*1943). Schubiger variiert darin auch die Titelgeschichte von „Als die Welt noch jung war", die mit hintersinniger Fabulierfreude, Poesie und Witz mit der biblischen Paradieserzählung spielt: „So hieß die Welt, als sie noch jung war".

Bei Schubiger ist zuerst die Frau da, Eva, dann kommt der Mann hinzu, der im Gegensatz zu Eva noch nicht so recht weiß, was er soll auf dieser Welt: „Adam fragte Eva: Entschuldigung, wissen Sie, wo wir sind? Im Paradies, antwortete Eva. Paradies?, brummte Adam. Nie gehört." Eva weiß, dass sich Mann und Frau lieben sollen: „Haben Sie etwas dagegen, wenn wir uns lieben? Lieben? Nie gehört, sagte Adam, fast freundlich. Eva umarmte ihn und küsste ihn lange auf den Mund [...] Später, es war bereits Mittag, sagte er: Da habe ich nichts dagegen, es entspricht mir sogar irgendwie, dieses Lieben." Und dann heißt es ganz zum Schluss: „So hat die Welt angefangen. Fertig? Ja. Besser, wir hören hier auf, solange sie sich noch küssen. Die Märchen sind am Ende glücklich, die Paradiesgeschichte dagegen am Anfang" (*Schubiger/Hohler* 2006, 19–21).

Die Neufassung von 2006 zeigt Schubiger als altersweisen Liebhaber des Paradoxen, die elf Jahre früher publizierte Version endete mit der Aufforderung: „Psst! Nicht weiter. Besser noch einmal von vorn. Diese Geschichte hat kein Ende, aber Anfänge hat sie, viele Anfänge. Früher als die Welt noch jung war ..." (*Schubiger* 1995, 15).

Während die Zuordnung von Schubigers Geschichten zur Kinderliteratur das breite Publikum lange irritierte und noch immer irritiert, sieht Bernhard Rank in ihnen geradezu „ein Musterbeispiel für die ‚Kinderliteratur der Nachdenklichkeit'" (*Rank* 2012, 25). Ihre Durchsetzung ist im Kontext der literarischen Erneuerung der Kinder- und Jugendliteratur zu sehen, wie sie Hans-Joachim Gelberg im Beltz-Verlag betrieb. Nicht von ungefähr hatte er ein besonderes Faible für die genaue Sicht der Dinge, die Deutsch-Schweizer Autoren wie Peter Bichsel, Franz Hohler, Hans Manz und Jürg Schubiger aus der schöpferischen Spannung zwischen Mundart und Schriftsprache bezogen. Die doppelte Adressierung seiner *Kinderliteratur auch für Erwachsene* sah Jürg Schubiger nüchtern-pragmatisch:

> Die meisten Kinder brauchen jemand, der ihnen meine Texte nahebringt. Ich schreibe ja kaum Geschichten mit klassischem Spannungsbogen, wie die Kinder es gewohnt sind. Deshalb muss da oft ein Erwachsener vermitteln, vorlesen, mit den Kindern in ein Gespräch kommen. Darum ist es wichtig, dass meine Texte auch Erwachsenen gefallen. Wenn sie sich begeistern, können sie es weitertragen.
>
> *Selchow* 2008, 15f.

2008 erhielt Schubiger für sein innovatives kinderliterarisches Gesamtwerk den Hans-Christian-Andersen-Preis, der als ‚Nobelpreis der Kinder- und Jugendliteratur' gilt. Unterdessen wurden seine eigensinnigen Geschichten, die vielfältig um die ‚großen Fragen' nach dem Woher und Wohin von Mensch und Welt kreisen, in Lese- und Religionsbücher aufgenommen und von Exponenten des Philosophierens beziehungsweise des Theologisierens mit Kindern für Lernprozesse fruchtbar gemacht.

3. Nachdenken über Tod und Leben

Was einen Anfang hat, geht unvermeidlich einmal zu Ende: Einen Höhepunkt von Schubigers Bemühungen, die großen Fragen, Rätsel und Wunder unseres Daseins zur Sprache zu bringen, stellt das philosophische Bilderbuch „Als der Tod zu uns kam" (2011) dar, für das *Rotraut Susanne Berner* die Illustrationen schuf. Das kontrovers diskutierte Buch, das auf die Empfehlungsliste des Katholischen Kinder- und Jugendbuchpreises kam und von der Stiftung Buchkunst ausgezeichnet wurde, eröffnet einen völlig neuen Zugang zum tabuisierten Thema Tod. Nicht theologisch, vielmehr anthropologisch ansetzend, lässt es sich im Dienst der

Erfahrungserweiterung und Wirklichkeitserschließung mit Gewinn in religiöse Lernprozesse einbinden, schließlich entstand die Auferstehungshoffnung als buchstäblich letzte Konsequenz des Glaubens an den Schöpfergott. Die hier ohne Bilder wiedergegebene Erzählung erlaubt eine Konzentration auf Textgestalt, Erzählstrategie und Sprache, die eindringlich Schubigers zur Lakonik verdichtete, auf das Wesentliche reduzierte Prosa belegt. Aus der Perspektive eines jungen Mädchens wird erzählt, wie der Tod in ihr Leben kam; der durchgängige Gebrauch des Plurals („wir") betont die gemeinsame Betroffenheit auch mit den Lesenden:

Es gab eine Zeit, da kannten wir nicht einmal seinen einfachen Namen. Tod? Nie gehört. Es gab kein letztes Stündchen damals, es gab nur ein erstes, zweites, drittes, tausendstes ... Immer eines dazu. Stündchen, Stündchen, so weit wir sehen konnten. Was geboren wurde zu jener Zeit, das lebte und fertig. Was hergestellt wurde, das blieb schön und ganz. Die Töpfe, die Stühle, die Kleider. Unsere Zähne bekamen keine Löcher, unsere Stirnen keine Falten. Wir brauchten uns keinen guten Morgen zu wünschen, denn jeder Morgen war gut. Eines Abends kam er die Straße herauf. Zu Fuß, das heißt auf zwei sehr staubigen Füßen. Er schien auf der Durchreise zu sein, ein Fremder wie andere auch.

Dann, ausgerechnet vor unserer Tür, stolperte er. Wir lachten. Wir fanden das sehr komisch, dieses Stolpern, wir hatten nie jemanden stolpern sehen.

Der Tod hatte sich auf unsere Schwelle gesetzt. Er rieb sich einen Fuß und machte Grimassen und ächzte. Das sei nicht zum Lachen, sagte er.

Aus Übermut ahmten einige sein Stolpern nach. Dabei schlugen sie sich die Nasen wund, die Knie, die Ellenbogen. Wir sahen ihr tropfendes rotes Blut. Das war weiß Gott nicht zum Lachen. Aber wozu war es sonst?

Der Tod konnte so nicht weiterreisen, das wurde uns klar. Es dämmerte auch schon. Er musste im Dorf übernachten. Ein Bett brauchte er nicht, der Heuboden war ihm lieber. Da streckte er sich aus. Er ächzte wieder. Schlafen konnte nicht. Er rauchte, um sich die Zeit zu vertreiben.

Am anderen Morgen war unser Haus niedergebrannt. Wir standen hustend zwischen eingestürzten schwarzen Balken. Mein kleiner Bruder lag auf dem Bauch und regte sich nicht. Wir drehten ihn um und schüttelten ihn, um ihn zu wecken. Sein Gesicht war voll Ruß. Seine offenen Augen blickten schräg in die Luft. Das war nicht zum Lachen. Wo ist sein Leben hingekommen?, riefen wir.

Der Tod wusste keine rechte Antwort. Er machte mit der Hand ein Flattern, das in die Ferne ging. Eigentlich hatte er keine Ahnung. Er hielt meinen kleinen Bruder auf den Knien und betrachtete ihn. Mit seinem Taschentuch und mit Spucke rieb er ihm den Ruß vom Gesicht. ‚Was ich da wieder angestellt habe‘, seufzte er und weinte eine Träne nach der anderen.

Mein kleiner Bruder wurde nass davon. ‚Das geschieht mir immer wieder‘, sagte der Tod. ‚Ich nehme ein Glas in die Hand, und es zerbricht. Ich drehe einen Wasserhahn auf, und gleich ist alles knietief überschwemmt. Ich nehme ein Messer in die Hand, und schon ist ein Unheil passiert.‘ Der Tod half uns, eine kleine Kiste zu zimmern, die Sarg hieß. Als er mit dem Hammer seinen Daumen traf, zuckten wir zusammen.

Der Tod erholte sich. Höchste Zeit, Leute, dass ich weiterkomme, sagte er und schwang den Schirm, auf den er sich beim Gehen stützte. Als wir Abschied nahmen, tropfte es auch aus unseren Augen. Ich winkte mit einem Geschirrtuch.

Was der Tod uns damals zurückgelassen hat, ist das Leid, das Mitleid und der Trost. Wenn ein neuer Tag beginnt, wünschen wir uns seither einen guten Morgen. Wenn jemand niest, rufen wir: Gesundheit! Und wenn jemand weggeht, wünschen wir ihm eine gute Reise.

Jürg Schubiger/Rotraut Susanne Berner, Als der Tod zu uns kam

Ausgehend von der Vorstellung, wie es ohne ihn wäre, wird der Tod als Bestandteil des Lebens ins Bewusstsein gehoben ohne seine Ungereimtheit, Unbegreiflichkeit und Ungeheuerlichkeit auszublenden. Das Besondere ist, dass der Tod als Figur auftaucht, nicht abstrakt bleibt: Als ein Vagabund stolpert er buchstäblich in eine ungebrochen-heile Welt hinein. Alle lachen erst einmal, sie begreifen noch nicht, wer er ist. Einige machen ihn nach und staunen, dass sie sich die Knie und die Nasen blutig schlagen: „Das war weiß Gott nicht zum Lachen. Aber wozu war es sonst?" Der unbekannte Fremde verhält sich in der Folge so ungeschickt, dass er das Haus seiner Gastfamilie in Brand setzt, wodurch der Bruder des Mädchens umkommt.

Gewiss kann „Als der Tod zu uns kam" als Theodizee gelesen werden, wie dies Katrin Bederna vorschlägt, als verlangsamender Zugang, der Zeit und Raum zur Konkretion und Imagination gibt: „Das Buch stellt die Gottesfrage nicht. Seine Bilder bieten aber als Erklärung für Tod und Leid eine Variante des Being-of-Use-Arguments an: Erst durch den Tod des Jungen kommen Individualität und Sozialität in die Welt" (*Bederna* 2015, 123).

So richtig das ist, greift jede Interpretation zu kurz, die nicht sieht, dass Schubiger seine Geschichte als Schöpfungsgeschichte, genauer: als bewusste *Fort- und Weiterschreibung der Paradiesgeschichte der Genesis* konzipierte, die mit den abgründigen Realitäten menschlicher Existenz die Grundambivalenz allen Lebens ,jenseits von Eden' thematisiert. Wie die biblischen Urgeschichten erzählt Schubiger nicht von einmalig-vergangenem, sondern von grundmenschlichem Geschehen. Er fragt nicht nach einem postmortalen ,Danach', vielmehr nach den Grundbedingungen des Daseins in dieser Welt, die er wie die biblische Schöpfungsgeschichte narrativ begreifbar machen will. Die Kernidee seiner Paradiesneuerzählung umriss er bereits 2008 im Gespräch mit Stephanie von Selchow: „Nie ging eine Hose kaputt, keine Tasse hatte einen Sprung. Man musste sich keinen guten Tag wünschen, weil jeder Tag gut war. Erst mit dem Tod kam dann das Leid, aber auch das Mitleid und der Trost. Und das macht erst den Menschen aus. Die Vertreibung aus dem Paradies ist der letzte Schöpfungstag. Da wird der Mensch zum Menschen" (*Selchow* 2008, 16). Ja, wie mir Jürg Schubiger im Vorgespräch zu einer Präsentation des Buchs bei einer Tagung an der Universität Luzern 2012 zu verstehen gab, zielt seine Fort- und Weiterschreibung auf die *paradoxe Pointe*: Sind die Menschen dem Paradies am Ende dieser Geschichte nicht näher als am Anfang?

Methodisch-didaktisch empfiehlt es sich daher beim Vergleich des *Vorher und Nachher der Erzählung* anzusetzen, was sich als eine wohlkalkulierte Spiegelung herausarbeiten lässt. Dies kann anhand der kongenialen Bilddillustrationen, über die sich Jürg Schubiger intensiv mit Rotraut Susanne Berner austauschte, noch vertieft werden. Lassen sich doch in Berners interpretierenden Lese-Kommentaren zahlreiche Veränderungen zwischen

Vorher und Nachher entdecken, wobei sie die Geschichte in rahmende Vignetten einbettet wie eine Art Prolog und Epilog. Am Anfang scheint alles „schön und ganz", selbstverständlich zu sein, die Menschen kennen vom Tod nicht einmal seinen Namen: „Was geboren wurde zu jener Zeit, das lebte und fertig." Zwei so kleine Wörter wie „und fertig" reichen, um einen Schatten auf die gängige Paradiesvorstellung zu werfen, für die eher das märchenhafte Schlaraffenland steht!

Damit ist bereits gesagt, dass diesem einfältigen Glück der Unsterblichkeit etwas ganz Zentrales fehlte. Als der Tod dem Dorf am Ende den Rücken kehrt, hinterlässt er nicht nur Leid, Schmerz und Trauer, sondern auch Mitleid und Trost. Erzählerisch wird so sicht- und spürbar, dass und wie sich die Beziehungen der Menschen durch die Erfahrung von Endlichkeit, Verletzlichkeit und Schmerz verändern. Kaum zufällig ist der Tod bei Schubiger eine Mischung aus Tölpel und Menschenfreund: Er weint mit den Menschen, hilft den Sarg zu zimmern und trifft dabei mit dem Hammer seinen eigenen Daumen. Den Tod des Kindes, der ihm völlig absichtslos unterläuft, betrauert er aufrichtig: „Was ich da wieder angestellt habe, seufzte er und weinte eine Träne nach der anderen." Durch seine Tränen und das gemeinsam geteilte Leid lässt der Tod ein neues Miteinander entstehen, Mitgefühl und Zuwendung – gerade so sind wir Menschen am Ende der Geschichte dem Paradies paradoxerweise näher als am Anfang: dank der Erfahrung des Todes.

12. *Ernesto Cardenal:* Der alte Dichter und die Gegenwart.
Von unbequemen Wahrheiten und liebevollen Visionen

Annegret Langenhorst

Das Hans-Sachs-Gymnasium in Nürnberg, die Schulturnhalle gefüllt mit Hunderten Gymnasiasten aus der ganzen Stadt, alle Spanisch-Lernende der Klassen 10 bis 12. Erstaunte Blicke, als ein gebrechlicher alter Mann auf die Bühne geführt wird, mit längerem weißen Haar, Baskenmütze und verschmitztem Blick. Dann hebt der alte Dichter an, dessen Namen die Spanischlehrerinnen ehrfurchtsvoll in ihren Klassen angekündigt hatten: ,*Ernesto Cardenal* kommt in die Stadt und liest auf seinen ausdrücklichen Wunsch nur für euch Jugendliche!' In kräftigem Ton auf Spanisch liest er seine allerneusten Gedichte, assistiert von *Lutz Kliche*, seinem Übersetzer, der die Texte vorab auf Deutsch vorträgt.

Eine aufmerksame Stille in dem großen Saal: Der alte Dichter aus Nicaragua, geboren 1925, zieht die Jugendlichen des Jahres 2012 in seinen Bann. Auch für schwächere Spanischschüler ist zu spüren: Da hat einer etwas zu sagen! Da beobachtet ein wacher Zeitgenosse scharfsichtig die Gegenwart! Da hat ein Christ eine rebellische Vision von Gerechtigkeit und Liebe!

Er kritisiere den Kapitalismus ja recht deutlich, fragt ein Schüler in der offenen Gesprächsrunde nach der poetischen Lesung. Ob er etwa Marxist sei. Ja klar, so Ernesto Cardenal, ehemaliger Kultusminister Nicaraguas, lächelnd, er sei Christ und Marxist zugleich, er glaube an die Revolution der Liebe. Seine Vision von einer liebevollen, friedlichen und gerechten Welt hat er seit seinem „Buch von der Liebe" (1959) und seiner Version der „Psalmen" (1979) poetisch besungen. In seinen mehrbändigen Memoiren und in aktuellen Interviews betont er seinen befreiungstheologisch inspirierten Glauben an einen neuen Menschen, „eine erlöste, befreite Menschheit, die für die Liebe und nicht für den Egoismus lebt; etwas, das wir noch nicht erlebt haben, außer in einigen einzelnen Menschen wie dem heiligen Franz von Assisi oder Mahatma Gandhi" (*Cardenal* 2016, 38).

1. Neue Gedichte als theopoetisches Vermächtnis

Cardenals „Neue Gedichte" (2014) greifen so unterschiedliche Betrachtungen auf wie „Die Plünderung des irakischen Nationalmuseums" oder die Evolutionstheorie, die Lateinamerikareise Alexander von Humboldts oder den Klang der Glocken von Managua. Im Folgenden wird ein Gedicht über einen Gegenstand vorgestellt, der für Jugendliche unverzichtbar ist: das Handy. Der hier ausgewählte Text eröffnet den von Lutz Kliche übersetzten neuesten schmalen Gedichtband „Etwas, das im Himmel wohnt. Neue Gedichte". Diese ‚neuen' Gedichte sind aber fast alle vorab bereits in die umfangreiche zweibändige deutsche Gesamtausgabe des poetischen Werks Cardenals aufgenommen worden.

Das Handy
Du sprichst in dein Handy
und redest und redest
und lachst in dein Handy
und weißt nicht, wie es gemacht wurde,
viel weniger noch, wie es funktioniert
aber was macht das schon
    schlimm ist, dass du nicht weißt
    wie auch ich nicht wusste
    dass im Kongo viele sterben
        Tausende und Abertausende
        sterben im Kongo
        wegen dieses Handys.
In seinen Bergen gibt es Coltan
        (außer Gold und Diamanten)
das man für die Kondensatoren braucht
der Mobiltelefone.
        Um die Kontrolle über die Mineralien
        führen multinationale Konzerne
        einen endlosen Krieg.
        5 Millionen Tote in 15 Jahren
und sie wollen nicht, dass die Welt davon erfährt.
        Ein unermesslich reiches Land
        mit einer ungeheuer armen Bevölkerung.
80% der Weltreserven an Coltan

befinden sich im Kongo.
Dort liegt das Coltan schon
seit drei Milliarden Jahren
       Nokia, Motorola, Compaq, Sony
              kaufen das Coltan
       und auch das Pentagon und auch
       die Corporation, der die New York Times gehört
       und sie wollen nicht, dass die Welt davon erfährt
und auch nicht, dass dieser Krieg beendet wird
damit sie weiter das Coltan rauben können
Kinder zwischen 7 und 10 Jahren schürfen das Coltan
              weil ihre kleinen Körper
              in die kleinen Löcher passen
       für 25 Cents pro Tag
und es sterben haufenweise Kinder
durch den Coltan-Staub
oder beim Hauen des Gesteins
das auf sie niederfällt.
              Auch die New York Times
       will nicht, dass die Welt davon erfährt
       und so kommt es, dass man nicht erfährt
       von diesem organisierten Verbrechen
       der multinationalen Konzerne
                     Die Bibel setzt sie gleich
                     Gerechtigkeit und Wahrheit
                     und die Liebe und die Wahrheit
so wichtig also, diese Wahrheit
       die uns freimachen wird
auch die Wahrheit über das Coltan
Coltan in deinem Handy
in das du sprichst und sprichst
       und in dein Handy lachst.

Ernesto Cardenal, Etwas, das im Himmel wohnt. Neue Gedichte, 7–9

2. Typisch Cardenal: Doku-Poesie

Ungewöhnlich kurz – für Cardenals Verhältnisse – fällt das Gedicht aus, weist aber stilistisch die typische Handschrift Ernesto Cardenals auf: reimlos (auch im spanischen Original), metrisch frei, in einem Stil nahe an der Prosa, die Verse durch Einrückungen auffällig gesetzt.

Seinen für die Lyrik ungewöhnlichen Stil hat Cardenal schon früh in seinen Gedichten über die Geschichte Lateinamerikas entwickelt und in seinem Meisterwerk, dem naturwissenschaftlich fundierten „Kosmischen Gesang", monumental ausgebaut. Er nennt den Stil selbst ‚*exteriorismo*‘ (*von ‚exterior'/außen*) und beschreibt ihn so:

> Die exterioristische Poesie drückt Ideen oder Gefühle mittels realer Bilder aus der Außenwelt aus: Sie verwendet Straßen- und Ortsnamen, Eigennamen von Menschen, Daten, Zahlen, Anekdoten, wörtliche Zitate, umgangssprachliche Wendungen [...] wissenschaftliche Fachausdrücke, historische Dokumente oder Fragmente aus Briefen oder journalistischen Reportagen [...] Das heißt: Sie integriert alle Elemente, die bisher der Prosa vorbehalten waren [...] Sie unterscheidet sich von der Prosa dadurch, dass sie intensiver, kürzer, wirksamer ist, nicht aber durch ihre Sprache oder die Wahl ihrer Themen.
>
> *Borgeson 1979, 636f., Übersetzung A. L.*

Auch das Gedicht „Das Handy" ist von Zahlen und Fakten, Firmennamen und Bibelzitaten durchzogen, geschickt durch die Einrückungen auf mehrere Ebenen verteilt. Gerahmt wird der Text von der Anrede eines Du, einer Person, die unbefangen in ihr Handy spricht und lacht. Die Anfangsverse werden am Ende in syntaktischer Variation wieder aufgegriffen, doch das Sprechen und Lachen kann nun nicht mehr so unbefangen sein, weiß man doch nach der Lektüre des Gedichtes sehr viel mehr über die Hintergründe der modernen Technik. Nein, nicht ‚man‘ weiß es, sondern „du" weißt es: Cardenal wiederholt die persönliche intensive Anrede am Schluss erneut.

So persönlich angesprochen kann man sich der – die erste eingerückte Versgruppe einleitenden – Aussage kaum entziehen: „schlimm ist, dass du nicht weißt ..." Doch der Dichter geriert sich nicht als Moralapostel, sondern gibt zu: „wie auch ich nicht wusste". Das Motiv der Ignoranz der Konsumenten und der bewussten Verschleierungstaktik der Produzenten zieht sich leitmotivisch durch das Gedicht (und ließe sich beim genauen Lesen des Gedichtes im Unterricht leicht – zum Beispiel durch farbige Markierung – herausarbeiten). Der alte Poet aber lässt Unwissenheit nicht als Ausrede gelten, er lässt nicht locker, er geht der Sache auf den Grund, bohrt nach der Ursache der oberflächlichen Fakten und deckt die Wahrheit auf. Mit diesen Metaphern ließen sich die verschieden tiefen Einrückungen der Verse deuten als unterschiedliche Ebenen der oberflächlichen Tatsache (ganz linksbündig gesetzt), dass es im Kongo 80 Prozent der Weltreserven an Coltan gibt, welches man für die Herstellung der Kondensatoren von Smartphones benötigt.

„Dass im Kongo viele sterben" für den Abbau von Coltan, ist ein Fakt, der gern verdrängt wird; Cardenal spricht von einem „Krieg" der globalen Konzerne um die Rohstoffe der Welt. Die grausamen Umstände des Coltanabbaus belegt der Dichter mit brisanten, gut recherchierten Zahlen. Die Ausbeutung von Kindern bis hin zu deren Tod aufgrund der mörderischen Bedingungen nennt Cardenal nicht in einem pathetischen, sondern in einem dokumentarischen und dadurch so eindringlichen Stil.

Die Situation im Kongo ist die eine ‚Tiefenschicht' des Gedichts, die Bewusstseinslage in der ‚Ersten Welt' eine andere. Im prophetischen Ton der Anklage nennt Cardenal Konzerne und Interessensgruppen beim Namen, die nicht wollen, dass die Welt von diesen Verbrechen erfährt. Dem setzt der Dichter und Theologe in den letzten eingerückten Versen fast abrupt die Bibel entgegen: „Die Bibel setzt sie gleich / Gerechtigkeit und Wahrheit / und die Liebe und die Wahrheit." Die Wahrheit des Coltan aufzudecken, ist für Cardenal Konsequenz seiner Liebe zu Gerechtigkeit und Wahrheit, gespeist aus den Weisungen von Altem wie Neuem Testament. Diese Wahrheit werde befreien und das Sprechen und Lachen verändern.

3. Erste Vertiefung: Die sozialethische Dimension – die Wahrheit über Coltan

Das nach wie vor aktuelle Gedicht fordert durch die persönliche Anrede zur Auseinandersetzung heraus. Im schulischen Unterricht lässt es sich für Fortgeschrittene im Spanischunterricht im Original („El celular") lesen; die deutsche Version eignet sich als Einstieg in die Problematik von moderner Technologie und deren Rohstoffbedarf, verortet zum Beispiel im Unterricht in Geografie oder Wirtschaftslehre. Unter sozialethischem Schwerpunkt taucht die Fragestellung von gerechten Produktionsbedingungen und nachhaltigem Konsum jedoch auch im Religionsunterricht auf. Kritische Berichte zum Coltanabbau im Kongo finden sich seit etwa 2004 im Internet. Internationale Aufmerksamkeit für das Thema erreichte 2010 der Kinofilm des dänischen Dokumentarfilmers *Frank Piasecki Poulsen*, der die Arbeitsbedingungen in einer Mine im Osten der Demokratischen Republik Kongo filmte und kritische Rückfragen an den Nokia-Konzern zur Ausbeutung der Minenarbeiter dort stellte.

In einem – im Internet abrufbaren – Gespräch mit Jörg Nowak „Kongo, Krieg und Handys" beschreibt der Filmemacher seine Eindrücke:

> Ich war schon oft in Bürgerkriegsregionen, aber was ich im Dschungel des Kongos gesehen habe, ist die Hölle auf Erden. Der Krieg im Kongo hatte ursprünglich soziale und ethnische Gründe. Als die Handybranche boomte und die Preise für diese notwendigen Rohstoffe in den Himmel schossen, begann sich der Krieg auch um diese Mineralien zu drehen. Die Kriegsherren hatten plötzlich eine Lizenz zum Gelddrucken entdeckt, weil sie an dieses Coltan sehr einfach kamen. Einige dieser Warlords sind Geschäftsleute geworden. Das Coltan ist nicht der einzige Grund für den Krieg, aber es ist eine Geldquelle für die Rebellen. Wenn man verhindern kann, dass dieses Geld weiterhin zu den bewaffneten Gruppen fließt, dann würde dies Wirkung zeigen.
> https://www.missio-hilft.de/de/aktion/schutzengel/fuer-familien-in-not-weltweit/ saubere-handys/interview.html, zuletzt abgerufen am 8. März 2017

Der Dokumentarfilm wurde synchronisiert auch in der spanischsprachigen Welt gezeigt und diente Cardenal wohl als Anlass, um das Thema in Gedichtform anzupacken. Inzwischen haben weltweit verschiedene Nichtregierungsorganisationen, darunter in Deutschland auch die kirchlichen Hilfswerke *missio* und *misereor* das Thema aufgegriffen und ein öffentliches Bewusstsein für die Frage geschaffen. Es gibt Kampagnen zum schonenden Umgang mit den Ressourcen durch das Sammeln und Verwerten gebrauchter Handys. Vor allem aber geht es darum, die Ausbeutung im Kongo zu beenden und Alternativen zu entwickeln. Seit 2013 bietet ein engagiertes Projektteam mit Sitz in Amsterdam um den Gründer Bas van Abel ein so genanntes ‚Fairphone' an, ein Smartphone, dessen Rohstoffe und Komponenten unter kontrollierten ethischen Standards beschafft werden. Bereits über 100.000 Fairphones wurden in Europa verkauft. Wer ein Fairphone erwirbt, wird – wie im Gedichttext – persönlich mit Du angesprochen und eingeladen, sich als Teil einer Bewegung für nachhaltigen Konsum zu sehen.

Cardenals Gedicht ist ein starker Impuls, diesen sozialethischen Themen nachzuforschen. Dabei stößt man auch auf beeindruckende Menschen, wie zum Beispiel Erzbischof Francois-Xavier Maroy Rusengo aus dem Osten des Kongo, der im Jahr 2012 mit dem Menschenrechtspreis der Stadt Weimar ausgezeichnet wurde, weil er sich für eine Ende des Krieges im Kongo einsetzt. Wie auch Filmemacher Poulsen setzt er auf eine Verantwortungsethik der Konsumenten in Europa.

4. Zweite Vertiefung: Die sprachliche Dimension – die Kraft der Sprache

Über die zentrale politisch-ökonomische Problematik hinaus kann man freilich im Gedicht weitere Motive finden, denen im Werk Cardenals ‚nachzubohren' sich sehr lohnt. Das Motiv der Sprache klingt in den rahmenden Versen des Gedichtes auf, schließlich ist ein Handy ja das inzwischen fast omnipräsente Hauptmedium der Kommunikation.

In der Gesamtausgabe des poetischen Werkes von Ernesto Cardenal steht direkt vor dem Handy-Gedicht das lange Gedicht „Sprachtheorie" (*Cardenal* 2012, Bd. 2, 1083-1088, in *Cardenal* 2014 folgt es erst als fünftes Gedicht). Der Dichter denkt über das Wunder der Sprache nach, über die Entwicklung von Syntax und Grammatik und stellt fest: „Menschsein heißt sprechen können" (*Cardenal* 2014, 56).

Cardenal hat sich intensiv mit naturwissenschaftlichen Forschungen zu Fragen der Entstehung des Universums und der Evolution beschäftigt. In seinen Essays „Diese Welt und eine andere" schreibt er seine Reflexionen nieder. Stark verkürzt gesagt hofft er – gestützt unter anderem auf *Peter Russells* Studie „The Global Brain" – auf eine weitere Evolution der Menschheit hin zu einer immer besseren Welt, zu einer Globalisierung der Solidarität. Die Kommunikation ist der Weg für die Menschheit zur friedvollen Verständigung. Folgende zwei Zitate aus diesen Essays könnten den Schülerinnen und Schülern als Zusatzmaterial zur vertiefenden Diskussion der Frage an die Hand gegeben werden, ob sie auf eine positive Zukunft der Menschheit hoffen:

Jetzt gibt es also nicht mehr nur die Evolution des Menschen, sondern die Evolution wird auch vom Menschen gemacht. Mit dem Fortschritt lenkt der Mensch jetzt die Welt. Der Fortschritt des Lebens hängt nicht mehr nur von der Natur ab. Durch den Menschen ist sich die Evolution nicht mehr nur ihrer selbst bewusst, sondern ist auch frei. Sie kann weitergehen oder innehalten. Wir sind die Evolution.

Cardenal 2013, 19

Die Liebe zum Nächsten wie zu sich selbst wird etwas Natürliches werden. Wir werden einen höheren Bewusstseinszustand haben, in dem wir die übrige Welt so empfinden, wie wir jetzt unseren Körper empfinden. Den Schaden, den man irgendeinem Teil der Welt zufügt, werden wir so empfinden, als würde er uns selbst angetan.

ebd., 63

Leicht lässt sich hier der Bogen zurück zum Handy-Gedicht schlagen: Geht es uns etwas an, wenn in irgendeinem Teil der Welt Menschen für unseren Konsum leiden?

5. Dritte Vertiefung: Die biblische Dimension – Wahrheit und Gerechtigkeit

Eine dritte Vertiefungsebene bietet uns Ernesto Cardenal im Gedicht selbst an: die biblische Dimension. Die Bibel setze Wahrheit, Gerechtigkeit und Liebe gleich, so heißt es da im Zusammenhang mit der Wahrheit über das Coltan. Mithilfe einer digitalen Bibelausgabe, einer Online-Bibel oder einer Bibel-App (dann also direkt auf dem Handy) könnten sich auch Schülerinnen und Schüler auf die Suche nach Bibelstellen begeben, auf die der Dichter anspielt. Sie würden im Alten Testament vor allem in den Psalmen fündig: „Deine Gerechtigkeit ist auf ewig Gerechtigkeit, / und deine Weisung ist Treue" (Ps 119,142). In der starken Metapher von Psalm 85,11 „Es begegnen einander Huld und Treue; / Gerechtigkeit und Friede küssen sich" findet sich in spanischen Bibelausgaben bisweilen „verdad/ Wahrheit" (anstelle von Treue). Im Neuen Testament stießen sie auf paulinische Sprache: „Denn das Licht bringt lauter Güte, Gerechtigkeit und Wahrheit hervor" (Eph 5,9).
Weiter als eine solche Vokabelsuche führt aber die Überlegung, in welcher

Tradition der Bibellektüre Ernesto Cardenal steht. Mit seinem Gedicht klagt er Ausbeutung und Unrecht an und stellt sich in die Linie der sozialkritischen Propheten wie etwa Amos. Dort heißt es:

Weh denen, die das Recht in bitteren Wermut verwandeln
und die Gerechtigkeit zu Boden schlagen [...].
Sie hassen den, der im Tor zur Gerechtigkeit mahnt,
und wer Wahres redet, den verabscheuen sie [...].
Ihr bringt den Unschuldigen in Not,
Ihr lasst euch bestechen
und weist den Armen ab im Tor.
Am 5,7.10.12

und

Hört dieses Wort, die ihr die Armen verfolgt
und die Gebeugten im Land unterdrückt
Am 8,4

Es bietet sich durchaus an, das Gedicht im Kontext der Prophetie oder der alttestamentlichen Sozialgesetzgebung und ihrer Rezeption durch die Theologie der Befreiung zu lesen. Mit der Anspielung auf Joh 8,32 („dann werdet ihr die Wahrheit erkennen, und die Wahrheit wird euch befreien") fällt im Gedicht das Verb ‚freimachen'. In der lateinamerikanischen Theologie ist die Befreiung von Unrecht, der Exodus aus der Sklaverei ein zentrales Thema. Auch Cardenal klagt in seinem Gedicht Unrecht an. Das Wissen um diese unrechten, sündhaften Strukturen kann frei machen und den Weg zu mehr Gerechtigkeit eröffnen.

Der in der lateinamerikanischen Theologie erprobte Dreischritt ‚sehen – urteilen – handeln' kann auch eine entsprechende Unterrichtsstunde oder -sequenz strukturieren: vom Sehen der Fakten über das ethische Beurteilen hin zum Suchen und ggf. Erproben von Handlungsalternativen.

6. Ausblick: Die Vision von San José

Jene Dichterlesung vor Jugendlichen in Nürnberg im Jahr 2012 schloss mit einem Essen im kleinen Kreis. Während Ernesto Cardenal sehr langsam ein Wiener Schnitzel genoss, diskutierten Lehrer und Lehrerinnen über die gehörten Texte und die Reaktionen der Schulklassen. Auch das Handy-Gedicht kam zur Sprache und man lamentierte ein wenig über die heutige Generation gedankenlos konsumierender Jugendlicher. Da schüttelte der alte Mann den Kopf und fragte: „Seid ihr besser"?

Er hält es lieber mit den Jugendlichen, die begeistert seiner „Vision von San José" gelauscht hatten, einem visionären Gegentext, der zum Abschluss zitiert sei:

Und meine Vision in San José de Costa Rica, nun will ich
meine Vision erzählen – des abends in einem Taxi,
ich war im Flugzeug zu einem Schriftstellerkongress gekommen.
Dies war meine Vision: Neonreklamen, Apotheken, Autos,
Jungen auf Motorrädern, Tankstellen, Bars, Menschen auf den Gehsteigen,
eine Gruppe Mädchen in Schuluniformen, Gruppen von Arbeitern,
   dies alles sah ich, geordnet von der Liebe.
Die Farbe eines Pullovers sprach mir von Liebe,
die Liebe bewegte die Autos, entzündete jene Lichter, alle.
Die modischen Kleider der Mädchen, was waren sie anders als Liebe.
   Die Kinder in den Armenvierteln, von Liebe vereint,
und von Liebe gepflanzt die rot blühenden Bäume,
   ein langhaariger Knabe – mit langem Haar aus Liebe,
eine Reklame: IMPERIAL. Wer weiß, was das ist, doch wird es
gewiss etwas sein zum Teilen, was zum Schenken.
Eine Telefonzelle, jemand, der telefoniert – mit wem?
Mutter und Kind auf der Straße, auch hier die Liebe,
   ein Paar, das eng umschlungen geht, noch einmal Liebe,
      eine schwangere Frau wie ein Schrei von Liebe.
Mein Taxi fährt. Zwei an einer Ecke: der eine erzählt etwas
(es müssen Freunde sein).
   Welch herrliches Tier ist der Mensch, denk ich mir.
Gebratene Hühnchen, Konditorei... auch das ist Liebe.
Jemand, der es eilig hat, vielleicht zu spät kommt. Wohin?
Zu einer Verabredung, einem Fest, in ein Haus, wo er liebt.
Ein anderer trägt ein Brot. Das er mit anderen teilen wird. Kommunion.

Hell erleuchtete Restaurants: auch sie zur Vereinigung.
PILSEN-BIER: auch das verheißt Zusammensein, Versammlung.
            Coca-Cola
(ein Scheißdreck), doch das Schild sagt mir an diesem Abend:
                    Kommunion.
Eine herrliche Gattung, so sage ich mir, wie ich sie liebe,
            alle aus Vereinigung geboren,
                    zur Liebe geboren.
(in einem Viertel ein Haus mit einem kleinen Fest. Welche Fröhlich-
keit!)
Und ich sah, wie schön es ist, für andere zu sterben.
Das war meine Vision an jenem Abend in San José de Costa Rica.

Cardenal, 2012, Bd. 2, 621f.

VII. Annäherungen an Jesus, den Christus

Im Laufe der Schulkarriere steht er immer wieder im Zentrum des Religionsunterrichts: Jesus, der Christus. Religionslehrende wissen nur allzu gut um die Gefahr des Verschleißens und der Abnutzung durch eine zu häufige und zu gleichartige Begegnung mit der zentralen Gestalt des Christentums und der Mitte des christlichen Glaubens. Daher gilt es, vielfältige Zugänge zu Jesus zu ermöglichen. Nur so haben Jugendliche die Möglichkeit, sich ein Bild von ihm zu machen und die Bedeutung Jesu für Menschen heute – gerade auch für sich selbst – zu erschließen. Von hier aus liegt die Verbindung zur Literatur nahe: Nachdem es in der Literatur der 6oer- und 7oer-Jahre des 20. Jahrhunderts leise um Jesus als literarische Figur geworden war, offenbart ein Blick auf den literarischen Büchermarkt seit 1990 den eindeutigen Befund:

Mehr denn je werden Jesusromane geschrieben, verlegt, verkauft und wohl auch gelesen. Offensichtlich entdecken Schriftstellerinnen und Schriftsteller die Gestalt Jesus von Nazareth immer wieder für jede Generation neu (vgl. *Langenhorst* 2015). Mit *Maria Elisabeth Straubs* „Das Geschenk" (2006), *Jürgen Wertheimers* „Als Maria Gott erfand" (2008), *Arnold Stadlers* „Salvatore" (2008), *Uwe Saegers* „Die gehäutete Zeit" (2008), *David Safiers* „Jesus liebt mich" (2008), *Peter Henischs* „Der verirrte Messias" (2009), *Klaas Huizings* „Mein Süßkind" (2012), *Alois Prinz'* „Jesus" (2013) und *Lena Neumanns* „Mirjam geht fort" (2014) sind nur einige der letzten deutschsprachigen Jesusromane benannt, mit *Kathleen McGowans* „Das Magdalena-Vermächtnis" (2006), *Anne Rice'* „Jesus Christus. Rückkehr ins Heilige Land" (2007), *Philip Pullmans* „Der gute Herr Jesus und der Schurke Christus" (2011), *Colm Toíbíns* „Marias Testament" (2014), *Amos Oz'* „Judas" (2014) und *Emmanuel Carrères* „Das Reich Gottes" (2015) einige internationale Titel.

Die Zugänge zu Jesus sind in all diesen Büchern im Blick auf Intention, Stil, formale Herangehensweise, Wirkung und ästhetische Qualität völlig verschieden. Grundsätzlich lassen sich jedoch Passagen aller Romane in Schule und Erwachsenenbildung sinnvoll einsetzen. Im Folgenden finden sich zwei herausragende Beispiele aus der jüngeren deutschsprachigen Literatur, die eines verbindet: Sie versuchen zu erkunden, was den jüdischen Menschen Jesus zum Christus des Glaubens macht. Ralf Rothmann wendet sich Jesus explizit nur in diesem einen Text zu. Überraschend: Er betont gerade das Numinose, das Ungreifbare, das Über-sich-Hinausverweisende Jesu. Ganz ähnlich, wenn auch in ganz anderer ästhetischer Form, nähert sich Patrick Roth dem Phänomen Jesus von Nazaret, dem er sich in zahlreichen faszinierenden Büchern immer wieder neu annähert (vgl. *Kopp-Marx/Langenhorst* 2015). Roth will gerade nicht den Jesus der Geschichte freilegen, sondern Zugänge zum mythischen Christus erschreiben. Für den möglichen Einsatz dieser beiden Texte liegt gerade hier der besondere Reiz.

13. Zwischen Wunderglaube und Wunderskepsis
Ralf Rothmanns Jesuserzählung: „Von Mond zu Mond"

Georg Langenhorst

„Sollte der Freund auf seine alten Tage religiös geworden sein?" (*Rothmann* 2009, 249). Süffisant fordert Richard Sander, etablierter Dichter und Maler, seinen Gesprächspartner heraus. Für diesen, den knapp 50-jährigen Wolf, inzwischen ebenfalls als Schriftsteller etabliert, gilt Sander als der große Förderer, als Vaterfigur und Türenöffner hinein in den literarischen Betrieb. Religion ist Sander, dem Älteren, verdächtig, überholt, ein Zeichen von intellektueller Schwäche. Andererseits geht es unterschwellig um einen Rangstreit zwischen künstlerischem Vater und Ziehsohn. Was und wie der Jüngere schreiben darf oder nicht, das will der Mentor und Förderer immer noch selbst maßgeblich bestimmen oder zumindest bewerten dürfen. Religion wird zum stellvertretenden Konfliktfeld. Sander bohrt weiter. Irgendwo, ob nun „in einer überregionalen" Zeitung oder „in einem Allgäuer Käsblatt", habe „irgendein Naseweiser" geschrieben, „dass neuerdings so etwas wie eine spirituelle Unterströmung in deinen Arbeiten auszumachen sei und man hier und da Bezüge zur Bibel herstellen könne" (ebd.).

1. „Am Ende ist man religiöser, als man ahnt"

Die Provokation ist gesetzt: In einem früheren Gespräch hatte Sander schon einmal seine Meinung überdeutlich formuliert: „Religiös, wenn ich so einen Scheiß schon höre! Als ob du nicht wüsstest, was Religionen angerichtet haben in der Welt! Dieser ganze Psycho-Nebel ..." (ebd., 175). Wolf, müde, wenig streitlustig, hatte dem entgegengehalten: „Du hast schon recht, am Ende ist man religiöser, als man ahnt" (ebd, 173). Die Folge: ein empörter Ausbruch des Älteren: „Sei wie ich!" (ebd.), hatte er dem Ziehsohn vorgegeben, und nun das! „Du bist ein bisschen doof, oder?" (ebd., 174), hatte er ihm entgegengeschleudert.

Hier ein über 70-Jähriger, der die Religion für überwunden hält, der mit Religion abgerechnet, der Glaube als Illusion, Vertröstung und Opiat durchschaut hat; dort sein ehemaliger Schützling, 20 Jahre jünger, einer anderen Generation zugehörig, der diese endgültigen Urteile und Verabschiedungen nicht mitmacht. Wolf, getragen von der „Einsicht, dass die Welt endgültig verloren wäre ohne den Glauben an das Wunderbare" (ebd., 250), biegt die Provokation ab, ohne sich festzulegen. Eine „spirituelle Unterströmung" in seinem Werk? „Bezüge zur Bibel"?

Richard Sander bleibt verwirrt zurück. Er wird seine versuchte Manipulation mit dem Tod bezahlen, so zumindest will es der Autor dieser Szenen, *Ralf Rothmann* (*1953), in seinem 2009 erschienenen Roman „Feuer brennt nicht". Religion und die Frage nach Religiosität als Teil von Literatur aber wird hier direkt thematisiert.

Der geschilderte Disput über Religion, selbstverständlich eine fiktional entworfene Szene, mag angesichts dieser vom Autor selbst gegebenen Hinweise zumindest auch davon zeugen, dass Rothmann selbst überrascht ist. Und das gleich doppel: Überrascht darüber, dass sein Werk mit zunehmendem Lebensalter des Autors tatsächlich immer häufiger religiöse Themen, religiöse Dimensionen, religiöse Sprachmuster aufnimmt. Überrascht dann aber auch darüber, dass sein Werk nicht nur Aufmerksamkeit bei einer auch kirchlich gebundenen Leserschaft findet, sondern sogar kirchliche Preise erhalten sollte. Wer hätte schon zu Anfang der literarischen Karriere von Ralf Rothmann gedacht, dass er etwa im Jahre 2003 mit dem „evangelischen Literaturpreis" ausgezeichnet werden sollte, explizit verliehen laut Ausschreibungstext nur für „Bücher, für die Christen sich einsetzen können"? Und 2014 folgte der „Kunst- und Kulturpreis der deutschen Katholiken".

Ralf Rothmann ist einer jener Gegenwartsautoren, in deren Werk den religiösen Spiegelungen eine besondere Rolle zukommt (vgl. *Langenhorst* 2011). Freilich völlig eigen-artig: 1953 in Schleswig geboren, verbrachte Rothmann die ihn prägende Jugend in Oberhausen. Der Vater war im Bergbau tätig, Rothmann selbst schloss nach der Volksschule eine Maurerlehre ab, versuchte sich danach in mehreren Berufen, etwa als Koch, Krankenpfleger oder Drucker. Seit 1976 lebt er eher zurückgezogen als freier Schriftsteller in Berlin, bleibt dem Trubel des Literaturbetriebs möglichst fern. Bekannt wurde Rothmann zunächst vor allem als Erzähler, der eben dieses Aufwachsen im kleinbürgerlichen oder proletarischen Milieu des Ruhrgebiets der 1960er- und 1970er-Jahre schildert. Präsentiert werden seine Romane fast durchgängig von einer distanzierten Außenperspektive, von jemandem, der alles konkret miterlebt, ohne doch je tatsächlich ganz dazuzugehören.

Seit der Publikation des Gedichtbandes „Gebet in Ruinen" (2000) kommt dem Nachspüren einer religiösen Tiefendimension jedoch eine neue Bedeutung in seinem Werk zu. Das Religiöse wird bei Rothmann dabei nicht nur zum Themenfeld, sondern geradezu zu einem literarischen Stilprinzip. Gott, so der Literaturkritiker *Hubert Winkels* über Rothmanns Werk, „leuchtet fortan in den sozialen Beziehungen und in der objektiven Dingwelt selbst", Gott ist aus der „vage attraktiven Ferne" ins „Allernächste geraten", ja er „ist geradezu der Name für die stille Aufmerksamkeitsbeziehung zum Unscheinbaren" (*Winkels* 2005, 8f.).

2. Die Auferweckung der Tochter des Jaïrus

Rothmanns Umgang mit der Bibel lässt sich an einer Erzählung verdeutlichen, die den Rahmen seines Prosawerkes sprengt. In der Erzählsammlung „Ein Winter unter Hirschen" (2001) findet sich die Geschichte „Von Mond zu Mond", die als Einzige den autobiografischen und zeitgenössischen Kontext des Autors verlässt. Entsprechend irritiert reagierte ein Teil der Literaturkritik, umso mehr, als uns diese Erzählung direkt in die Zeit Jesu führt. Ausgerechnet eine Wundererzählung nimmt Rothmann sich vor, genauer gesagt die fiktionale Neuschreibung einer der schwierigsten Wundererzählungen des Neuen Testaments überhaupt: die *Auferweckung der Tochter des Jaïrus* (Mk 5,21–43).

Dass „Von Mond zu Mond" eine Jesusgeschichte ist, ahnt man als Leserin oder Leser erst allmählich. Rothmann wählt als Zugang das Verfahren, das Jesus-Geschehen über einen erfundenen Zeitzeugen zu erschließen. Erzählt wird die Geschichte des Hirten Enosch, der im Auftrag des mächtigen Gemeindevorstehers Jaïrus seinen Esel mit einer Ladung Käse von den Weidegründen zum Gutshof führt. Seine Sorge gilt einem kleinen Hund, der von einer Schlange gebissen wurde. Rothmann schreibt so, dass man vor allem den Sinneseindrücken des Hirten folgt. „Er sah schlecht in letzter Zeit, besonders nachts, aber er hatte Ohren wie ein alter Fuchs und kannte die Schattierungen der Stille" (*Rothmann*, Ein Winter unter Hirschen, 90). So wird der Weg durch die Nacht vor allem zu einem sinnlichen Erlebnis: das Knacken der Zweige, die Rufe der Vögel, der Klang der Stille – all das wird konkret nachvollziehbar.

In diese Situation hinein werden erste indirekte Hinweise darauf eingestreut, dass wir es mit einer Jesuserzählung zu tun haben, die stets aus der
Perspektive des Hirten erzählt wird. Über Jaïrus – der Name lässt bibel-
kundige Lesende bereits aufhorchen – wird gesagt, dass er ein „Mädchen,
zwölf Jahre" habe, das schwer krank sei, und „es wird ihm doch nicht
wieder gesund. Da hilft kein Gott, kein gefiederter Geist" (ebd., 89).
Enosch, lebenserfahren und weise, glaubt nicht an Wunder. Dass man
gerade etwa von einem „Besessenen aus den Grabhöhlen" erzähle, von
„seinem bösen Geist, und wie der in die Schweine gefahren sei" (ebd., 89),
stimmt ihn eher skeptisch. Derlei hat er schon oft gehört: „Und dann ist es
wieder der böse Geist gewesen, den irgendein Prophet in die Säue getrie-
ben hat" (ebd., 90). „Irgendein Prophet" – so wird erstmals auf Jesus angespielt. Dass man dem nicht trauen dürfe, dass das nichts Besonderes sein
könne, wird vorausgesetzt.

Bei Tagesanbruch im Dorf angekommen findet der Hirte Enosch alle Bewohner in Aufruhr vor. Alle drängen zum Dorfplatz: Geschrei, Lärm, der
harte Klang von Knochenflöten! Enosch belauscht zwei Feldarbeiter:
„Was für ein fauler Zauber!", meint der eine. „Berührt sein Gewand und
ist geheilt." Und der andere „Blutfluss! Von wegen!" (ebd., 96f.). Bibelkun-
dige werden den Zusammenhang erahnen, stellt doch Markus in seinem
Evangelium das Wunder von der Auferweckung der Tochter des Jaïrus in
einen direkten Textzusammenhang mit der Heilung der blutflüssigen
Frau. Rothmann rechnet offenbar mit Lesenden, die diese Zusammenhänge kennen oder herstellen können.

Enosch erfährt, dass die zwölfjährige Tochter des Ortsvorstehers gestorben ist. Auf der Suche nach seinem Auftraggeber gelangt er genau in dem
Moment in dessen Wohnraum, in dem Jesus sich über das Kind beugt, das
auf einem Lager, einer „Tür auf Böcken" liegt, „noch blasser als sonst"
(ebd., 99). Das Mädchen erhebt sich. Der Mann aber – an seiner Sprache
erkannt als ein „Nazarener" mit „dem knochigen Gesicht", „Mitte der
Dreißig" (ebd., 100), stets aber namenlos bleibend – blickte „sie an, ohne
auch nur ein Lid zu rühren. Als könnte ein Wimpernschlag etwas zerreißen" (ebd., 100).

Um das Wunder zu bezeugen, endet die Erzählung im Markusevange-
lium mit der Aufforderung Jesu, „man solle dem Mädchen etwas zu essen
geben" (Mk 5,43). So auch hier, denn Rothmann kennt die biblische Wundererzählung sehr genau und setzt sie konkret Punkt für Punkt um. Hier

freilich zeigt er auf Enosch, der mit seinem Käse die Szenerie betritt. *Er wird derjenige, der dem Mädchen die erste Speise nach der Aufweckung reichen wird.* „Ein Wunder" (*Rothmann,* Ein Winter unter Hirschen, 101), murmeln die Menschen, bevor ein ungezügeltes Freudenfest ausbricht. Von dem biblisch berichteten „Entsetzen" (Mk 5,42) ist hier nicht die Rede. Enosch jedoch bleibt der Skeptiker, der er war: „Ein Wunder! Natürlich hatte sie geschlafen, tief, vielleicht sogar der Ohnmacht nahe, und dieser Fremde hatte sie geweckt!" (*Rothmann,* Ein Winter unter Hirschen, 102). Enosch ist es recht. So wie „der Nazarener" aus dem Trubel entweicht, so zieht auch der Hirte weiter – satt, reich belohnt für seine Arbeit, innerlich unberührt. Der Gang der Welt hat sich nicht geändert. Der kleine Hund, sein Augapfel, ist gestorben – keine Wunderheilung hier. Er wirft ihn „den Schweinen in den Trog" (ebd., 103).

3. Ein Wunder wider Willen?

Keiner draußen wagte, über die Schwelle zu treten, alle verfolgten stumm, wie das Mädchen sich aufrichtete, blinzelte, schluckte; wie Benommenheit aus den Zügen der Kleinen wich, die nun die Wände, Vasen, Lilienschatten, die Teppiche und ihre Eltern anblickte, als sähe sie alles zum ersten Mal. Sogar ihre eigenen, gesalbt unter dem Tuchsaum hervorschauenden Füße schienen sie zu erstaunen. Das Schweigen war wie jene zweite Luft, in der die Geister atmen, und der Mann an ihrem Lager trat langsam zurück und ließ sie doch nicht aus den Augen. Den Kopf etwas geneigt, blickte er sie an, ohne auch nur ein Lid zu rühren. Als könnte ein Wimpernschlag etwas zerreißen. Noch zwei andere waren im Raum, kräftige Kerle, Fischer vielleicht, die standen nah bei ihm, und schließlich durchzuckte etwas die Mädchenbrust, sie hustete, schluckte wieder, und lächelnd drehte er sich um. Habe ich es nicht gesagt? Sie schlief.

Ein schlanker Mann, dem knochigen Gesicht und der Sprachtönung nach ein Nazarener, und obwohl er vermutlich so alt war wie Enosch, Mitte der Dreißig, gab es in seinem langen, im Nacken zusammengebundenen Haar kein graues. Er trug ein sackfarbenes Gewand ohne Taschen, jedoch keine Sandalen, und seine Hände waren nicht die eines Arbeiters oder Hirten. Sie waren schmal und lang und reinlich unter den Nägeln. Das konnte er jetzt sehen, denn auf ihn, auf Enosch zeigte er, auf den eingenähten Käse, den er in der Armbeuge hielt, und in seinem Lächeln, so schien es, war etwas von dem Mondlicht der vergangenen Nacht. Das Mädchen muß essen! Gebt ihm zu essen.

Enosch trat näher. Jairus' Tochter aber, die Haut so fahl wie das dünne Hemd, rang leise nach Luft. Sie stützte sich auf die gestreckten Arme und starrte den Nazarener an, schwitzend, zitternd, und der Mund war plötzlich der einer Frau und wollte lachen oder weinen – was wollte er? Und welcher Blick war das, was brannte in den schwarzen Augen? Noch einmal neigte sich der Fremde vor, legte ihr eine Hand auf die Schulter, ganz kurz nur, ganz sanft, und dann überschritten die ersten die Schwelle, traten ins Zwielicht, und Jubel und Hochrufe wurden laut.

Kinder sprangen vom Fensterbord ins Zimmer und drängten sich um das Lager, und die beiden Begleiter stellten sich sofort hinter den Nazarener, der nun zu der Tür ging, durch die Enosch gekommen war, in den Gang zwischen Wohn- und Wirtschaftstrakt. Dort wartete jener Bärtige, den Mantel ausgebreitet, und er schlüpfte hinein, ohne sich noch einmal umzusehen. Man zog ihm die Kapuze über den Kopf und führte ihn rasch davon.

Und Jairus und seine Frau umarmten sich, umarmten ihr Kind, und Martha weinte und kam mit Gebratenem und Brot, die Fladen wurden naß. Enosch legte den Käse auf den Tisch, zwischen die Binden und Tücher und Tiegel voll Öl, draußen machte man Musik, alle lobten Gott, und auch das Halleluja schwamm in Tränen.

Ein Wunder, murmelte Martha, während sie rasch hin und her lief mit Milch und Eingemachtem, immer wieder: Ein Wunder! Und Enosch wagte nicht zu widersprechen, das hätte ihn um Fleisch und Wein gebracht, von einem Schlauch ganz zu schweigen; und vielleicht durfte er ja heute nacht in der Küche schlafen, neben dem Ofen. Er ging durch den Gang voller Schlachtzeug, um endlich das Tier zu versorgen. Der Lärm hier, die Trommeln und Zimbeln machten ihn unruhig, seine Ohren schmerzten, und obwohl es doch warm war und alle schwitzten, die Sonne stand im Zenit, wurde ihm kühl.

Ein Wunder! Natürlich hatte sie geschlafen, tief, vielleicht sogar der Ohnmacht nahe, und dieser Fremde hatte sie geweckt, das war alles. Aber wenn das schon ein Fest ergab, sollte es ihm recht sein. Er nahm dem Esel das Traggestell ab und führte ihn in den Stall. Dort ver-

rührte er zwei Scheffel Hafer mit einem Scheffel fauler Feigen und
schüttete alles in die Krippe. Und während das Tier fraß, bürstete er
ihm den Staub aus dem Fell.

Denn sagt man zu einer ehemals Toten, zu einer, die zurückkommt
ins Leben, was dieser Nazarener nah an ihrem Ohr geflüstert hatte?
Leise, sehr leise, das ja, aber Enosch hörte wie ein alter Fuchs, Enosch
kam aus den Bergen, wo die Stille nach jedem Schritt anders klingt.
Und der Fremde, nach einem Blick in die Augen des Mädchens, in denen wer weiß was glomm, hatte sehr deutlich geflüstert. Jedem
mochte das entgangen sein – ihm nicht. Es war ein Flüstern ohne
Stimme gewesen, fast nur Atem, aber das Mädchen hatte einmal kurz
die Lider geschlossen. Und dann war der Mann plötzlich fort.
Vergib mir ...

Ralf Rothmann, Ein Winter unter Hirschen, 100–102

Während Rothmann mehrere Strukturmomente der biblischen Wundererzählung aufgreift, dramatisiert, psychologisiert und im Rahmen des
vorgegebenen Erzählschemas auffüllt (drei gängige Verfahren literarischer Bibelrezeption), weicht er an einer Stelle signifikant von der Vorlage
ab. „Talita kum" (Mk 5,41), so werden im Neuen Testament die Worte
wiedergegeben, mit denen Jesus das Mädchen auferweckt, übersetzt dort
als „Ich sage dir, steh auf". Möglich, dass Jesus auch hier diese Worte gesprochen hatte, bevor die von uns durch Enosch bezeugte Szene einsetzte.
Dann jedoch habe er ihr etwas zugeflüstert, das nur er – und dadurch
wir – gehört haben. „Jedem mochte das entgangen sein – ihm nicht" (*Rothmann*, Ein Winter unter Hirschen, 102). Enosch, der ja „hörte wie ein alter Fuchs" (ebd., 102), vernahm die Worte „Vergib mir" (ebd., 102). Das Er-
weckungswunder – eine Tat ohne Zustimmung der Verstorbenen? Wie
sollte sie weiterleben, die Tochter des Jaïrus? Welche Zukunft kann ihr
beschieden sein? Rothmann setzt seine Fragezeichen an das biblische
Wunder.

Entscheidend: Rothmann erzählt diese Wundergeschichte der Bibel von
außen kommend nach, aus skeptischer Perspektive, ohne ihr dadurch die
Plausibilität zu rauben. Die in den Worten „Vergib mir" angedeutete, weit
über die Bibel hinausgreifende Frage, ob ein Leben nach einer solchen
Auferweckung sinnvoll, lebenswert, menschlich sein könne, wird nicht
beantwortet. Enosch bleibt ein ungläubiger Zweifler. Den Lesenden aber

öffnet sich außerhalb der Figurenperspektive die Möglichkeit von eigenen Deutungen.

Besonders ein erzählerischer Kniff taucht die Erzählung in den Bereich des Numinosen. Im Titel „Von Mond zu Mond" wird ein das Geschehen begleitendes Symbol aufgerufen. Die gesamte Schilderung wird von Farben bestimmt, die den Hintergrund bilden und dadurch das vordergründige Geschehen deuten. Die Nacht, so wird anfangs erzählt, war „sternklar und hell wie ein Tag, durch blaues Tuch betrachtet. Dabei war der Mond noch gar nicht aufgegangen" (ebd., 89). Später dann: „Der Mond ging auf, ein riesiges orangerotes Rund, das schnell über die Zypressen stieg" (ebd., 89). Wenig darauf: „Der Mond war jetzt gelb und blass, aber immer noch sehr groß" (ebd., 90). Als Enosch an der Quelle einen von Dämonen Geheilten trifft, wird beschrieben, wie der „Glanz der Nacht ins Becken fiel" (90). Die Hand des Fremden fuhr „langsam durch das Wasser", als „wollte sie etwas von dem Licht herausschöpfen" (ebd., 91). Und als der Fremde aufbricht, „betrachtete Enosch das Mondlicht auf dem Wasser, als hätte der dort es vergessen" (ebd., 92).

Die Beschreibungen des Mondes erschaffen so eine Dimension, die sich der Greifbarkeit entzieht, öffnen einen Raum jenseits des Erzählten. Kaum zufällig wird auf genau die zuletzt genannte Szene angespielt, als sich Enoschs Blick mit dem des „Nazareners" ein einziges Mal trifft, als dieser ihn auffordert, der Erweckten zu essen zu geben. „In seinem Lächeln, so schien es, war etwas von dem Mondlicht der vergangenen Nacht" (ebd., 100). „Der Nazarener" und das Numinose des Mondlichts verschmelzen zu einem nicht aufgelösten Hinweis. Als Enosch am Ende der Erzählung in der folgenden Nacht wieder aufbricht, zurück zu seinen Herden, tönt wieder der Ruf eines Nachtvogels in „sehnsuchtsvollen, unsagbar zarten" (ebd., 103) Tönen, bald von einem anderen erwidert, und es „klang wie ein Ruf von Mond zu Mond" (ebd.).

4. Wunder-bare Deutungen

Die erzählerische Schwebelage weist den Weg für Verwendungen der ausgewählten Textpassage im Religionsunterricht älterer Schülerinnen und Schüler oder der Erwachsenenbildung. An dem markinisch erzählten Wunder trennen sich die Wege hinsichtlich dessen, was die eigene ‚gewissmachende Wahrheit' auszeichnet: *Glauben* wir buchstäblich an dieses

Wunder? Halten wir es für fiktionale Erfindung? Versuchen wir nachträglich, rationale Deutungsmöglichkeiten zu überprüfen? Geht es um ein symbolisches Geschehen, das nicht als historische Wahrheit, sondern als Bewegung tief in der menschlichen Seele verstanden werden will? Selbst innerhalb christlicher Gruppen wird es unterschiedliche Zugänge zu dieser Erzählung und ihrem Wahrheitsgehalt geben.

Rothmanns Erzählung lässt alle Deutungsoptionen offen. Auch seine Erzählung gibt keine eindeutige Erklärung vor. Das macht ihren Reiz aus. Gleichzeitig verweist der Stil auf die Möglichkeit, dass hier alle rationalen Erklärungen zu kurz greifen. Die kognitive Durchdringung stößt an unüberwindliche Grenzen. Gerade so wird der ‚Mehrwert des Ästhetischen‘ spürbar.

Methodisch legt sich gewiss ein Vergleich der – möglichst ganz gelesenen – Erzählung mit dem knapp und gerafft erzählten biblischen Text nahe. Am Anfang sollte ein Blick auf die Wundererzählung selbst stehen, etwa unter den Leitfragen: Was wird hier alles *nicht* erzählt? Was lässt Freiraum für Deutungen und Fantasie? Welche Fragen lassen sich an den biblischen Text formulieren? Von da aus kann Rothmanns Text in das aufgespannte Panorama der entwickelten Ideen eingespannt werden. Wo findet er überraschende Zugangsideen zu der biblischen Erzählung? Was bewirkt der so besondere Stil? Und wie ist die schlussendliche Zufügung zu der Auferweckungsszene zu deuten? Gerade hier lässt sich zeigen, wie die zuerst zu beobachtende und zu analysierende *Korrelation* zwischen biblischem und modernem literarischen Text Lesende letztlich zu einer eigenen Positionierung und Stellungnahme herausfordert.

14. Das verlorene Buch
Patrick Roths Jesusroman „SUNRISE. Das Buch Joseph"

Markus Schiefer Ferrari

Patrick Roth (*1953) greift in seinem großen, 2012 veröffentlichten Roman „SUNRISE" über Josef von Nazareth, wie schon in seiner „Christus-Trilogie" (1998), biblische Erzählungen auf, schreibt sie weiter und deutet sie neu, mit dem Anspruch, die Beziehung des Menschen zu Gott auch in einer säkularen Gegenwart erfahrbar werden zu lassen. Das Neue Testament erwähnt Josef, „den Mann Marias" (Mt 1,16.19f.), nur selten. Seine Biografie bleibt völlig im Dunkeln, lediglich die matthäische Kindheitsgeschichte Jesu wird aus der Perspektive Josefs und seiner Träume erzählt. In Patrick Roths Roman wird Josef zum Prototyp des Menschen auf seiner Suche nach Gott, Jesus hingegen zur wesentlichen Nebenfigur, die ihn auf diesem Weg teilweise begleitet, wie etwa in der zentralen Erzählung vom Zwölfjährigen im Tempel.

1. Der zwölfjährige Jesus im Tempel: Text – Kontext – Intertextualität
Die ersten Worte, die die Evangelisten Jesus in der Öffentlichkeit sprechen lassen, haben für die nachfolgende Erzählung in der Regel programmatische Bedeutung und wenden sich direkt an die Leserinnen und Leser (vgl. Mt 3,15; Mk 1,15; Joh 1,38). So auch bei Lukas, wenn Jesus seinen Eltern die Frage stellt: „Warum habt ihr mich gesucht?" (Lk 2,49a). Die Frage, warum *wir* Jesus suchen, ist eingebettet in die kleine Erzählung vom Zwölfjährigen im Tempel (Lk 2,41–52), auf der ersten Ebene eine harmlose Konfliktgeschichte von den Alleingängen eines frühreifen Pubertierenden und den verständlichen Ängsten seiner Eltern. Nach dem gemeinsamen Pessachfest in Jerusalem klinkt sich Jesus aus dem ,Familienprogramm' aus.
Anstatt mit seinen Eltern und der Reisegesellschaft aus Verwandten und Bekannten den Rückweg nach Nazaret anzutreten, bleibt er im Tempel, und zwar in der Halle Salomos an der Ostseite des Tempelplatzes, um dort mit den Lehrern zu diskutieren. Zugleich klingt aber auf einer zweiten Ebene bereits die außergewöhnliche Beziehung und Nähe Jesu zu Gott

an, wenn er die rhetorische Frage nachschiebt: „Wusstet ihr nicht, dass ich in dem sein muss, was meinem Vater gehört?" (Lk 2,49b). Zwar verstehen seine Eltern nicht, was Jesus mit seinen Fragen sagen will (Lk 2,50), aber die Botschaft an die Leserschaft ist klar: Staunen allein genügt nicht. Vielmehr sollte das Gehörte wie für Maria zum Herzensanliegen werden (Lk 2,51b). Eine verstehende Begegnung kann letztlich nur in der weiteren Lektüre des Evangeliums gelingen und wachsen.

Diese lukanische Familiengeschichte bietet sich offenbar auch für *Patrick Roth* an, um Jesus in seinen Josefsroman „SUNRISE" einzuführen und ihn erstmals zu Wort kommen zu lassen. Zugleich gestaltet Roth die zahlreichen Leerstellen dieser Episode geschickt aus, indem er eine feine Textur aus intertextuellen biblischen Bezügen spinnt. Thema ist auch hier nur vordergründig die Eltern-Kind-Beziehung, vielmehr wird die Suche des Menschen nach Gott zum zentralen Motiv, wie die folgenden zwei miteinander verbundenen zentralen Szenen zeigen:

2. Textauszug aus „SUNRISE"

Ohne Wunde war er entkommen, zwölf Jahre aber nach diesen Ereignissen ging Joseph hinauf nach Jerusalem, um Jahwe das Pessach zu halten, wie das Gesetz es uns weist, gedenkend des Mose, wie der gehalten das Pessach, das erste, und das Besprengen mit schützendem Blut, damit nicht träfe der Würger die Erstgeburt.

Und also nahm Joseph mit sich den Sohn, der den Weg hinauf nie gegangen war, auch Maria, zu opfern IHM in Jerusalem nach dem Brauche des Fests. [...]

Jesus aber [...] wollte hören, wie der Vater spräche von König Joschija. Denn König Joschija hatte als erster, wie sie einander erinnerten, vor langer Zeit zum Pessach nach Jerusalem gerufen das Volk.

Und Jesus verlangte, daß Joseph ihm vor allem genauer erzähle vom verlorenen Buch, wie und warum Joschija es wiedergefunden. Denn nie wurde er satt, davon zu hören.

Da sprach Joseph zu Jesus, der neben ihm herlief zu seiner Rechten am Wegrand:

„Du kennst doch die Schrift, was sie sagt vom verlorenen Buch und wie Joschija es wiedergefunden. Warum verlangst du, daß ich dir nochmals erzähle?"

Da sprach Jesus zum Vater:

„Von allen anderen Tagen verschieden ist dieser Tag heute. Denn heute zum ersten Mal gehe ich selbst Schritt für Schritt hinauf zu dem Ort, wo König Joschija das Verlorene fand. Mir ist aber, als kämen wir im Erzählen gleichzeitig mit ihm ins Heiligtum. Fänden gleichzeitig hin zum verlorenen Buch, wo es der König gefunden. Und hörten, gleich ihm, zum ersten Mal von seiner geheimnisvollen Entdeckung.

Erzähl also weiter, wie sie's gefunden, daß ich's mir erfahre im Gehen dorthin." [...]

Da brachen sie noch vor Mittag auf, die Heimreise hinab nach Nazaret anzutreten. [...] Und der Pfad verlief gegenüber der Höhe, die sie Schädelstätte nannten, Golgotha, wo sie kreuzigten.

Keiner von ihnen aber ahnte, daß sie, kaum war er wieder gefunden, schon am Ort vorbeiliefen, wo er stürbe. [...]

Joseph aber rief den Sohn zu sich, daß er liefe neben ihm her zu seiner Rechten.

Und Joseph sagte zu ihm:

„Nun aber erkläre mir, was ich dich sagen hörte, als ich dich fand bei den Säulen der Halle des Salomo. Da sprachst du mir wirr, als sagtest du: ‚Gefunden hab ich's.' Was denn gefunden?"

Und Jesus sagte: „Gefunden habe ich das verlorene Buch."

Und Joseph fragte: „Was meinst du damit? Denn bis jetzt waren wir still, nur zu froh, dich wieder gefunden zu haben. Aber glaubst du, es würde deinen Eltern genügen: ‚Ich war im Hause des Herrn, meines Vaters – die ganzen drei Tage, während deren ihr mich gesucht'?" [...]

Und Jesus fuhr fort und sprach:

„Ich war der Stimme gefolgt, Vater. Und dort schlief ich ein. Ich schlief, wie Samuel geschlafen.

Aber als ich die Stimme hörte, die nach mir rief – da war's, als riefe sie schon zum fünften Male und letzten.

Ja, als sei ich schon viermal hinübergerannt zu dir. Und als seist du Eli gewesen, zu dem Samuel lief, der glaubte, Eli habe gerufen.

Und im Wissen davon erwach ich, halb im Traum noch und sag: ‚Sprich, Vater, dein Sohn hört.'

Und als ER spricht, Sein Wort zu mir, da ist, was ER sagt, gänzlich ungetrennt eins mit IHM. Und eins mit ihm, der es hört."

Da fragte Joseph den Sohn: „Und Seine Worte, was hat ER gesagt?"
Und Jesus, ihn ansehend, spricht:
„Du hast's gehört, als du mich fandest: ‚Gefunden habe ich das ver-
lorene Buch'."

Patrick Roth, SUNRISE. Das Buch Joseph, 125–127; 160–165

Auch wenn nicht ungewöhnlich ist, dass ein Kind längst bekannte Geschichten immer wieder hören will, geht es auf dem Weg von Nazaret hinauf nach Jerusalem – vorbei an Megiddo, wo einst der Pharao König Joschija getötet hat (2 Kön 23,29f.) – offensichtlich um mehr, wenn Josef
seinem Sohn erneut von der „Auffindung des verlorenen Buches" unter
diesem großen König erzählen soll. Ähnlich wie beispielsweise in der Em-
mausgeschichte am Ende des Lukasevangeliums (Lk 24,13–35) führt auch
hier das erinnernde Erzählen Schritt für Schritt zur *Vergegenwärtigung des
Erzählten*. Im Gehen – im Mitgehen in dieser Erzählung – wird das Finden
des Verlorenen für Jesus zur eigenen Erfahrung.

Die ersten Worte des Rothschen Jesusknaben „Von allen anderen Tagen
verschieden ist dieser Tag heute" erinnern an die Frage des jüngsten Kindes, mit der bis heute ein Sederabend und damit die Nacherzählung des
Auszuges aus Ägypten (Ex 6–14) beginnt: „Weshalb ist dieser Abend anders als alle anderen?" Allerdings leiten sie hier die Erzählung aus 2 Kön
22f. ein, in der geschildert wird, wie unter König Joschija (639–609) bei
Umbauarbeiten im Jerusalemer Tempel ein in Vergessenheit geratenes
Gesetzbuch (2 Kön 22,8) wiederentdeckt wird. Nach der biblischen Erzählung erkennt Joschija mithilfe der Prophetin Hulda, dass die Vorschriften
dieses Bundesbuches (2 Kön 23,2.21) in der Vergangenheit nicht befolgt
worden sind und dies den Zorn Gottes über die Väter heraufbeschworen
hat (2 Kön 22,16f.). Daraufhin lässt er den Tempel und die Kulthöhen –
zum Teil auf äußerst grausame Weise – ‚reinigen' (2 Kön 23,4–20) und
führt wieder das Pessachfest ein (2 Kön 23,21ff.).

Wie in der folgenden, hier übersprungenen Passage des Romans deutlich
wird, fördern die von Josef erzählten, nur scheinbar vertrauten Geschichten
und die fast ritualisierten, immer wieder gleichen Zwischenrufe des Sohnes „Da ward gefunden das verlorene Buch" schrittweise eine Hermeneu-
tik der *Annäherung an diesen heiligen Text* zutage (*Roth*, Sunrise, 127–132): Die
Schriftrolle ist noch nicht gefunden, wenn sie ergriffen wird. Auch das
Lesen genügt noch nicht, ebenso wenig das Verstehen. Wer die Macht hat,

danach zu handeln, und das Buch „aufschulternd vernimmt" (ebd., 131), erst der hat es gefunden. So wie Joschija seinem Schreiber den Auftrag gibt, das Tempelgeld ohne nachzurechnen, „auf Treu und Glauben" auszuschütten, hinabzureichen an die Arbeiter, die die Schäden am Tempel behoben haben (2 Kön 22,4–7), soll dieser auch vom „Unzählbaren, vom Unberechenbar-Unfaßbaren, das dort im Heiligtum unsichtbar wohnt" (ebd., 130), sprechen.

Aber damit nicht genug: Mit dieser Erzählung ist beim zwölfjährigen Jesus nun erst recht die Neugierde geweckt, ob im Tempel nicht noch anderes liegen könnte, was verloren gegangen ist. Die rätselhaften Antworten des Vaters, dass er nichts finden werde, wenn er finden wolle, und dass umgekehrt das Verlorene auch den Verlorenen suche (ebd., 133) und allein im Traum – ohne Suche danach und ohne es mit Willen gemacht zu haben – alles von ihm und seiner Sache spreche, erschließen sich auch für die Leserin oder den Leser erst Schritt für Schritt: „Denn Gott spricht es hinab, noch im Geringsten dort spricht er's zu dir, Seiner Sache" (ebd., 135). Welche tiefere Bedeutung das Bild vom verlorenen Buch gewinnt und dass es engstens mit Jesus selbst verknüpft ist, wird erstmals erkennbar, wenn in der Nähe von Schilo der Vater dem Sohn, „der ihn angesteckt hatte mit seiner Begeisterung vom träumenden Samuel und dessen Berufung" (ebd., 137) – eine weitere große biblische Geschichte (1 Sam 3), die Roth in seine Textur einwebt–, erzählt: „Einst träumte mir großer Traum. Es war aber noch bevor du geboren warst. Und doch: mir sprach er von dir. Denn die Stimme des Engels: im Traum drang sie mir durch Stirne und Ohr, tiefer tief hinabhin ins Herz. Und sprach zu mir: ‚Ein Sohn ist dir aufgegeben von Gott. Du sollst ihn tragen. Und Jesus ihn nennen mit Namen.' Da siehst du's? Du warst mein verlorenes Buch" (ebd., 137). Die Botschaft des Engels Gabriel an Maria in Lk 1,31 wird so bei Roth zum Auftrag an Josef. Die entscheidende Vertiefung erfährt die Metapher vom verlorenen Buch im Jerusalemer Tempel: Anders als in der biblischen Vorlage bleibt Jesus nach dem Pessachfest nicht in Jerusalem zurück, um im Tempel mit den Lehrern zu diskutieren (Lk 2,46). Vielmehr beobachtet er – kurzzeitig von der ‚Reisegruppe' abgesondert – die Kreuzigung eines ägyptischen Sklaven und das Entsetzen treibt ihn – ohne von jemandem aufgehalten zu werden – in das Allerheiligste des Tempels. Dort, wo nur der Hohepriester ein einziges Mal im Jahr Zugang hat, erhofft er Antwort zu finden auf die eigene Fassungslosigkeit: „Denn bei IHM wird verlassen Verlassenheit.

Vor dem Tor wehrt ER ihr, läßt sie nicht einwohnen, die nicht zugelassen wird bei IHM. ER aber läßt nur zu und einzig umfängt den Seinen, auf den ER gewartet: den wiedergefundenen Sohn" (ebd., 171).

Jetzt – im zweiten Teil des abgedruckten Textes – auf der „Heimreise hinab nach Nazaret" ist Jesus der eigentliche Erzähler und Interpret seiner Erlebnisse. Der Vater hingegen, der den verloren geglaubten Sohn drei Tage lang ohnmächtig vor Angst gesucht hat, wird nun seinerseits zum Fragenden, zusammen mit den Lesenden, auch wenn diese das weitere Schicksal Jesu bereits „ahnen" und aus der nachösterlichen Perspektive zu begreifen glauben. Patrick Roth gestaltet die Tempelszene analog zur bereits eingeführten Offenbarungsgeschichte 1 Sam 3, in welcher der junge Samuel immer wieder aus dem Schlaf erwacht, weil er zunächst meint, der Priester Eli habe ihn gerufen, und erst beim letzten Mal erkennt, wer eigentlich zu ihm spricht. Noch halb im Traum ist sich Jesus gewiss: „Und als ER spricht, Sein Wort zu mir, da ist, was ER sagt, gänzlich ungetrennt eins mit IHM. Und eins mit ihm, der es hört."

Damit kulminiert die Erzählung in der Kernaussage des Johannesprologs (Joh 1,1f.14): „Im Anfang war das Wort, und das Wort war bei Gott, und das Wort war Gott. Dieses war im Anfang bei Gott. [...] Und das Wort ist Fleisch geworden und hat unter uns gewohnt [wörtlich: ‚gezeltet']." Die abschließenden, Gott in den Mund gelegten Worte „Gefunden habe ich das verlorene Buch" erinnern an die „Stimme aus dem Himmel" in Mk 1,11 („Du bist mein geliebter Sohn, an dir habe ich Wohlgefallen gefunden" und ebenso an die Abgrenzung des Johannesevangeliums gegenüber anderen Büchern im letzten Satz (Joh 21,25: „Wenn man alles einzeln aufschreiben wollte, so könnte, wie ich glaube, die ganze Welt die dann geschriebenen Bücher nicht fassen"), weisen aber zugleich darüber hinaus: Wie in der Rothschen Joschija-Samuel-Jesus-Geschichte der Suchende das Verlorene nur findet, wenn umgekehrt das Verlorene den Verlorenen sucht, so erscheint eine Begegnung zwischen Gott und Mensch nur im gegenseitigen Sich-Suchen und Finden möglich (vgl. dazu vor allem auch Roth 2002; Schiefer Ferrari 2008). Um die Geschichte Jesu wirklich begreifen zu können, genügt es nicht, sie zu lesen und vermeintlich zu verstehen, vielmehr ist es notwendig, sich erinnernd auf den Weg zu machen und das gefundene Buch ‚aufschulternd' zu vernehmen und danach zu handeln. Eigentlich könnte die Erzählung – ähnlich wie das Gleichnis vom verlorenen Sohn in Lk 15,11–32 – mit dem märchenhaft anmutenden Schlusssatz enden: „Denn nach der Rückkehr empfand Joseph alles als wiedergefunden, und mit der Findung des Sohnes das Leben als wiedergeschenkt" (*Roth*, Sunrise, 174). Das würde wohl unseren lieb gewordenen neutestamentlichen Erwartungen entsprechen. Doch bereits der Nachsatz zum scheinbaren Happy End lässt nichts Gutes erahnen: „Und doch trug Joseph die Last des Geschehenen. Noch in der Freude, noch in der Unversehrtheit der Rückkehr lag sie bewahrt und wog schwer und ließ nicht von ihm" (ebd., 174).

Nicht nur die Auffindung des verlorenen Buches unter König Joschija vergegenwärtigt sich mit den Erzählungen, sondern trotz des Opfers in Jerusalem – offenbar kann der Mensch das Entsetzliche nicht abwenden – auch „der Würger" des ersten Pessach. Dieses Mal wird die Erstgeburt allerdings nicht übersprungen: ER stellt sich Josef im Traum als Gott der Väter vor, wie einst Mose im brennenden und nicht verbrennenden Dornbusch (Ex 3,6.15f.; 4,5), nicht aber als Aufforderung zur Befreiung des Volkes, sondern im Gegenteil als Erneuerung seiner unbegreiflichen Forderung an Abraham in Gen 22,2 oder der Zumutungen an Ijob in Ijob 2,6: „,Ich bin der Gott deiner Väter, der Gott Abrahams, der Gott Isaaks, der Gott Jakobs. Nimm doch Jesus, den Sohn, den du liebst, führ ihn hinaus und schlachte ihn mir zum Brandopfer auf dem Berg, den ich dir weisen werde'" (ebd., 177).

Bereits auf dem Weg nach Jerusalem und in Jerusalem selbst lassen Josef dunkle Träume von einem Kreuz in einer überdimensionalen Grube (ebd., 138–144) und einem Flammenland, das sich von Nazaret bis Jerusalem ausbreitet (ebd., 155–158), Schlimmstes befürchten. Doch seine verzweifelten Worte „,Will ER sich neu brennen den Menschen aus Stein? Denn ins Herz reißt ER mir sein Geritz und schreibt nicht außen auf steinerne Tafeln, sondern ins innerste Herz mir, daß es zu Stein werde am Schrecken Seines Geheißes. Der Tiegel aber wird IHM zerspringen, ist schon zerschlagen'" (ebd., 178) bleiben ohne Antwort von IHM. Beginnt das zweite Buch des Josefsromans (ebd., 125–180) noch hoffnungsvoll mit „[o]hne Wunden war er gekommen" – bezogen auf widrige Ereignisse im ersten Buch –, endet es jetzt ohne jede Perspektive „Da kam nichts zur Antwort. Nirgendwoher" (ebd., 180).

3. Ein postmoderner Jesusroman: Quellen – Konzepte – Charakteristika

Auch wenn der hier gebotene Textauszug und seine kontextuelle Einordnung sowie die intertextuellen biblischen Bezüge nur partiell den hochkomplex angelegten und fast 500 Seiten langen Josefsroman von *Patrick Roth* widerspiegeln und keineswegs die eigene Lektüre ersetzen können, lassen sich dennoch einige Charakteristika und Konzepte exemplarisch erkennen und herausarbeiten.

Besonders eindrücklich ist, wie *Patrick Roth* – der 1953 in Freiburg im Breisgau geboren wurde, Literatur- und Filmwissenschaft unter anderem in Los Angeles studiert hat und heute als freier Autor in Mannheim lebt – biblische Erzählungen und Gestalten aufgreift, miteinander verknüpft sowie, den alt- und neutestamentlichen oder apokryphen Autoren nicht unähnlich, fortschreibt und dadurch gleichsam ein neues Buch der Bibel, eben „Das Buch Joseph", kreiert. Die Literaturwissenschaftlerin Michaela Kopp-Marx charakterisiert dieses Verfahren wie folgt:

> Die zahlreichen Entlehnungen bzw. Weiterdichtungen aus dem Alten und Neuen Testament, der ägyptischen und griechisch-römischen Mythologie, machen aus ‚Sunrise‘ ein Fest der Literatur, einen Höhepunkt intertextuellen Erzählens. Allerdings werden die ‚Prätexte‘ nicht einfach herbeizitiert und kombiniert, sie werden *anverwandelt*, d. h. dem übergeordneten Erzähl- und Sinnzusammenhang eingeschmolzen und solchermaßen weitererzählt. Roths biblisches Erzählen ist so natürlich wie artifiziell, es ist vielschichtig-ambigue, voller Leerstellen und in seiner Bedeutungsfülle so komplex bis widersprüchlich wie nur je ein postmoderner Roman. Anders aber als die Werke des Postmodernismus löst ‚Sunrise‘ den Sinn nicht ins Unentschieden-Vieldeutige auf: Der Roman operiert von einem Zentrum aus, um das alles Erzählte angeordnet ist, das aber nicht eindeutig benannt werden kann. Dieses verborgene Zentrum lässt sich als Auseinandersetzung eines Individuums mit dem Göttlichen annähernd umschreiben.
>
> *Kopp-Marx* 2014, 212

Gleichzeitig gelingt es *Roth* in und mit seinem biblischen Erzählen, „sich mit allzu bequemen Lektüren des Neuen Testaments nicht abzufinden

[...], das Anstößige dieser antiken Texte wiederzuentdecken" (*Reinmuth* 2014, 205) und die Leserinnen und Leser „in den Prozess einer Verunsicherung" zu führen, „bei dem die Sedimente altgedienter Gewissheiten, polierter Interpretationsroutinen und steinhart gewordener Interpretamente aufgelöst werden" (ebd.).

Aufgeschrieben wurde „Das Buch Joseph" – so die Vorgabe der Rahmenhandlung – von Monoimos, einem der beiden Kundschafter, die im Jahr 70 n. Chr. aus dem urchristlichen Pella nach Jerusalem hinaufkommen, um das Grab des auferstandenen Christus aufzufinden und vor der Zerstörung durch die Römer zu bewahren. ‚Zufällig' treffen die beiden auf die ägyptische Magd Neith, die sich später als Halbschwester Jesu erweisen wird (*Roth*, Sunrise, 467–472), und erfahren von der Geschichte Josephs. Dabei betont Neith mehrfach: „Nicht glauben sollt ihr, sondern erfahren. Wenn ihr mich hören wollt" (ebd., 22) oder „Versucht euch also in der Erfahrung, laßt euch ergreifen! Und meidet die Versuchung, selbst ergreifen zu wollen. Meidet das Mächtigsein über Orte und Staben, wenn ihr erfahren wollt, wohin sie weisen" (ebd., 392). Offensichtlich geht es dem Autor auch gegenüber den Leserinnen und Lesern „nicht um ein bloßes Für-wahr-Halten des Erzählten, sondern um das Sich-ergreifen-Lassen und die eigene Erfahrung" (*Schiefer Ferrari* 2014, 293).

Anknüpfend an die wenigen Überlieferungen über die beiden großen Träumer des Neuen und des Alten Testaments erschafft Roth seine eigene Josefsgestalt. Zwölf Träume begleiten den Leser durch den Roman, der wiederum in drei Bücher des Abstiegs und drei des Aufstiegs gegliedert ist. Sie geben der Handlung immer wieder neue Wendungen und sind zugleich hermeneutische Schlüssel. In den Träumen des fiktionalen Josef spiegelt sich grundsätzlich Menschliches, vor allem die Möglichkeit des Menschen, Gott zu begegnen. Auch wenn in „Sunrise" von „Jesu öffentlichem Wirken [...] an wenigen Stellen bestenfalls indirekt die Rede" (*Kuschel* 2014, 64) ist, fungiert Jesus – ähnlich wie schon in Patrick Roths „Christus-Trilogie" (1991–1996) – dennoch als die zentrale Hintergrundfigur, vor der sich die leitenden Themen des Romans konturieren, insbesondere „die Vorstellung von Jesus als geschlachtetem Opferlamm" (ebd.). Einerseits nähert sich Roth durch den rhythmisierenden Duktus seiner Sprache oder durch Umkehrung von Subjekt und Objekt der biblischen Vorlage und deren Übersetzungen, andererseits arbeitet er häufig mit Techniken des Films, neben der Bibel und Tiefenpsychologie seine dritte große Quelle, aus der er schöpft, wenn er mittels (Gegensatz-)Spannung (Suspense) und Überblendungstechnik (Dissolve) versucht, Getrenntes zusammenzuführen, etwa Oben und Unten, Leben und Tod sowie Jenseits und Diesseits oder Gott und Mensch.

Im Sinne des Johannes-Evangeliums, dem biblischen Text, der die Idee vom Menschen als dem Ort Gottes durchgängig ventiliert, ist Roths Joseph ein menschliches Paradigma für die Vorstellung einer lebendigen Bezogenheit auf das Göttliche, das *im* Menschen wohnt. Dies wäre die Antwort, die ‚Sunrise' in Bezug auf die Wurzellosigkeit und die Transzendenzferne der Moderne bereithält: Der ‚geheimnisvolle Weg' geht nach innen, um sich in einer zweiten Bewegung wieder nach außen ins konkrete Leben zu kehren, das innen Erkannte im Alltag zu realisieren, wie es Joseph tut, wenn er das im Traum Gebotene und Erfahrene ins Leben trägt und sich bemüht, es zu realisieren. *Kopp-Marx 2014, 235f.*

4. Rezeptionsmöglichkeiten: Zugänge – Zusprüche – Zumutungen

Die ausgewählte Weg-Erzählung ist trotz ihrer komplexen Bezüge auf der narrativen Ebene relativ leicht zu verstehen. Würde man sich eigene Überschriften für den vorliegenden Textauszug aus den beiden Romankapiteln „König Joschija" (*Roth*, Sunrise, 125–132) und „Das verlorene Buch" (ebd., 158–173) überlegen, käme man für den ersten Teil eventuell auf den Filmklassiker „Wenn der Vater mit dem Sohne" (1955), um die scheinbare Harmlosigkeit des Hinwegs hinauf nach Jerusalem zu unterstreichen. Der zweite Teil führt dagegen ‚hinab' zur tieferen Bedeutung der Vater-Sohn-Beziehung. Diese erschließt sich ebenso wie die besondere Sprache (vgl. auch das beeindruckende Hörbuch zu „Sunrise") und Metaphorik (Buch, Wort usw.) aber erst über die intertextuellen Bezüge, die aufgrund der Hinweise im Text und mithilfe der Bibel auch für Schülerinnen und Schüler der Sekundarstufe größtenteils selbstständig zu ‚enträtseln' sind. Im Sinne der ‚Jugendtheologie' lassen sich Schülerinnen und Schüler dann auch dazu anregen, Fragen nach der Bedeutung eigener Träume und der Möglichkeit religiöser Erfahrungen zu diskutieren. Spannend erscheint in diesem Zusammenhang außerdem die Frage, inwieweit die Bibel selbst ein ‚verlorenes Buch' ist oder sein kann; abstrakter formuliert, wie heilige Texte zu begreifen sind und welche (ethischen) Konsequenzen daraus folgen müssten. Schwieriger, aber durchaus im Sinne der Lehrpläne für den Religionsunterricht der Sekundarstufe I und II, ist die Frage, ob wir Jesus heute noch suchen (sollen) und ob eine Begegnung zwischen Gott und Mensch denkbar erscheint. Eventuell können Jugendliche auch ihre Fortsetzung der Josef-Jesus-Beziehung nach dem Jerusalemer Pessach und damit ihre Vorstellungen von Jesus (be)schreiben.

Die entscheidende Frage, inwieweit Literatur – so der poetologische Anspruch Roths – für Jugendliche aber auch für die Lehrenden, „Durchgangs-Ort" und „Passagenbereiterin" (*Roth* 2005, 78f.) auf ein Anderes hin sein kann und die Wandlung des Protagonisten die Wandlung der Lesenden (*Kopp-Marx/Langenhorst* 2014, 9) und damit „eine ästhetische Erfahrung des Glaubens" (*Braun* 2014, 252) ermöglichen kann, wird, zumal im Kontext der Schule, wohl nur bedingt zu beantworten sein. Ob sich das mit Joh 8,51 formulierte Leitmotiv „Wer bis ans Ende geht dieser Worte, der wird den Tod nicht kosten" (*Roth,* Sunrise, 7) bei der Lektüre des Romans zum Zuspruch oder eher zur Zumutung wendet, wird jede Leserin und jeder Leser nur für sich alleine entscheiden können. Das wäre aber dann bereits Antwort auf die sehr persönliche Frage, wer oder was ‚mein verlorenes Buch' sein kann.

VIII. Judentum in Geschichte und Gegenwart

Nelly Sachs, Paul Celan, Erich Fried, Rose Ausländer, Hilde Domin, Elias Canetti – fanden ihre Stimmen in den 1960er-Jahren zunächst nur zögerlich Gehör, so haben sie heute einen festen Platz im Religionsunterricht. Die Werke deutsch-jüdischer Literaten, die man im Nachhinein als die ‚erste Generation' nach der Shoa bezeichnen wird, gehören mittlerweile zu den ‚klassischen' relevanten Texten der literarischen Moderne, die umfassend gesichtet, gedeutet und erschlossen wurden und zum festen Repertoire vieler Religionslehrerinnen und Religionslehrer gehören. Die meisten Werke dieser Schriftstellerinnen und Schriftsteller waren ganz darauf konzentriert, den unfassbaren Genozid einerseits zu bezeugen, um ein Vergessen zu verhindern, andererseits mit der Erinnerung so umzugehen, dass ein Weiterleben möglich wurde.

Texte über die Shoa und über die Erinnerung an diese sind bislang vielfach die jüngsten unter den in den Religionsbüchern und Materialsammlungen vorhandenen literarischen Werken zum Judentum. Bis zum Ende der 1980er-Jahre entsprach diese Darstellung der Wirklichkeit: Tatsächlich gab es bis dahin keine deutsch-jüdische Literatur „über die Gegenwart und das alltägliche Leben der Juden" (*Teschler* 2007, 31). Dieser Befund sollte sich jedoch in den Folgejahren ändern: Mit Beginn der 1990er-Jahre etablierte sich dann eine neue – die ‚zweite' – Generation deutsch-jüdischer Literatur, die sich von der ersten Generation deutlich abhebt. Nicht so sehr der Blick zurück charakterisiert ihr Schreiben, sondern der Blick auf die Möglichkeiten und Schwierigkeiten eines Lebens als Jüdin oder als Jude in Deutschland, Österreich oder der Schweiz. Geradezu demonstrativ schildern sie ein aktuelles Jüdischsein in nichtjüdischen Mehrheitsgesellschaften, das sich nicht mehr ausschließlich über die Shoa und die Übermacht der Vergangenheit von Antisemitismus und Verfolgung definiert. Zu dieser Generation zählen *Mirjam Pressler* (*1940), *Katja Behrens* (*1942), *Robert Schindel* (*1944), *Rafael Seligmann* (*1947), *Anna Mitgutsch* (*1948), *Barbara Honigmann* (*1949), *Esther Dischereit* (*1952) oder *Robert Menasse* (*1954).

Ging es dieser ‚zweiten Generation' zunächst – mit den Worten *Barbara*

Honigmanns – um so etwas wie die „Wiedereroberung" des „Judentums aus dem Nichts" (*Honigmann* 1999, 29), so geht es seit der Jahrhundertwende um die Behauptung eines eigenen, auf Gegenwart und Zukunft bezogenen Profils. Ergänzend zur *Erinnerungskultur* braucht es heute eine neue *Wahrnehmungskultur* im Blick *auf gegenwärtig gelebtes Judentum*. Wo die ‚zweite Generation' erst einmal die weithin verdrängte Shoa thematisieren, überhaupt auf die Weiterexistenz von Juden im deutschsprachigen Raum aufmerksam machen, ein Leben hier angesichts der Option einer Existenz in Israel rechtfertigen musste, verschieben sich für eine ‚dritte Generation' zwangsläufig die Schwerpunkte. In ihrem Schreiben spiegelt sich ein Prozess der Sichtbarwerdung der gegenwärtig lebenden Juden. Zu der sich neu herausbildenden Tradition dieser ‚dritten Generation' (vgl. *Gellner/Langenhorst* 2013) gehören etwa *Maxim Biller* (*1960), *Doron Rabinovici* (*1961), *Vladimir Vertlib* (*1966), *Benjamin Stein* (*1970) oder *Lena Gorelik* (*1981).

Die zwei folgenden Texte erweitern den Blick: einmal auf einen im Original nicht-deutschsprachigen Beitrag, in dem sich die Geschichte und Gegenwart des heute gelebten Judentums literarisch manifestiert, ohne dass der Autor selbst Jude wäre; dann auf ein bemerkenswertes Beispiel der Darstellung des gegenwärtigen Judentums in der deutschsprachigen Kinderliteratur.

15. Mit der Widerstandskraft der Erinnerung „Ketzer" von *Leonardo Padura*

Dirk Steinfort

Der Kubaner *Leonardo Padura* (*1955) schreibt seit vielen Jahren Romane, die den liebenswert ungewöhnlichen Teniente Mario Conde zur Hauptfigur haben. Das 2011 publizierte „Der Mann, der Hunde liebte" scheint auf den ersten Blick aus der Reihe zu fallen: ein Roman über Leo Trotzki, seinen Mörder Ramón Mercader und deren wechselseitig vielfach verschlungene Lebensgeschichte; ein großangelegtes Szenarium, das die Geschichte des 20. Jahrhunderts, seiner Ideologien und Schrecken anhand zweier faszinierender Persönlichkeiten entfaltet. Hier erzählt Padura die Entstehungsgeschichte des Kommunismus, die Querelen in seiner Führungsriege mit den Abgründen von Terror und Mord eines vorgeblich ‚Abtrünnigen' – schon in diesem Werk steht also ein Ketzer im Fokus! Ein Roman mit vielerlei Handlungsebenen, der mit seinen historischen und ideologiegeschichtlichen Facetten gerade auch für junge Lesende ein spannend kennenzulernender Entwurf ist – auch im Vergleich und Kontrast zum nicht minder gelungenen Roman des Spaniers *Jorge Semprun* (1923–2011), der sich bereits 1969 mit „Der zweite Tod des Ramón Mercader" dem gleichen Thema zugewandt hat.

1. Das Motiv des Ketzertums

Leonardo Padura jedoch weitet den Horizont seines Schreibens mit seinem 2013 vorgelegten Roman „Ketzer" nochmals. Dieser spielt in Kuba, London, New York und Amsterdam, wobei die Handlung nicht nur in der Gegenwart liegt, sondern während entscheidender Passagen auch in die Jahre 1939 bis 1944 sowie ins 17. Jahrhundert zurückblendet. Padura vermischt gekonnt verschiedene literarische Genres und versteht es, die *tragische Familiengeschichte vor den Nationalsozialisten emigrierender Juden* mit einem historischen Roman rund um die Malerwerkstatt Rembrandts sowie einer düsteren Kriminalgeschichte, die in der Subkultur Havannas spielt, zu verknüpfen.
Eine erste Möglichkeit für den Einsatz im Unterricht oder in der Erwachsenenbildung zeigt sich damit im Entschlüsseln der verschiedenen Hand-

lungsebenen des Romans: Wie gelingt es dem Autor, die verschiedenen Zeiten und Orte so miteinander zu verknüpfen, dass sie einerseits unangestrengt und überzeugend ineinandergreifen und sich andererseits wechselseitig erhellen, erschließen oder auch befragen? Wie gelingt es, dass der Roman Lernerfahrungen ermöglicht, die über konkrete Daten, Fakten und Geschichtsverläufe hinaus auch verstehen lassen, *wie* der Autor solches schafft? Konkret geht es um die Frage, auf welche Weise ein Roman grundsätzlich über die jeweiligen Sachbücher hinausreichen kann.

Als wollte sich Padura bei dieser Exkursion in unwegsames Gelände einen vertrauten Begleiter an die Seite holen, lässt er seinen aus zahlreichen Kriminalgeschichten erprobten Polizisten Mario Conde all diese Fährten aufnehmen. Der inhaltliche Leitfaden durch die verschiedenen Zeiten und Handlungsebenen ist dabei das *Motiv des Ketzertums*, das jeweils als denkerisch und existenziell (überlebens-)notwendiger Schritt zu persönlicher Freiheit dargestellt wird. Dieses Ketzertum ermöglicht einerseits das denkerische Erkunden neuer Räume, birgt aber andererseits stets auch das Risiko der Konfrontation mit dem System und dem Lehramt, der Gesellschaft und der Tradition, den Bewahrern und Glaubenswächtern jeglicher Couleur und Ideologie. Wie Padura selbst in seinem bewegenden Nachwort schreibt: „Wie viel Ketzerei ist nötig, wenn in einer Gesellschaft, in einem historischen Moment und auf einem einzelnen Lebensweg ein Individuum seinen Anspruch auf freie Willensäußerung in die Tat umsetzen, wenn es das natürliche Bedürfnis nach der eigenen Freiheit ausleben will?" (*Padura*, Ketzer, 638). Im Folgenden wird die Handlung des Buches skizziert, anschließend anhand zentraler Passagen das Motiv ,Ketzer' exemplarisch dargestellt, um abschließend anzudeuten, inwiefern dieser Roman des bekennenden Atheisten Padura sogar die Frage nach Gott und Jesus Christus auf außerordentlich inspirierende Weise aufreißt.

2. 1936–2007: *Zeiträume*

Elias Kaminsky, Nachfahre eines aus Deutschland emigrierten Juden, wendet sich an Mario Conde. Kaminskys Eltern, so erfahren die Lesenden, trafen 1939 an Bord eines Überseedampfers im Hafen von Havanna ein, durften aber mehrere Tage nicht an Land und wurden dann wieder zu-

rückgeschickt, um über Kanada und Amerika schließlich wieder in
Deutschland zu landen, wo sie schließlich ermordet wurden. Welch tragische Eingangsszene: Der kleine Junge, selbst schon Monate zuvor zu seinem Onkel gekommen, sieht tagelang an dessen Hand im Hafen stehend
seine Eltern an der Reling des Schiffes. Sie können aber nicht zueinander
und müssen sich letztlich auf immer voneinander verabschieden. In ihrem wenigen Gepäck hatten die Eltern ein Gemälde Rembrandts versteckt, von dem sie hofften, dass es ihnen im fremden Land womöglich die
materielle Grundlage für einen Neubeginn bieten könnte.

Dieses Bild mit dem Porträt eines jungen Mannes, in dem viele Interpre-
ten Jesus von Nazareth vermuten, taucht 2007 auf einer Auktion in London auf: Wie aber ist es da hingekommen? Hat es etwa damals doch den
Weg vom Dampfer in den Hafen genommen? Wurde die jüdische Familie
nicht nur vertrieben und vernichtet, sondern auch noch dieses letzten
Gutes beraubt, das sie vielleicht in der Hoffnung auf eine Eintrittskarte in
ein neues Leben aus der Hand gaben? Und überhaupt: Wie kommt eine
jüdische Familie im Deutschland der 1930er-Jahre ausgerechnet an ein
solch außergewöhnliches Gemälde? Und wie ging der Weg des Bildes
dann weiter? Fragen über Fragen. Mario Conde übernimmt den Auftrag
und begibt sich auf Spurensuche, die ihn auch in die deutsch-jüdische
Geschichte des 20. Jahrhunderts eintauchen lässt.

3. Ein Bild Rembrandts

Leonardo Padura jedoch beginnt an dieser Stelle einen faszinierenden
zweiten Teil seines Romans, dessen Handlung nun in den Jahren 1642 bis
1648 liegt: Elias Ambrosius, ein junger jüdischer Maler kommt, nach
Amsterdam, um durch Vermittlung eines fortschrittlichen Rabbiners Zugang zur Werkstatt Rembrandts zu erlangen und so seiner Bestimmung
folgen zu können. Ein erster Handlungsstrang des zentralen Themas
‚Ketzertum‘, denn Elias kann diese seine Bestimmung nur im Verborge-
nen verwirklichen und lebt stets unter der Gefahr der Entdeckung, die
den Ausschluss aus der jüdischen Gemeinschaft zur Folge hätte. Diese in
sich allein schon großartigen zweihundert Seiten des Romans, die das
(vermeintlich liberale) Amsterdam der Neuzeit, das vielen Juden aus ganz
Europa als Hoffnungsgröße wie ein neues Jerusalem erschien, präsentieren, geben zugleich eine solch tiefenscharfe Impression in das Arbeiten

eines großen Malers (ebd., 231f., 249f., 363f.; mitsamt großartiger Bildbeschreibungen), dass man lesend eigentlich sogleich zweierlei möchte: viel mehr über Rembrandt, die Kunst seiner traurigen Augen und die Geschichte seiner Bilder erfahren, aber auch nach Amsterdam reisen, um jenen Bezirken der Altstadt rund um das jüdische Viertel nachzuspüren.

Eine zweite Möglichkeit für den Einsatz dieses Romans im Unterricht oder in der Erwachsenenbildung liegt deshalb in der fächerübergreifenden Möglichkeit, die Literatur durch die Begegnung mit den Sachinformationen anderer Fächer (hier also etwa Zeitgeschichte, Politik und Sozialwissenschaften, Kunst und Kunstgeschichte) zu bereichern und zu untermauern.

Leonardo Padura allerdings bricht auch diesen Erzählstrang ab, und es beginnt ein wiederum ganz anderer dritter Teil, in dem wie in einem düsteren Kriminalroman Mario Conde an die gesellschaftlichen Ränder geht, in die Abgründe Havannas eintaucht und es mit von Drogen, Alkohol und Perspektivlosigkeit gezeichneten Jugendgangs zu tun bekommt, weil er sich auf die Suche nach einem vermissten Mädchen begibt und bei seinen Ermittlungen die abweisende Haltung desillusionierter Jugendlicher, die zugleich geschockte wie auch verschämte Reaktion der Angehörigen sowie die Heucheleien vermeintlich anderer Gesellschaftsschichten kennenlernt, die mit diesem ‚Abschaum‘ nichts zu tun haben wollen.

Auch dieser Teil ist eindrücklich geschrieben, wobei man sich zunehmend fragt, wie es Padura wohl gelingen wird, diese so unterschiedlichen Romanebenen zusammenzuführen und die völlig disparaten Handlungsfäden zu verknüpfen. Und als man schon überlegt, dass es ja ein geschicktes Vorgehen des Autors ist, diese Teile durch die Figur des Mario Conde verknüpft zu haben – kommt ein unerwarteter (im Rückblick aber natürlich völlig logischer!) und zugleich bedrückender Schluss.

4. Eine Geschichte wiederholter Vertreibungen

Dieses große Buch schließt mit einem außergewöhnlich dichten vierten Abschnitt, der die Geschichte der Juden in Europa als Tragödie immer neuer Vertreibungen an zwei konkreten Beispielen erzählt: Einerseits hinsichtlich des weiteren Wegs jener Familie Kaminsky, die 1944 – durch die Tatenlosigkeit der Regierungen in Kuba, Kanada und Amerika – an Bord des Schiffes wieder nach Deutschland zurückgeschickt wurde. Und anderseits im Blick auf den Weg des jungen Juden Elias, der am Entstehen jenes berühmten Bildes von Rembrandt beteiligt war, das einen nazarenischen Jüngling zeigt. Und der anschließend von seiner eigenen Gemeinde ausgegrenzt und vertrieben wurde, nach Polen emigrierte – wo er bei einem Pogrom vernichtet wurde.

Bei der Schilderung dieses Progroms greift Padura zu einem weiteren literarischen Kunstgriff, indem er das Tagebuch des Elias, das Jahre nach dessen Tod gefunden wird, als ein ,Originaldokument' einbaut, auf das er in einer Vorbemerkung als eine der Wurzeln bei der Entstehung des gesamten Romans hinweist: Nathan Hannover, Jawen Mezulah, in französischer Übersetzung ,Le Fond de l'abîme: Les Juifs dans la tourmente des guerres cosaco-polonaises, 1648–1650'. Padura schreibt:

> Dieses Dokument ist von so erschütternder Intensität, dass ich beschloss, es mit den notwendigen Kürzungen und Abänderungen in den Roman aufzunehmen und mit fiktiven Personen auszustatten. Als ich den Text [...] las, wurde mir klar, dass ich dieses Grauen nicht besser würde beschreiben und mir noch weniger den Grad des Sadismus und der Perversion würde vorstellen können, als der Chronist real erlebt und wenig später niedergeschrieben hatte.
>
> *Leonardo Padura, Ketzer, 7*

Wie Elias im letzten Gespräch vom Rabbi hört:

> Jeder tut, was er tun zu müssen glaubt, und jeder hat zur Begründung seiner Entscheidung viele Argumente auf seiner Seite. Schlimm ist nur, dass einigen Menschen etwas so Furchtbares ganz normal erscheint. Am traurigsten aber macht es mich, dass Geschichten wie deine [...] offenbar geschehen müssen, damit wir Menschen endlich eins begreifen: Der Glaube an einen Gott, an ein Prinzip, an ein Land oder an den Gehorsam gegenüber angeblich zu unserem Besten erlassene Gesetze kann zum Gefängnis werden für das, was uns ausmacht – den freien Willen und die menschliche Intelligenz. Es ist das Gegenteil von Freiheit.
>
> *Leonardo Padura, Ketzer, 397*

Der fiktive Rembrandt hatte Jahre zuvor schon Gedanken in ebensolcher Richtung entwickelt und wir dürfen in dieser Passage sicher so etwas wie das künstlerische Credo Paduras (auch angesichts eines kommunistischen Staates mit seiner Doktrin!) mitlesen:

> Für einen Künstler sind alle eingegangenen Kompromisse – die mit der Kirche, mit einer politischen Gruppe, ja, auch mit seinem Land – eine Bürde. Sie schränken seine Freiheit ein, und ohne Freiheit gibt es keine Kunst. [...] Deine Leute haben seit langer Zeit viel gelitten, und das alles wegen ein und demselben Gott, den sich die einen so vorstellen und die andern so. Hier in Amsterdam akzeptieren die Leute, dass jeder auf seine Weise an seinen Gott glaubt und die heiligen Worte auf unterschiedliche Weise auslegt. Diese einzigartige Gelegenheit musst du nutzen. Ich glaube nicht, dass dieser Zustand ewig andauern wird oder dass er sich so bald wiederholt, denn es wird immer irgendwelche Erleuchtete geben, die die Wahrheit für sich beanspruchen und versuchen, anderen ihre Wahrheit aufzuzwingen. Ich will dich nicht zu etwas drängen, nur dazu, nachzudenken: Die Freiheit ist das höchste Gut des Menschen, und Gott kann nicht von uns verlangen, sie nicht auszuüben, wenn die Möglichkeit dazu besteht. Auf die Freiheit zu verzichten ist in der Tat eine Sünde, eine Beleidigung Gottes. Aber wie du inzwischen ja weißt, hat alles seinen Preis. Und der Preis der Freiheit kann sehr hoch sein. Um Freiheit zu erlangen, muss der Mensch leiden, auch dort, wo sie existiert oder wo behauptet wird, dass sie existiert; denn es wird immer Menschen geben, die unter Freiheit etwas anderes verstehen und meinen, ihr Begriff von Freiheit sei der einzig wahre: Sie werden anderen ihre Sichtweise aufdrängen ... und das ist das Ende der Freiheit. Denn niemand kann dir vorschreiben, was du unter Freiheit zu verstehen hast.
>
> *Leonardo Padura*, Ketzer, 281

Ein eindrücklicher Diskurs über Freiheit!

Einen dritten Kontext für den Einsatz des Buches im Unterricht oder in der Erwachsenenbildung stellt von daher das Aufgreifen einer zunächst philosophisch-ethischen, dann aber vor allem existenziell bedrängenden Fragestellung dar: Was ist Freiheit? Wie lassen sich göttliche und menschliche Freiheit zusammen denken?

5. Bilderverbot oder Bilderbedarf?

Der junge Maler Elias, der alles tut, um in die Werkstatt von Rembrandt zu gelangen, entwickelt dort nicht nur seine eigene Malerei, sondern wird von Rembrandt auch selbst porträtiert – eine entscheidende Handlungslinie des Romans, die aber auch historisch keineswegs weit hergeholt erscheint, wie zahlreiche Bildnisstudien Rembrandts im Vor- und Umfeld des Christuskopfes von 1648 zeigen: Elias wird zum Prototyp eines Ketzers, der sich mit Begabung und Leidenschaft nicht nur über das jüdische Bilderverbot (vgl. *Padura*, Ketzer 264; 281; 373) hinwegsetzt, sondern dann auch noch jenen christlichen Messias zu porträtieren versucht.

Als Rembrandt ihn auffordert, das Porträt zu beginnen, gibt er ihm als Hinweis mit auf den Weg: „Ich will nicht den Blick eines Gottes [...], wir suchen etwas, das noch niemand gefunden hat: Gott als lebendigen Menschen" (ebd., 366). Der fiktive Rembrandt greift damit im Roman Paduras einen zentralen Erzählfaden auf, den er schon zuvor entfaltet hatte. In einer außergewöhnlich dichten Interpretation mit Blick auf das Bild ‚Die Pilger von Emmaus', einer Szene, der sich Rembrandt zeitlebens immer wieder zugewandt hatte, heißt es:

> Mich interessiert nicht die mystische Seite der Geschichte, sondern die menschliche. Sie ist unerschöpflich. [...] Jetzt möchte ich ganz normale Menschen darstellen, die der Gnade teilhaftig werden, den auferstandenen Sohn Gottes zu sehen, während dieser etwas ganz Gewöhnliches und Symbolisches tut: Er bricht das Brot, ein einfaches Brot, nicht das kosmische Symbol.
>
> *Leonardo Padura*, Ketzer, 353

Diese Suche nach Menschlichkeit wird in einer weiteren Szene konkretisiert:

> Mein Christus muss ein Mensch sein, der anderen Menschen sein Wesen durch eine alltägliche Geste offenbart, das bei Ihm jedoch zum Symbol der Eucharistie wird. Das Brot soll ein ganz gewöhnliches Brot sein und ganz gewöhnlich auch der Akt, es zu Beginn des Mahls zu brechen ... ohne Mystizismus, ohne Theatralik ... Menschlichkeit, das ist es, was ich will, Menschlichkeit.
>
> *Leonardo Padura*, Ketzer, 363

Mit der vierten Chance für den Einsatz im Unterricht oder in der Erwachsenenbildung werden erneut zentrale Fragen von Glauben und Theologie berührt und herausgefordert: Wer ist Jesus Christus *für mich*? Wie verläuft die Linie zwischen dem Menschen Jesus und dem ‚göttlichen Christus‘? Wie lässt sich die Beziehung zwischen diesen beiden in Sprache (und Bilder!) bringen? Und schließlich die notwendige Dimension der ‚Ketzerei‘, um gegenüber ständig wiederholten, festgeschriebenen Lehrformeln und Glaubensaussagen Kreativität, Verstehbarkeit und so Glaubwürdigkeit zu erreichen. Der Roman wird so zu einem inspirierenden Abenteuer, um zentrale Inhalte christlichen Denkens ungewohnt zu beleuchten und so neu zu gewinnen.

Das Grundthema des Ketzertums findet gerade in diesen zunächst ästhetischen, dann aber zutiefst christologischen Gedanken des fiktiven Rembrandt seine eigentliche Sinnmitte. Leonardo Padura, der agnostische Freidenker aus Kuba, wird auf großartige Weise zum ‚Fremdpropheten‘ dafür, dass jede Theologie, die christliche zumal, einen Freiraum für Gedanken und eben Ketzerei braucht, will sie denn Worte und Bilder finden, die zu den Menschen sprechen. Oder, wie es ein Rabbiner gegenüber dem als Ketzer verurteilten und vertriebenen Elias überlegt: „Ich glaube, wir Menschen dürfen einander nicht verurteilen, nur, weil die einen so denken und die anderen anders. Es gibt unantastbare Gesetze, das Gute und das Böse betreffend, doch es gibt im Leben auch viel Raum für das, was allein den Einzelnen etwas angeht. Darüber sollte er frei und nach eigenem Willen entscheiden können, denn es ist eine Frage zwischen ihm und Gott“ (*Padura*, Ketzer, 620).

16. In der Synagoge
„Beni und die Bat Mitzwa" von *Eva Lezzi*

Georg Langenhorst

Wie gesehen: Wenn vom Judentum literarisch die Rede ist, dann weiterhin häufig im Kontext von Pogromen, Vernichtungskatastrophen verschiedener historischer Epochen, vor allem aber der Shoa. Das gilt auch für den Bereich der Kinder- und Jugendliteratur. Ungezählt sind all die teils auf authentischen Erfahrungen beruhenden, teils rein fiktionalen Bücher über Anne Frank und Janusz Korczak, über das Leben und Sterben oder Überleben jüdischer Kinder und Jugendlicher in den Jahren zwischen 1933 und 1945 (vgl. *Langenhorst* 2016). Von der Shoa, von ihrer bis heute prägenden Geschichte immer wieder neu zu erzählen, gehört zu den grundsätzlichen Auseinandersetzungen gerade mit der deutschen Geschichte. Der Blick auf das Schicksal jüdischer Menschen in dieser Zeit kann und muss dazu verhelfen, die deutsche Geschichte auch aus der Perspektive dieser Opfer sehen zu lernen.

Aus religionspädagogischer Sicht zeichnen sich in der Konzentration auf die Shoa jedoch zwei Gefahren ab: Zunächst fördert diese Konzentration im Blick auf das Judentum ungewollt den Eindruck, das Judentum in Deutschland sei primär eine Dimension der *Vergangenheit*. Das für die nichtjüdische Mehrheit religiös und kulturell Fremde bleibt eben auch historisch fremd, rückt zumindest zeitlich nicht nahe. Zum Zweiten wird jedoch die Tendenz deutlich, das Judentum seiner spezifisch *religiösen Bedeutung* zu entkleiden. In weit verbreiteten Büchern wie *Myron Levoys* Bestseller „Der gelbe Vogel" (1977), aber auch in *Henning Pawels* „jüdischen Geschichten" mit dem Titel „Schapiro & Co" (1992) oder *Monika Helfers* und *Michael Köhlmeiers* Erzählung „Rosie und der Urgroßvater" (2010), um nur herausragende Beispiele zu benennen, bleibt die spezifisch religiöse Dimension fast unerwähnt.

1. Konzentration auf das heute bei uns gelebte Judentum

Einige neuere Kinder- und Jugendbücher setzen dagegen einen bewusst anderen Schwerpunkt, der gerade aus religionspädagogischer Perspektive besonders reizvoll wird. Ihnen geht es unter anderem um die explizite Sichtbarmachung des heute hier im deutschen Sprachraum gelebten Judentums, das sich zumindest auch religiös definiert. Ein ganz einfacher Grund für die Produktion dieser Bücher: Im deutschen Sprachraum lebende Jüdinnen und Juden machten die Beobachtung, dass für ihre eigenen Kinder keinerlei Bücher vorlagen, in denen ihre eigene Lebenswelt auch nur am Rand auftauchte. Die Gründung des in Berlin ansässigen Ariella-Verlags – hervorgetreten vor allem auch in der Publikation einer aufsehenerregenden ersten deutschsprachigen Kinder-Tora nach über 50 Jahren (vgl. *Langenhorst/Naurath* 2017) – verdankt sich unter anderem dieser Situation.

Darum also geht es: im deutschen Sprachraum lebenden jüdischen Kindern eine literarische Welt zu schaffen, in der ihre eigene Existenz sich widerspiegelt. Dass diese Bücher dann eine hervorragende Basis gerade auch für interkulturelles und interreligiöses Lernen stiften sollten, ergab und ergibt sich auf einer zweiten Ebene wie von selbst.

Die bislang eigenständigsten Beiträge zu dieser noch jungen Tradition zeitgenössischer deutsch-jüdischer Kinder- und Jugendbücher liefert die in Berlin lebende Judaistin und Literaturwissenschaftlerin *Eva Lezzi* zusammen mit der Fotografin *Anna Adam*. In drei Foto-Textbüchern folgen wir dem zunächst achtjährigen Beni und seiner Familie durch die sich anschließenden Kindheitsjahre: „Beni, Oma und das Geheimnis" (2010), „Chaos zu Pessach" (2012) sowie „Beni und die Bat Mitzwa" (2015). Inzwischen liegt eine Gesamtausgabe unter dem Titel „Beni-Bücher" (2015) vor. Geeignet für Kinder ab sechs Jahren nehmen sie uns hinein in das Leben des jüdischen Jungen Beni, der mitten im Alltagschaos einer westlichen Großstadt mit seiner realitätsnah und sympathisch dargestellten Familie lebt wie andere Kinder auch, nur eben als religiös praktizierender Jude. Die jüdischen Traditionen sind dieser Berliner – so wird es spätestens im dritten Band klar – Familie umso wichtiger, als die in derselben Stadt lebende Großmutter eine Überlebende der Shoa ist, und die Beachtung der Traditionen immer wieder einfordert.

Dabei ist die Familie – wie viele andere auch – ‚gemischtreligiös': Mutter, Tochter und Sohn sind jüdisch, der Vater nicht. Aus dieser Konstellation ergeben sich Spannungen, Spiegelungen und Anfragen in der Mischung aus Binnensicht und Außensicht auf die Religion, welche die Handlung vorantreiben. Beni findet hinein in die zentralen jüdischen Bräuche und Traditionen, erlebt bei den Großeltern einen klassisch zelebrierten Sab-

bat, feiert Pessach im Familienkreis, schildert im dritten Buch die Bat
Mitzwa seiner älteren Schwester Tabea. Durch seine Augen werden Kinder, Jugendliche und erwachsene Lesende mit hineingenommen in eine
Welt, die einerseits völlig alltäglich ist, sich andererseits aber eben doch
durch eine ganz eigene religiöse Prägung und historische Verwurzelung
auszeichnet, in welcher über das Schicksal der Oma die Shoa durchaus
mitthematisiert wird. Der Blick in die Vergangenheit steht aber nicht im
Mittelpunkt. Unaufdringlich wird all das lebendig, humorvoll – und
gänzlich ohne pädagogisch-didaktische Aufdringlichkeit – erzählt und
bebildert, was ein jüdisches Leben in Deutschland heute auszeichnen
kann.

Anna Adams collagierte Fotos bebildern diese Erzählungen nicht nur,
sondern schaffen in ihrer spielerischen Verfremdung vielmehr eine noch
einmal ganz eigene Vorstellungswelt. Die anspruchsvolle, witzige und
kreative Zusammenfügung von Text und Bild zeichnet diese drei in sich
als Serie (ab-)geschlossenen Bücher aus, der Eva Lezzi 2015 den eher für ein
frühjugendliches Lesepublikum geeigneten, das interreligiöse Miteinander thematisierenden Roman „Die Jagd nach dem Kidduschbecher" folgen ließ.

Auffällig: Wie in manchen jüdischen ‚Erwachsenen-Romanen' auch weisen die ‚Beni-Bücher' ein an die Erzählung angehängtes ausführliches
Glossar religiöser Fachbegriffe auf, das auf die bewusst verständnisför-
dernde Intention – für jüdische wie nicht-jüdische Lesende – schließen
lässt. Die bloße Notwendigkeit der Aufnahme von Glossaren verweist umgekehrt auf die vorgängige, bewusst einkalkulierte Erwartung von
Fremdheit und Andersartigkeit der erzählerisch präsentierten Welt.
Vom – auch religiös geprägten – Judentum kann man also heute im Kinderbuch ganz unterschiedlich erzählen: erinnerungsbezogen, ernst, alltäglich, witzig, heiter, humorvoll, verschmitzt, realistisch, verfremdet. In
den ‚Beni-Büchern' finden sich Elemente all dieser Erzählstrategien: Dass
dabei eine ‚fremde' Welt präsentiert wird, zeigt die Anfügung der Glos-
sare. Welche Signalwirkungen allein schon dadurch erfolgen, wäre eine
detaillierte Leserezeptionsstudie wert.

2. Beni und die Bat-Mitzwa

In vielen liberal- wie orthodox-jüdischen Synagogen-Gemeinden im deutschsprachigen Raum hat es sich eingebürgert, dass nicht nur zwölfjährige Jungen ihre Bar Mitzwa feiern, sondern auch Mädchen ihre Bat Mitzwa. Davon handelt dieses Buch. Die Vorbereitungen sind von großer Aufregung und mühsamen Planungen und Geschäftigkeiten geprägt. Beni findet all diesen Aufwand übertrieben. Die launische, heftig pubertierende Schwester mit ihrem Vorhaben, die anschließende Feier von einer Hip-Hop-Band gestalten zu lassen, die Hektik der Mutter: All das ist ihm eher lästig. „Ihm geht das ganze Getue echt auf die Nerven, und Zeit für ihn hat sowieso niemand mehr" (Lezzi, Beni und die Bat Mitzwa, 2). Anders die Mutter. Sie ist sich der außergewöhnlichen Bedeutung des Ereignisses bewusst. „Ich bin so stolz auf dich", erklärt sie ihrer Tochter. „Du bist das erste Mädchen aus der Familie, das Bat Mitzwa wird." An der erzählten Familiengeschichte wird so eine wichtige Entwicklung innerhalb des Diasporajudentums im späten 20. und 21. Jahrhundert deutlich. „Als ich so alt war wie du", fährt die Mutter fort, „durften Mädchen und Frauen in keiner Synagoge in Berlin aus der Tora vorlesen. Ich war sehr eifersüchtig auf meine Brüder, die mit allem Brimborium ihre Bar Mitzwa feiern durften" (ebd., 7).

Am Ende des Buches wird sich Beni mit der turbulenten Feier versöhnt haben, nicht zuletzt deshalb, weil er dort Sofie näherkommt, einem Mädchen für das er sich sehr interessiert. Didaktisch reizvoller als diese sich zart anbahnende Verliebtheitsgeschichte ist die Möglichkeit, mithilfe dieses Buches die Tradition einer Bat Mitzwa zu erschließen, gerade auch für Kinder, denen die Bräuche und Feste des Judentums kaum bekannt sind. Der zugleich fiktionale wie personal zentrierte Zugang bietet hier ganz eigene Möglichkeiten. Blicken wir auf die zentrale Episode:

In der Synagoge

Endlich ist es soweit. Die Synagoge ist bis auf den letzten Platz gefüllt. Mama blättert nervös im Siddur vor und zurück, und Papa überprüft immer wieder den Sitz seiner Krawatte und seiner Kippa. Oma wäre vor lauter Unruhe am liebsten hin und her gerannt, aber wenigstens kann sie die Gebete laut mitsprechen. Nur Opa sitzt steif und würdig da. Man muss ihn schon sehr genau kennen, um zu merken, wie blass er ist und wie unnatürlich häufig er sich räuspert.

Tabea trägt ihren neuen Tallit um die Schultern. Den Tallit haben Anne und Sue aus New York für sie mitgebracht. Er ist hauptsächlich weiß, wie die der anderen in der Synagoge, aber er hat bunte Streifen und ist wunderschön. Auch Tabeas rote Turnschuhe sind ein Geschenk von Anne und Sue. Mama findet sie zwar äußerst unpassend für die feierliche Zeremonie in der Synagoge und versteht ohnehin nicht, wieso Anne und Sue Tabea auch dieses Geschenk schon vor der Bat Mitzwa geben mussten. Jedenfalls hat sich Tabea mal wieder durchgesetzt und die Turnschuhe angezogen. Dennoch wirkt sie jetzt etwas verloren und ängstlich, und Beni hätte am liebsten ihre Hand gedrückt, doch er sitzt zu weit weg von ihr. Außerdem hätte er sich das sowieso nicht getraut.

Der Gottesdienst dauert ewig. Beni sucht in seiner zweisprachigen Bibel die Torastelle, die die Kantorin gerade auf Hebräisch lejnt, um sie in Deutsch mitzulesen. Papa will ihm die richtige Textpassage zeigen, aber auch er hat Mühe sich zurechtzufinden und schielt in Mamas Buch. Endlich findet Papa die Bibelstelle und Beni liest: „So wie die Wolke sich von dem Zelte erhob, dann erst brachen die Kinder Israels auf, und an der Stelle, an der die Wolke sich niederließ, dort lagerten sich die Kinder Israels." Welches Zelt? Welche Wolke? Immer wieder geht es um diese seltsame Wolke, um Aufbrechen und Ruhen und um die Befehle des Ewigen. Und endlich kapiert Beni: Klar, die Wanderung durch die Wüste Sinai ist gemeint nach dem Auszug der Juden aus Ägypten. Beni lässt seine Blicke wieder schweifen und entdeckt in einer der hinteren Reihen Sofie. Sofie? Wie kommt Sofie denn hierher? Ob sie wohl auch jüdisch ist?

Beni schreckt aus seinen Gedanken hoch, denn nun ruft der Rabbiner Oma und Opa zur Tora auf. Aufgeregt wirft sich Oma einen Tallit über die Schultern, den ein anderer Beter ihr überlässt, während Opa seinen Tallit enger an den Körper zieht. Gemeinsam steigen sie die drei Stufen hoch zur Bima. Opa lejnt eine Passage aus der Tora, und dann endlich bekommt auch Tabea ihre Alija. Sie wird so aufgerufen, wie sie es sich unbedingt gewünscht hat, nämlich als Tochter beider Elternteile, obwohl Papa nicht jüdisch ist: „Tabea, bat Ruth ve Thomas".

Tabea stellt sich vor die Tora in die Mitte der Männer und Frauen, die dort auf sie warten. Mit leicht zitternder Hand nimmt sie den Torazeiger, den Opa ihr lächelnd reicht. Auch ihre Stimme zittert, als sie die

Segenssprüche sagt. Aber beim Lesen ihrer Torastelle wird ihre Stimme immer kräftiger und schließlich liest Tabea laut und deutlich und es klingt, als ob sie singen würde: „Wa-tissager Mirjam mi-chuz la-machane schiw'at jamim we-ha-am lo nassa ad he'eassef Mirjam."

Tabea hat eine schöne Stimme, das muss sogar Beni zugeben. Sie lejnt perfekt – mindestens so gut wie die Kantorin auf ihrer CD. Opa steht neben Tabea und verfolgt ihre Lesung in einem Buch. Immer wieder nickt er anerkennend. Mama presst sich die Hand vor den Mund, und Papa legt seinen Arm um ihre Schultern, während Tabea unbeirrt weiter liest.

Später darf Tabea die Tora zum Aron haKodesch zurücktragen. Ihre Wange berührt dabei den samtigen Toramantel, und sie lächelt glücklich. Dann hält sie ihr Dwar Tora. Ob sie wieder gegen sämtliche Brüder schimpfen wird? Beni befürchtet das Schlimmste und zieht angespannt die Schultern hoch. Aber Tabea legt ihre Bibelstelle dieses Mal ganz anders aus.

„Ich glaube, dass meine Parascha zeigt, dass wir unsere Geschwister brauchen", erklärt sie. „Aaron fleht seinen Bruder Mosche an, der tödlich kranken Mirjam zu helfen, und dann schreit Mosche zu Gott: ‚O heile sie doch!' Und weil sich ihre beiden Brüder so sehr für sie einsetzen, wird Mirjam in nur sieben Tagen von ihrem Ausschlag geheilt. Und so bin auch ich meinem Bruder dankbar, der mir in schwierigen Situationen schon oft geholfen hat."

Tabea erzählt noch viel mehr. Sie redet über ihre Großeltern, die den Holocaust überlebt haben, aus dem Exil nach Berlin zurückgekehrt sind und jetzt miterleben, wie ihre Enkelin Bat Mitzwa wird. Und sie redet über die tanzende Mirjam, die Gott lobt und preist, indem sie tanzt und singt. Und über ihre Freunde, mit denen sie selber so gerne tanzt. Aber Beni kann gar nicht mehr richtig zuhören. Er schluckt und schluckt und ist fassungslos darüber, dass sich Tabea in aller Öffentlichkeit bei ihm bedankt hat.

Auf einmal wird es laut in der Synagoge, denn alle werfen Bonbons auf Tabea, die ihnen lachend ausweicht, und auch Beni wirft seine Bonbons nach vorn. Sie verpassen ihr Ziel und landen zwischen Omas Füßen. Die sammelt sie ein und steckt sich gleich eines in den Mund. Oma lacht und winkt Beni zu.

Später beim Kiddusch im festlich geschmückten Raum neben der Synagoge muss Tabea unentwegt Hände schütteln und in Kameras lächeln und kommt gar nicht dazu, etwas zu trinken oder zu essen. Nicht nur, dass Papas bester Freund Marco und alle anderen hundert Gruppen- und Familienfotos machen. Jeder will auch noch ein extra Bild mit Tabea: zuallererst natürlich Mama und Papa, dann Tabeas Freundinnen und Freunde, Oma und Opa, Onkel Micha mit seiner ganzen Familie, Papas Lieblingscousine Friederike aus Bayern mit ihrem Mann und den drei Kindern, Tante Marina und Opa Anton, Onkel Jakob und noch viel mehr Leute, die Beni gar nicht alle kennt. Bestimmt tun Tabea schon die Mundwinkel weh vor lauter lächeln. Wie sie es nur schafft, dabei immer so zu strahlen? Beni ist sicher, dass sie auf allen Fotos super aussieht, und nur er wird wieder ein schiefes Lächeln haben und blöd abstehende Haare. Auf einmal drückt ihm Anne eine Kamera in die Hand, denn jetzt soll Beni Fotos machen und zwar von Marco, Anne und Sue, die sich links und rechts bei ihm eingehängt haben. Es wird bestimmt ein lustiges Bild, denn Marco hat auf beiden Wangen rote Lippenstiftspuren.

Nach der Fotosession schnappt sich Beni eine Handvoll Nüsse und schlendert zu Robert. Der Arme hat eine eingegipste Hand, hält sich aber tapfer und gibt Beni ein paar letzte Tipps für den geplanten Sprung mit dem Skateboard.

Eva Lezzi, Beni und die Bat Mitzwa, 18–23

3. Didaktisch-methodische Perspektiven

Das für Lesende von 8 bis 13 Jahren bestens geeignete Buch sollte sicherlich als Ganzes im Unterricht präsentiert werden, vor allem auch in der Doppelanlage als Foto-Text-Buch. Die zentrale Episode bietet jedoch besondere Chancen für eine interreligiös sensible Annäherung an das Judentum. Grundsätzlich stellt das Buch das Judentum als selbstverständliche Lebenswirklichkeit heute hier bei uns vor, das ist sein erster zentraler Verdienst. Das Judentum wird weder auf seine Rolle in der Vergangenheit festgelegt noch mit dem Staat Israel identifiziert. Genau diesen Gefahren unterliegen schulische Unterrichtseinheiten viel zu oft.

Unter spezifisch religiöser Perspektive legt sich für christliche Lesende zunächst ein Vergleich an. Was prägt die christliche Feier von Erstkommunion, Firmung (oder Konfirmation)? Welche Zeremonien gibt es bei uns? Welche Bedeutung haben diese Feste für christliche Kinder und Jugendliche? Welche Feiertraditionen gibt es in den Familien? Vor dem Tableau dieser vorgängigen Selbstvergewisserung liest sich diese Szene (und das ganze Buch) umso spannender: Welche Elemente sind gleich oder vergleichbar? Was ist ganz anders? Welche – zunächst durch Unterstreichung oder farbliche Markierung hervorzuhebende – Begriffe sind unklar und bedürfen der Erklärung, die über das angehängte Glossar leicht erschließbar sind?

- *Siddur*, das jüdische Gebetbuch für Wochentage, Sabbat und einige Feiertage;
- *Kippa*, die traditionelle Kopfbedeckung;
- *Tallit*, der jüdische Gebetsschal;
- *lejnen*, das klassische Vorlesen aus der Tora;
- *Bima*, das Pult in der Synagoge, auf dem die Tora liegt, während aus ihr vorgelesen wird;
- *Alija*, der Aufruf zum Lesen aus der Tora;
- *Aron haKodesch*, der Toraschrein, in dem die Torarollen aufbewahrt werden;
- *Dwar Tora*, die öffentliche Auslegung einer Stelle aus der Tora;
- *Kiddusch*, der Segensspruch über den Becher Wein zu festlichen Anlässen;
- *Parascha*, der Wochenabschnitt aus der Tora.

Am besten klären je zwei Schülerinnen oder Schüler je einen Begriff und führen ihn dann in ein für die Klasse zu erstellendes Spezialwörterbuch ein.

Zudem können die aufgerufenen biblischen Textstellen betrachtet werden, die ja Beni zunächst genauso rätselhaft sind, wie sie es ‚unseren' Schülerinnen und Schülern sein werden. 4 Mose/Num 9 schildert die Wüstenwanderung des Volkes Israel: Über das heilige Zelt mit der Bundeslade legt sich eine Wolke, deren Bewegungen dem Volk den Weg weist. Leichter zugänglich wird ein Blick auf die im Textabschnitt ebenfalls benannte Prophetin Mirjam (2 Mose/Ex 15,20f.). So wie in Eva Lezzis Text wird Mirjam auch im christlichen Religionsunterricht explizit als weibliche Vorbildgestalt porträtiert. Der Verweis auf die Bestrafung für ihre ‚Auflehnung' (4 Mose/Num 12) gegen die Führungsrolle ihres Bruders Mose kann – in höheren Klassen – durchaus zu einer Problematisierung der Darstellung von Geschlechtsstereotypen in der Bibel herangezogen werden.

Ideal legt es sich nahe, die aufgerufenen biblischen Passagen in der neu herausgegebenen Kinder-Tora nachzulesen (*Liss/Landthaler*, Bd. 4, 2015, 45; 52f.). Hier werden die Anfänge der Leseabschnitte in hebräischer Sprache wiedergegeben, zudem hält sich der Aufbau der jeweiligen Seiten an die Ästhetik klassischer Tora-Kommentare. Spannend für Kinder zu sehen, dass eine Kinder-Tora so ähnlich, aber eben doch auch ganz anders aufgebaut ist als Kinderbibeln!

Eingebettet sollte die Betrachtung der zentralen Szene in die – angesichts des Textumfangs überschaubare – Lektüre des Buches als *Ganzschrift* sein. 30 Seiten, davon die Hälfte eben Foto-Collagen: Dieser Umfang prädestiniert das Buch für einen solchen Unterrichtseinsatz. Da sich reale Begegnungen von Kindern verschiedener Religionen erstens in der religionspädagogischen Alltagspraxis meistens nur schwer organisieren lassen und zweitens in ihrem didaktischen Sinn umstritten sind, bietet dieses Kinderbuch die ungewöhnliche Chance eines in aller medialen Gestaltung authentischen Lernens, das ästhetische Zugänge mit interreligiösen Perspektiven verbindet.

IX. Mystische Spiegelungen des Islam im Bild der Liebe

Mit der Einwanderung und dauerhaften Präsenz muslimischer Minderheiten ist in den letzten Jahrzehnten in den christlich-säkular geprägten Ländern West- und Mitteleuropas eine historisch neuartige Situation entstanden. Eine große Zahl von Muslimen lebt in nichtmuslimischen Staaten, wo sie Rechtssicherheit, Freizügigkeit und Toleranz genießen, wo sie ihre Religion frei praktizieren, aber auch ignorieren oder ablehnen können. Aus ‚Gastarbeitern' wurden Mitbürger, aus ‚Arbeitskräften' Nachbarn, aus ‚Zuwanderern' Einheimische. *Anders*gläubige werden zunehmend als Anders*gläubige* sichtbar. In Diskussionen um den Islam als dem heimisch gewordenem Fremden wird dabei ganz grundsätzlich das Verhältnis von Religion und Säkularität in unserer Gesellschaft neu ausgelotet. Diese Reflexionen hinterlassen auch im Bereich der Literatur erste Spuren.

Als Gastarbeiter-, Ausländer- oder Migrantenliteratur hielten die Feuilletons und die Literaturkritik die ersten literarischen Stimmen von muslimischen Einwanderern lange Zeit für ästhetisch weitgehend bedeutungslos. Seit den 1990er-Jahren wurden sie jedoch immer deutlicher als Teil der Gegenwartsliteratur sichtbar. Spannend: Erstmals überhaupt entwickelt sich nun also eine eigenständige ‚deutsch-muslimische Literatur'. Zahlenmäßig bilden die türkischstämmigen Zugewanderten die größte ethnische Minderheit in Deutschland. Kaum überraschend deshalb, dass gerade die *deutsch-türkische Dichtung* als wesentliches Feld deutsch-muslimischer Literatur wahrgenommen wird, auch wenn sich das Gesamtphänomen mit der Bezeichnung ‚türkisch' gerade nicht adäquat erfassen lässt. Die in der Hinführung zu diesem Buch benannte *Emine Sevgi Özdamar* (*1946) gilt als bekannteste Vertreterin jener Generation, die Mitte der 1960er-Jahre als Arbeitsmigranten und/oder politische Flüchtlinge ins Land kamen. Seit den 1990er-Jahren hat sich jedoch eine zweite, nun bereits in der Bundesrepublik sozialisierte Generation deutsch-türkischer Autorinnen und Autoren etabliert. Schriftsteller wie *Zafer Şenocak* (*1961) oder *Feridun Zaimoglu* (*1964) setzen sich in ihren Werken produktiv mit muslimischer Kultur, Religion und Spiritualität auseinander. Vor allem die Erzähler *Sherko Fatah* (*1964) und der Lyriker SAID (*1947) bringen darüber hinaus das spezifisch persisch-islamische Erbe in die Polyphonie literarischer Gegenwartsstimmen ein.

Wie im Blick auf die literarische Rezeption des Gegenwartsjudentums lassen sich auch hier zentrale Grundzüge und Porträts andernorts nachlesen (vgl. *Gellner/Langenhorst* 2013). Unser Blick gilt deshalb einerseits mit *Elif Shafak* (*1971) der profiliertesten, auch in Deutschland immer bekannter werdenden weiblichen Gegenwartsautorin der Türkei. Andererseits rückt ein neuerer Roman von *Navid Kermani* (*1967) in den Mittelpunkt, der zum einen gerade jugendliche Lesende besonders gut ansprechen kann und zum anderen einen Autor mit ins Spiel bringt, der wie kein anderer den aufgeklärten, gebildeten, dialogbereiten Islam in Deutschland verkörpert. Was beide Romane verbindet: einerseits die Konzentration auf das *mystische* Erbe des Islam, das als Gegenkraft gegen politische Verengungen heutiger Zeit betont wird; andererseits die literarischen Spiegelungen dieser islamischen Mystik im Bereich des *Eros*.

17. Von Sehnsucht gemeißelt
Elif Shafaks „Die vierzig Geheimnisse der Liebe"

Dirk Steinfort

Wenn Lesende den folgenden Abschnitt, der im Grunde den gesamten Verlauf des Buches in nuce zusammenfasst, lesen, sind sie schon mitten im komplex verschachtelten, auf mehreren Zeit- und Ortsebenen, mit verschiedenen Erzählern agierenden, packend spannenden und sprachlich wunderbar nuanciert erzählten Roman „Die vierzig Geheimnisse der Liebe" (2013) der türkischen Autorin *Elif Shafak* (*1971) angekommen. Die zitierte Passage ist das Vorwort eines ‚Romans im Roman', den der fiktive Aziz Zahara mit dem Titel ‚Süße Blasphemie' über Geschehnisse im Anatolien des dreizehnten Jahrhunderts verfasst hat und über den die Amerikanerin Ella Rubinstein nun ein Gutachten für einen Verlag zu erstellen hat. Eine sie und ihr Leben umwerfende Leseerfahrung, in der sie nicht nur begeistert in die Geschichte eintaucht, sondern in Kontakt und Austausch mit dem Autor gerät – eine Begegnung, die ihr eigenes Leben fundamental verändert.

Brodelnde religiöse Konflikte, politische Auseinandersetzungen, endlose Machtkämpfe – in Anatolien war das dreizehnte Jahrhundert eine unruhige Zeit. [...] Eine von unerhörtem Chaos geprägte Zeit, in der Christen gegen Christen, Christen gegen Moslems und Moslems gegen Moslems kämpften. Wohin man blickte, herrschten Feindschaft, Leid und große Angst vor dem, was als Nächstes am Horizont heraufziehen würde. Mitten in diesem Chaos lebte ein angesehener islamischer Gelehrter mit Namen Dschalal ad-Din Rumi. [...] Im Jahr 1244 lernte Rumi Schams kennen, einen Wanderderwisch mit unkonventionellem Gebaren, der ketzerische Reden schwang. Dieses Zusammentreffen veränderte das Leben beider Männer. [...] Die Begegnung mit diesem außergewöhnlichen Gefährten ließ den orthodoxen Geistlichen Rumi zum leidenschaftlichen Mystiker und Dichter werden, zum Fürsprecher der Liebe und Urheber des ekstatischen Tanzes der kreisenden Derwische und zu einem Mann, der es wagte, sich über alle geltenden Regeln hinwegzusetzen. In einem Zeitalter tief verwurzelten religiösen Eifers und Streits stand er für eine universelle Spiritualität und lieh Menschen jedweder Herkunft ein Ohr. [...] Doch diese Gedanken wurden nicht von allen gutgeheißen, so wie ja auch nicht alle Menschen der Liebe ihr Herz öffnen. Das starke geistige Band zwischen Schams und Rumi wurde zum Ziel von Gerüchten, von Verleumdung und Angriffen. Die beiden Männer wurden missverstanden, beneidet, verunglimpft und schließlich von denen, die ihnen am nächsten standen, verraten. Drei Jahre nach ihrer ersten Begegnung wurden sie auf tragische Weise getrennt. Doch das ist noch nicht das Ende der Geschichte. Denn in Wahrheit hörte sie nie auf. Heute, fast achthundert Jahre später, ist der Geist von Schams und Rumi noch immer lebendig und umweht uns alle ...

Elif Shafak, Die vierzig Geheimnisse der Liebe, 31f.

1. Erzählkonstellationen

Im Roman von Elif Shafak bilden die (Lese-)Erlebnisse der Verlagslektorin Ella Rubinstein die Rahmenhandlung und bieten zugleich eine die inhaltlichen Fragen und Themen nochmals beleuchtende Spiegelebene, die das Geschehen des ‚fernen dreizehnten Jahrhunderts‘ auf eigene Weise mit der Gegenwart verbindet. Rein figurentechnisch betrachtet konstruiert Elif Shafak erzählerisch glaubwürdig einmal mehr die Begegnung der kulturell westlich-abendländisch sozialisierten Frau mit dem östlich muslimisch-mystisch geprägten Mann als sich entwickelnde Liebesgeschichte.

Was hier schon relativ kompliziert klingt, wird im Roman selbst nochmals gesteigert, da Zahara/Shafak die mittelalterliche Geschichte von zahlreichen in die Handlung verwickelten Akteuren erzählen lässt, mithin also eine zunächst klassisch wirkende Erzählweise durch multiperspektivische Autorenschaft verrätselt und die Handlung so vielfach komplex spiegelt. Nach der eigenen literarischen Verortung befragt, gibt Elif Shafak substanzielle Einblicke in ihre Poetologie. Ihren ästhetischen Ausgangspunkt sieht sie, trotz ihrer wissenschaftlichen Tätigkeit, kaum theoretisch, vielmehr definiert sie ihren Schöpfungsakt als intuitiv. Sie sagt in einem im Internet eingestellten Gespräch mit der Turkologin und Verlegerin *Beatrix Caner*:

Für mich ist der Roman eine Ordnung, die aus dem Chaos entsteht, entstehen kann. Eine vom Chaos genährte Ordnung oder auf Todesangst gründende Lebensgier oder aber das Bewusstsein vom Nichts, das in der Lebens- und Schöpfungssehnsucht mündet. Kurz gesagt, Gegensätze motivieren mich zu Taten. Gegensätze in mir, Gegensätze im Leben ...

Ich denke, dass hinter meinem Entschluss, den Roman als Gattung zu wählen, der ‚Wunsch, die Gegensätze zum Ausdruck zu bringen und die Sprache in ihre Gegensätze zu zerlegen‘, steckt. Obwohl meine Romane sich sprachlich, strukturell und inhaltlich unterscheiden, sind sie von der gleichen Sehnsucht gemeißelt. Deshalb schreibe ich mosaikhafte, verästelte und vielstimmige Romane. Romane, die nicht von einer einzig gültigen, absoluten Wahrheit ausgehen. Mein Weg unterscheidet sich von der Tradition der Autoren mit dem Vaterstatus und den zähflüssigen Romanen.

http://www.literaturca.de/html/elif_shafak1.htm, zuletzt abgerufen am 7. März 2017

Elif Shafak verlangt viel von ihren Leserinnen und Lesern, lässt eine Vielzahl von Personen zu Wort kommen, etwa einen Novizen in der Schule der Derwische, eine Hure, die mit Schams Hilfe dem Bordell entkommt, einen religiösen Eiferer, der den Sufismus verabscheut, Rumis Frau und seine Söhne, von denen einer an Schams‘ Ermordung beteiligt sein wird, und nicht zuletzt Rumi und Schams selbst: Die vielen Figuren mit ihren jeweiligen Handlungs- und Entwicklungssträngen, der ständige Perspektivenwechsel, Zeitsprünge hin und her sowie dieser Chor an unterschiedlichen Erzählerstimmen fordern von den Lesenden hohe Konzentration und Aufmerksamkeit. Der Roman beschenkt allerdings nicht nur mit einer außergewöhnlich fesselnden Handlung, sondern auch mit (auch in der Übersetzung!) Passagen von hoher poetischer Schönheit.

Ein wundervoller Roman, der die Lesenden reich beschenkt ins eigene Leben entlässt, bereichert etwa um Weisheiten wie dieser: „Mach dir keine Gedanken über den Weg, sondern widme dich dem ersten Schritt. Er ist das Schwierigste, nur von dir hängt er ab. Sobald der erste Schritt getan ist, lass alles geschehen, wie es geschieht, dann wird sich der Rest ergeben. Schwimm nicht mit dem Strom – sei der Strom!“ (*Shafak*, Die vierzig Geheimnisse der Liebe, 200). Das Buch präsentiert sich als eine Mischung aus historischem Roman, den Märchen aus „Tausendundeiner

Nacht" und Lehrstück zu einem *Islam, der die Liebe in den Mittelpunkt stellt*. Was sich hier komplex anhört, ist in sich ein sehr stimmig konstruierter und vor allem immer wieder wunderschön geschriebener Roman, der einen in jedem der Handlungsstränge auf das eigene Leben und den eigenen Glauben, auf die eigene Sehnsucht und die zuweilen fehlende Konsequenz hinweist und dazu mahnt, der Stimme seines Herzens zu folgen. Denn, wie Aziz Zahara einmal in einem Brief an Ella schreibt:

> Genau wie im Mittelalter explodiert das Interesse an der Spiritualität heute geradezu. Immer mehr Menschen im Westen versuchen sich inmitten ihres geschäftigen Lebens einen Raum für die Spiritualität zu schaffen. [...] Spiritualität ist nicht einfach eine neue Sauce für das gleiche alte Gericht. Sie lässt sich unserem Leben nicht hinzufügen, ohne dass das Leben tiefgreifende Veränderungen erfährt.

Elif Shafak, Die vierzig Geheimnisse der Liebe, 216

Dass es Elif Shafak dabei dennoch gelingt, den verschachtelten Roman so faszinierend vielfältig und nachvollziehbar zugleich zu erzählen, liegt – neben einigen formalen Gestaltungselementen – an ihrem schriftstellerischen Vermögen, das die Höhe der komplexen Handlungsverläufe mitsamt einem sprachlichen Nuancenreichtum jederzeit wahren kann. Eine erste Möglichkeit für den Einsatz dieses Romans im Unterricht oder in der Erwachsenenbildung zeigt sich also im *Entschlüsseln der verschiedenen Handlungs- und Erzählebenen* des Romans: Wie gelingt es der Autorin, die verschiedenen Zeiten und Orte so miteinander zu verknüpfen, dass sie einerseits unangestrengt und überzeugend ineinandergreifen, dass sie sich andererseits wechselseitig erhellen, erschließen oder auch befragen? So werden nicht zuletzt Lernerfahrungen ermöglicht, die über konkrete Daten, Fakten und Geschichtsverläufe hinaus auch verstehen lassen, *wie* die Autorin solches schafft.
Wer sich auf Shafaks Erzählkosmos einlässt, wird immer wieder neue Verbindungen und Zusammenhänge zwischen den Geschichten, Begebenheiten und Figuren entdecken. Denn die wechselseitig verschränkten Handlungsebenen sind vielfach aufeinander bezogen und haben Einfluss auf den jeweiligen Fortgang und das lesende Verstehen. Shafaks Roman ist damit auf der Höhe der postmodernen Erzählkunst und öffnet dem Lesenden bei der zweiten Lektüre nochmals in anderer Weise die Augen

für die tiefen Ströme und Vernetzungen zwischen den einzelnen Romanebenen. Wie Shafak selbst im Roman schreibt: „Plötzlich sind Wörter
wertvoller als je zuvor. Die ganze Welt verwandelt sich in eine leere Lein-
wand, auf die etwas geschrieben werden muss" (ebd., 469).

2. Handlungslinien

Elif Shafak, geboren 1971 in Straßburg als Tochter türkischer Eltern, verbrachte weite Teile ihrer Kinder- und Jugendjahre in Spanien, bevor sie in
die Türkei zurückkehrte, um in Ankara Kommunikationswissenschaf-
ten zu studieren und dort einen Magistertitel am Fachbereich für Frauen-
und Genderstudien zu erwerben. In ihrer Dissertation an der Fakultät für
Politikwissenschaft setzt sich Shafak von der aufklärerisch-belehrenden
türkischen Moderne ab. In zwischenzeitlich zahlreichen literarischen
Werken, mit denen sie sich weltweit Anerkennung erwarb, für die sie in
der Türkei jedoch auch angegriffen wurde, entwarf sie an Walter Benjamin, Marcel Proust und vor allem an dem Dichter, Lyriker und genialen
Künstler *Ahmet Hamdi Tanpinar* (1901–1962) geschulte Gegenmodelle, die
sie aber durch oft kosmopolitisch angelegte Handlungsstränge erheblich
zu weiten versteht. Von ihren zahlreichen, international vielfach übersetzten und rezipierten Romanen seien hier besonders „Die Heilige des
nahenden Irrsinns" (2004), „Der Bastard von Istanbul" (2006), „Ehre"
(2012) sowie „Der Geruch des Paradieses" (2016) genannt. Shafak lehrt
mittlerweile an der Universität von Arizona Frauen- und Genderstudien
und lebt mit ihrem Mann und zwei Kindern in London und Istanbul.
Im Folgenden wird zunächst die Handlung des Buches „Die vierzig Geheimnisse der Liebe" skizziert, anschließend werden anhand zentraler
Passagen Spuren und Spiegelungen der Fragen von Gott und Mensch dargestellt, um abschließend den grundsätzlichen Bogen, die Spannung von
Mystik und Religion, von Institution und Charisma, von Tradition und
Aufbruch anhand dieses Romans zu beleuchten.

2.1 Erster Kreis: Ein Roman mit Roman im Roman

Die ersten Sätze des Buches lauten: „Bewirkst du etwas, wenn du einen
Stein in ein fließendes Gewässer wirfst? Es ist schwer zu erkennen. Dort,
wo er die Oberfläche durchbricht, beginnt sich das Wasser zu kräuseln;
dann ertönt ein platschendes Geräusch, das gedämpft wird vom Rau-

schen des Flusses. Mehr nicht. [...] Fällt der Stein jedoch in einen See, dann wird der See nie mehr so sein wie zuvor" (*Shafak*, Die vierzig Geheimnisse der Liebe, 7). Ella Rubinstein ist Ehefrau und Mutter, sie lebt in wohlgeordneten Verhältnissen mit gut verdienendem Mann, drei prächtigen Kindern und einem lebhaften Freundeskreis. Und doch heißt es gegen Ende des Prologs: „Weshalb sich niemand, auch Ella selbst nicht, erklären konnte, warum sie im Herbst 2008 nach zwanzig Jahren Ehe die Scheidung einreichte" (ebd., 10).

Denn alles wäre so weitergegangen, wäre da nicht ihr neuer Job bei einer Literaturagentur, in deren Auftrag sie ein Gutachten zu einem Manuskript erstellt. Ella ist fasziniert von dem Buch, sie kontaktiert den Autor Aziz Zahara, bald telefonieren sie und verlieben sich. Insofern ist „Die vierzig Geheimnisse der Liebe" auch ein Buch über die Auswirkungen, die Bücher und das Lesen im Leben haben können. Und allein wie raffiniert und poetisch dieser Prolog geschrieben ist, fasziniert und nimmt die Lesenden gefangen. Der letzte Satz des Prologs schlägt den Bogen zum Bild des Anfangs: „Die Liebe überfiel Ella so plötzlich und mit solch einer Wucht, als hätte jemand aus dem Nichts heraus einen Stein in den stillen Teich ihres Lebens geschleudert" (ebd., 10).

Da ist auf einer ersten, äußeren Ebene zunächst also Ella, die als Lektorin einen Roman von Aziz Zahara liest. Trotz dessen Ansiedlung im 13. Jahrhundert scheint ihr der Roman immer mehr eine Spiegelung der eigenen Geschichte zu sein. Dieser Roman, der nun versatzstückartig in immer wieder eingestreuten Kapiteln integriert wird, erzählt vom Sufi-Mystiker Schams-e Tabrizi, seiner Begegnung und Freundschaft zum Prediger Rumi, der durch ebendiese Begegnung und den Austausch zum Verfassen seiner intensivsten Liebeslyrik inspiriert wird. *Dschalal ad-Din Rumi* (1207– 1273) gilt als der größte Mystiker und einer der wichtigsten Dichter in der islamischen Geschichte. Rumis Hauptwerk „Mathnawi" enthält mit seinen rund 27.000 Doppelversen die gesamte Tradition der islamischen Mystik im Mittelalter und wird bis heute in tiefer Verehrung als ‚Koran in persischer Sprache' bezeichnet. Und aus ebensolcher Verehrung gab man Rumi zu Lebzeiten den Beinamen ‚Maulana' (unser Meister).

Über die historisch belegte Freundschaft zwischen Schams und Rumi schreibt also der fiktive Aziz seinen Roman, dessen Titel allerdings bereits den immensen Sprengstoff andeutet: „Süße Blasphemie". In diesem ‚Roman im Roman' geht es um Gottes- und Menschenliebe, um religiöse

Regeln und Moral und um die Sehnsucht der Menschen nach Freiheit und Lebenssinn. Und um den Konflikt, der entsteht, wenn Menschen sich konsequent auf den Weg der Liebe begeben, der Stimme ihres Herzens folgen und aus Systemen politischer, gesellschaftlicher oder auch religiöser Art ausbrechen. Auf einer zweiten Ebene also liefert Elif Shafak einen lebendigen Einblick in das Entstehen jener im Westen weithin unbekannten *islamischen Mystik* und ihrer wunderbaren Dichtung im Mittelalter, die sich gegen die dogmatische Enge der institutionell verfassten Religionshüter behaupten muss, wird sie doch als gefährliche, den Menschen und die Liebe über die Normen und Gesetze stellende Macht wahrgenommen. Eine zweite didaktische Chance liegt so in der fächerübergreifenden Möglichkeit, die Welten des Romans in der Begegnung mit den Sachinformationen anderer Fächer (hier also etwa Religions- und Kirchengeschichte, das Entstehen und die Entfaltung verschiedener Ströme der Mystik, ihr Einfluss auf Kunst und Literatur) zu bereichern und zu untermauern.

2.2 Zweiter Kreis: Ein Roman voll mystischer Spuren Gottes

„Die vierzig Geheimnisse der Liebe" lassen sich auf verschiedenen Handlungsebenen lesen, die sich wechselseitig erhellen und erschließen. Vor allem drei Ebenen sind es, die dabei augenfällig sind und zugleich konzentrische Kreise bilden: die Situation der Lektorin Ella, die den Roman „Süße Blasphemie" liest und ihr Leben ändert; der Roman des fiktiven Autors Aziz Zahara, der die Geschichte des Mystikers Rumi und des Derwischs Schams erzählt; Gedichte und Sinnsprüche von Rumi, die immer wieder in die verschiedenen Ebenen eingebaut werden. Dabei werden verschiedene Spuren und Spiegelungen der Fragen von Gott und Mensch eingestreut, die sich linear fortschreiben und so immer tiefer dringen.

Um den Entwurf des Romans aufzugreifen, ergibt sich für ihn eine Lesart entlang der ‚Vierzig Regeln' (so der englische Originaltitel des Romans), die verschiedene Sichtweisen auf Bilder Gottes, auf den Menschen, sein Leben und Glauben und die Beziehung zueinander ermöglicht. Allein schon die Vielzahl grundverschiedener Bilder und Deutungen verrät, dass Elif Shafak fernab jeder dogmatischen Engführung oder gar katechetischer Eindimensionalität die Weite und Vielgestaltigkeit der Wirklichkeit Gottes eher zu umkreisen, zu umspielen und zu illustrieren versucht, als diese zu definieren und zu begrenzen. Von daher ist für sie auch die Mystik der natürliche Brunnen, aus dem reichlich geschöpft werden kann – und Dichtung, Poesie und Roman viel eher das literarische ‚Genre‘, um sich Gott angemessen und durchaus respektvoll zu nähern. Zumal nach Shafak gilt: Ein „Mensch, der keine Zeit für Geschichten hat, hat keine Zeit für Gott. Weißt du nicht, dass Gott der beste Geschichtenerzähler ist?“ (*Shafak*, Die vierzig Geheimnisse der Liebe, 400).

Schaut man sich die entsprechenden Passagen an, so lässt sich en gros ein Horizont der Frage nach der Wirklichkeit Gottes benennen, der sich vor allem durch starke Bildsprache, große Offenheit und gelassene Weite auszeichnet. Insofern ist die Mystik, wie sie Elif Shafak in ihrem Roman transportiert, zuerst und zuletzt eine *Schule der Toleranz*, der Zurücknahme jeder selbst- und gottesgewisser Behauptungen und des Respekts vor den jeweiligen stammelnden Versuchen anderer Menschen, Religionen und Kulturen: „Die Liebe Gottes, musst du wissen, ist ein unendlicher Ozean, aus dem die Menschen so viel Wasser wie möglich schöpfen wollen. Doch letztlich hängt die Menge des Wassers, das wir bekommen, von der Größe unserer Gefäße ab. Manche haben Fässer, andere Eimer, einige aber haben nur Schalen“ (ebd., 231).

Weiterhin sind der Glaube und erst recht die ausformulierte Rede von Gott eminent mit dem eigenen Leben, den gemachten Erfahrungen und dem derart geprägten Hintergrund verbunden, ohne diese nicht verstehbar und von diesen abgesehen nicht oder nur sehr bedingt übertragbar:

> Jeder Mensch sucht das Göttliche auf seine eigene Weise. Es gibt da eine Regel: Wir wurden alle nach seinem Bilde geschaffen und doch jeder anders und einzig. Keine zwei Menschen auf der Welt sind gleich. Keine zwei Herzen schlagen im selben Rhythmus. Wenn Gott alle Menschen gleich gewollt hätte, hätte er sie so erschaffen. Wer Unterschiede missachtet und anderen seine Meinung aufzwingt, tut deshalb nichts anderes, als Gottes heiligen Plan zu missachten.
>
> *Elif Shafak*, Die vierzig Geheimnisse der Liebe, 206

Schließlich ist die Beziehung zu Gott und Glaube vor allem ein Geschehen des Herzens und erst danach der gedanklich-sprachliche, zuweilen paradox hilflose Versuch, diese Erfahrungen tastend adäquat einzuholen:

- „Der Weg zur Wahrheit ist eine Arbeit des Herzens, nicht des Kopfes. Mach dein Herz, nicht deine Gedanken zu deinem wichtigsten Führer!“ (ebd., 61f.).

- „Er kann zwar nicht gefunden werden, indem man Ihn sucht, aber nur die Ihn suchen, können Ihn finden" (ebd., 73).
- „Jeder Mensch ist ein offenes Buch, jeder Einzelne von uns ein wandelnder Koran. Die Suche nach Gott wurzelt in unser aller Herzen, ganz gleich, ob Prostituierte oder Heilige. Vom Augenblick unserer Geburt an wohnt in jedem von uns die Liebe und wartet seither darauf, entdeckt zu werden. [...] Wenn du dich selbst gut kennenlernst und deine dunklen wie deine hellen Seiten ehrlich und unerbittlich betrachtest, erreichst du die höchste Form des Bewusstseins. Ein Mensch, der sich selbst kennt, kennt Gott" (ebd., 162f.).

Es ist unverkennbar, dass die Möglichkeit der Gotteserfahrung vom Innersten eines jeden einzelnen Menschen abhängig ist. Damit wird jede Eindeutigkeit und geradlinige Bestimmbarkeit Gottes per se unmöglich gemacht – ein Grund, warum lehramtliche Institutionen quer durch alle Kulturen und Religionen der Mystik seit Jahrhunderten misstrauten und versuchten, ihre Weite einzugrenzen und so ihr Spiel auf ein klar begrenztes Feld zurückzuholen. Die Mystik anderseits wird nicht darin nachlassen, die Freiheit des einzelnen Menschen in seiner Suche nach Gott und die individualistische Begegnung zwischen Mensch und Gott als unhintergehbare Voraussetzung jeden Glaubens wachzuhalten:

Spirituelles Wachstum besteht nicht darin, sich zwanghaft mit einzelnen Seiten auseinanderzusetzen, sondern betrifft die Gesamtheit unseres Bewusstseins. [...] Nichts soll zwischen dir und Gott stehen. Keine Imame, keine Priester, Rabbis oder sonstigen Religionsführer und Wächter der Moral. Keine spirituellen Meister, ja nicht einmal dein Glaube. Sei überzeugt von deinen Werten und deinen Geboten, aber zwinge sie nie einem anderen auf. Eine religiöse Pflicht, mit deren Erfüllung man anderen das Herz bricht, ist unrecht. Halte dich fern von jeder Form der Götzenverehrung, denn sie trübt den Verstand. [...] Lerne die Wahrheit kennen, [...] aber sorge dafür, dass deine Wahrheiten dir nicht zum Fetisch werden.
Elif Shafak, Die vierzig Geheimnisse der Liebe, 358f.

Gerade die letzten Formulierungen zeigen, dass Rumis Mystik, wie sie Elif Shafak verdichtet, nicht nur die individuelle Freiheit vor jeder institutionellen Bevormundung in Schutz nimmt, sondern zugleich auch selbst gemachte Bilder und Sicherheiten eigenen Glaubens stets zurücknimmt und vor der Überhöhung bewahrt. Die islamische Mystik schlägt in besonderer Weise den Weg nach innen ein, und manches von dem, was viel spätere europäische Texte als individuelle Freiheit der Person zusprechen, ahnen die Texte der islamischen Mystik voraus: als pantheistische Vereinigung des Menschlichen mit dem Göttlichen, als gesellschaftlich sperriges, der politischen Religion nicht verfügbares Beharren auf einem individuellen, unvermittelten Zugang zur Wahrheit, als stammelndes Hindeuten auf das nicht mehr Sagbare.

Du kannst Gott anhand von allem und jedem im Universum betrachten, denn Gott ist nicht auf eine Moschee, eine Synagoge oder eine Kirche begrenzt. Doch wenn du immer noch glaubst, wissen zu müssen, wo genau Er ist, kannst du Ihn nur an einem einzigen Ort finden: im Herzen eines wahrhaft Liebenden. Niemand hat Ihn gesehen und danach weitergelebt, so wie niemand gestorben ist, nachdem er Ihn gesehen hatte. Wer Ihn findet, bleibt für immer bei Ihm.

Elif Shafak, Die vierzig Geheimnisse der Liebe, 88

Eine dritte pädagogische Perspektive stellt also das Kennenlernen verschiedener Ströme der Mystik in den Weltreligionen dar, verbunden mit einem Blick auf ihren Einfluss auf Kunst und Literatur sowie einer Diskussion ihrer Herausforderung für die institutionell verfassten Religionen und die Auseinandersetzung mit diesen.

2.3 Dritter Kreis: Elif Shafak, Rumi und die Mystik

So wie Shafak in ihrem Roman deutliche Parallelen zwischen den unterschiedlichen Zeiten und dem vermeintlich fernen Spiegel des Mittelalters zu unserer Zeit sieht, wird auch eine intensive Verwandtschaft von Islam, Judentum und Christentum, ihren jeweiligen mystischen Strömungen und den Reaktionen der institutionell verfassten Religionen auf diese thematisiert. In besonders verdichteter Weise legt Shafak die Dimension einer solch religionslosen, besser eine die konkreten Religionen übersteigenden Mystik an einem zentralen Wendepunkt der Handlung Rumi selbst in den Mund: „Ich bin nicht Christ, nicht Jude und nicht Moslem, nicht Hindu, Buddhist, Sufi oder Anhänger des Zen. Ich folge keiner Religion, keiner Kultur. Ich bin weder vom Osten noch vom Westen [...] Mein Ort ist ortlos, Spur des Spurlosen" (Shafak, Die vierzig Geheimnisse der Liebe, 269).

Aber nicht nur in der expliziten Handlung des Romans, der (im inneren Handlungsstrang) mit dem Mord am – aus Sicht des Systems – Unordnung stiftenden Derwisch endet, auch in verschiedenen verbalen Reaktionen in Diskussionen unter den Protagonisten zeigt Shafak, inwiefern und mit welchen Gründen sich die Hüter und Wahrer der Institution zur Wehr setzen:

> Ihr Sufis macht alles viel zu kompliziert, genau wie die Dichter und Philosophen! Warum so viele Worte? Menschen sind einfache Wesen mit einfachen Bedürfnissen. Den Herrschern obliegt es, diese Bedürfnisse zu stillen und dafür zu sorgen, dass die Menschen nicht auf Irrwege geraten.
>
> *Elif Shafak*, Die vierzig Geheimnisse der Liebe, 75

> Die Sufis behaupten gar, die Scharia sei nur eine Stufe innerhalb einer Entwicklung. [...] Und als wäre das nicht schon erschreckend genug, sagen sie obendrein, ein erleuchteter Mensch könne nicht an die Regeln früherer Stufen gefesselt bleiben. [...] Sie predigen, jeder Mensch dürfe sich auf seine eigene Suche nach Gott machen, da es im Islam keine Hierarchie gebe. [...] Manche Sufis behaupten gar, die Menschen seien der sprechende Koran. Wenn das nicht reine Blasphemie ist, dann weiß ich es nicht! [...]Unsere Aufgabe besteht nicht darin, die Lehre Gottes zu deuten, sondern sie zu befolgen.
>
> *Elif Shafak*, Die vierzig Geheimnisse der Liebe, 221–223

> Gott will aber, dass wir eindeutig sind. Sonst gäbe es die Begriffe ,halal' und ,haram' gar nicht. Es gäbe keinen Himmel und keine Hölle. Stell dir nur vor, man könnte die Menschen nicht mit der Hölle ängstigen und mit dem Himmel ermutigen! Dann ginge es sehr viel schlimmer zu auf der Welt.
>
> *Elif Shafak*, Die vierzig Geheimnisse der Liebe, 326

Eine letzte Möglichkeit für den Einsatz des Romans und der von ihm aus eröffneten Welten stellt angesichts derartiger Passagen das Aufgreifen einer zunächst philosophisch-ethischen, dann aber vor allem existenziell bedrängenden Spannung dar: die der Herausforderung und Auseinandersetzung zwischen Mystik und Macht, Charisma und Amt, Tradition und Reform, starrer Glaubensregeln und Forderungen eines lebendigen Glaubens.

Die Antwort der Mystik auf all diese Vorwürfe, Anfragen und Grenzziehungen, die im Tonfall und in ihrer Konsequenz an Dostojewskis Großinquisitor erinnern, ist ruhig, klar und – zutiefst menschlich:

> Ist Gott für diese Leute ein Krämer, der unsere Tugenden und unsere Missetaten auf zwei Waagen wiegt? Ist er ein Schreiber, der unsere Sünden haargenau in Sein Geschäftsbuch einträgt, damit wir Ihm dereinst zurückzahlen? Ist das ihre Vorstellung vom Einssein? Weder ein Krämer noch ein Schreiber ist mein Gott, Er ist ein herrlicher Gott. Ein lebender Gott! Was sollte ich mit einem toten Gott? Er lebt!
>
> *Elif Shafak*, Die vierzig Geheimnisse der Liebe, 266

Mit diesem fulminanten Ausruf positioniert sich der Schams-e Tabrizi im Roman Elif Shafaks in Gestus und Stoßrichtung nahe bei der Frohbotschaft des Juden Jesus von Nazaret – der seinerseits auch eine Bedrohung von Establishment und religiösen Systemen darstellte und ausgeschaltet wurde. Ein Schicksal, wie es im Roman auch Schams erleidet, das er auch in Bereitschaft, mit Vertrauen und Gelassenheit annehmen kann:

> Gott ist ein sorgfältiger Uhrmacher. Seine Ordnung ist so vollkommen, dass alles auf der Welt genau zu Seiner Zeit geschieht, keine Minute zu spät und keine Minute zu früh. Und Seine Uhr geht für ausnahmslos jeden Menschen ganz genau. Für jeden gibt es eine Zeit zu lieben und eine Zeit zu sterben
>
> *Elif Shafak*, Die vierzig Geheimnisse der Liebe, 481

18. „... daß man tatsächlich etwas anderes sein kann als immer nur ich"
Religion und Eros in *Navid Kermanis* „Große Liebe"

Christoph Gellner

„Das erste Mal hat er mit fünfzehn geliebt und seither nie wieder so groß. Sie war die Schönste auf dem Schulhof, stand in der Raucherecke oft nur zwei oder drei Schritte entfernt, ohne ihn zu beachten" (*Kermani,* Große Liebe, 2). In seinem autobiografisch-essayistischen Adoleszenzroman „Große Liebe" (2014) vergegenwärtigt *Navid Kermani,* 1967 in Siegen als vierter Sohn iranischer Einwanderer geboren, eine Schulhofromanze Anfang der 1980er-Jahre in einer protestantisch-pietistisch geprägten Provinzstadt in Westdeutschland. In hundert Kapiteln, die anstelle der faktisch 224 Seiten den Roman strukturieren, ruft der 45-jährige Icherzähler die dreißig Jahre zurückliegende Pubertätspassion in Erinnerung. So wird die titelgebende „Große Liebe" in hundert Tagen erzählt, auch wenn sie nicht einmal eine Woche dauerte, „gerechnet vom ersten Kuß bis zur Trennung, sein Trennungsschmerz natürlich länger, in gewisser Weise bis heute, sonst würde ich nicht unsere Geschichte erzählen" (ebd., 38). Wie nebenbei zeichnet Kermani ein luzides Zeitporträt der unterdessen ferngerückten bewegten Epoche der Massenproteste gegen NATO-Doppelbeschluss und atomare Aufrüstung, die wenigstens „eines nicht war: nämlich cool und ironisch" (ebd., 41) wie die folgenden Jahre, in denen man von diesen Aufbrüchen nichts mehr wissen wollte.

Wie schon Kermanis 1200-seitiger Riesentagebuchroman „Dein Name" (2011), der seine kosmopolitische Kölner Gegenwart als umtriebiger ‚Berufsmuslim' und ‚Krisenregionsexperte' mit der Vergangenheit seiner Vorfahren aus Isfahan verbindet (vgl. *Gellner/Langenhorst* 2013, 307–330), spielt auch dieses Buch immer wieder mit den Lesenden, indem es suggeriert, eine autobiografische Reflexion zu sein, zugleich jedoch falsche Fährten legt, was Übereinstimmungen zwischen realem Autor und fiktivem Icherzähler betrifft. Als Verfasser hochgelobter islamisch-theologischer Studien „Gott ist schön. Das ästhetische Erleben des Koran" (1999) und „Der Schrecken Gottes. Attar, Hiob und die metaphysische Revolte" (2005) wie als eigenwillig-prägnante Stimme der Gegenwartsliteratur ist

Kermani einer der wichtigsten religiös-politischen Denker und Kommentatoren im deutschsprachigen Raum. Dass er bewusst aus der Religion heraus über Religion spricht und schreibt, macht ihn zu einem herausragenden Exponenten der eben erst entstehenden deutsch-muslimischen Literatur.

1. Was passiert mit jemandem, der liebt?

Eigentlich war die vier Jahre ältere Hausbesetzerin, die schon Auto fuhr und bald Abitur machen würde, für den 15-jährigen Gymnasiasten, der nicht einmal alt genug war, um die Raucherecke betreten zu dürfen, unerreichbar: „So wenig Hoffnung er sich machte, ihre Gunst je selbst zu erlangen, brachte ihn die Sorge dennoch um den Verstand, sie könne einem der Abiturienten, die sie umringten, mehr als nur wohlwollen" (Kermani, Große Liebe, 2). Dennoch gelingt es dem Jungen, „die Schönste des Schulhofs" (ihr Name, Jutta, wird nur ein einziges Mal genannt) nicht nur zu küssen, sondern drei gemeinsame Nächte mit ihr auf dem von Räucherstäbchenduft gesättigten Matratzenlager ihrer Hausbesetzer-Wohngemeinschaft zu verbringen, während die Mitbewohner in der Küche bei Rotwein und Marihuana neue Aktivitäten der Friedensbewegung vorbereiten: „Ohne das Feuer der Liebe als eine politische Botschaft, das zehn oder fünfzehn Jahre nach den Hippies noch einmal aufleuchtete, hätte die Schönste des Schulhofs das Heiligste kaum dieser Vogelscheuche von einem Galan aufgetan" (ebd., 41).

Von dem älteren Mädchen, das die Beziehung schmerzhaft radikal beendet, erfahren wir kaum etwas, konzentriert sich Kermani doch ganz darauf, den Gefühlsverwirrungen des jugendlichen Liebesnarren nachzuspüren. Mit artistischem Raffinement rückt der Roman alle emotionalen Turbulenzen dieses „Autodidakten von einem Casanova" (ebd., 92) in eine gleich mehrfache Distanz. Nicht nur erkennt sich Kermanis ‚gereifter' Icherzähler in dem ein Drittel so alten Jugendlichen, von dem er als ‚Er' berichtet, kaum wieder. Die Glaubwürdigkeit des Erinnerten wird zudem durch den Erzähler immer wieder in Frage gestellt. Der ursprüngliche Plan einer je zehn Kapitel umfassenden Stationengeschichte der Leidenschaft vom Aufflammen des Begehrens über die Erfüllung und das desaströse Zerplatzen aller Liebeswünsche wird gleich mehrfach umgestoßen.

Und ständig unterbricht Kermani die Schilderung der seelischen Zustände eines Teenagers, der erstmals die Entgrenzungserfahrung der Liebe durchlebt, indem er sie mit *Zitateinschüben arabisch-persischer Sufis aus dem 12. und 13. Jahrhundert zur mystischen Gottesliebe* – „dem Land meiner Lieblingslektüren" – überblendet. Sämtliche Quellentexte sind mit ausgewählter islamkundlicher Forschungsliteratur am Buchende mit geradezu wissenschaftlicher Genauigkeit nachgewiesen. Dabei geht es dem profunden Kenner der mystischen Traditionen des Islam vor allem um das von den Sufis vielfältig beschworene paradoxe Erlebnis intensivster Icherfahrung bei gleichzeitigem Sich-Verlieren und Frei-werden-vom-Ich, das er mit dem verstörend-beglückenden Ausnahmezustand der Auflösung des eigenen Ich in der Liebe parallelisiert. Dieses zentrale Motiv wird bereits im ersten Kapitel mit einer Anekdote des persischen Dichters Faridoddin Attar eingeführt, die von einem Alten erzählt, der „nicht ich sein" (ebd., 1) möchte. „Eben darin, in dem Wunsch, sich loszuwerden", gründete, so Kermanis Icherzähler, „meine erste, niemals größere Liebe" (ebd., 3). Der Schreibimpuls für den ganzen Roman liegt denn auch darin, den Einwand zu widerlegen, der Ichverlust des pubertierenden Liebesnovizen sei „grundsätzlich anderen Gehalts als auf dem mystischen Weg, gänzlich banal" (ebd.).

Als durchgängige Erzählfolie spiegelt der deutsch-iranische Doppelbürger und habilitierte Islamwissenschaftler den närrisch verliebten Helden seines Romans im Liebesepos von Leila und Madschun (was wörtlich übersetzt „verrückt" bedeutet) des persischen Dichters und Mystikers *Nizami* (1141–1209). Unter den klassischen Liebespaaren des islamischen Orients sind Leila und Madschun das berühmteste. Wie kein anderer verkörpert Madschun den Irrsinn der Liebe. Gerade wegen der maßlos-grenzensprengenden Intensität seiner Liebespassion wurde er zum Modell des selbstvergessenen Liebesmystikers, von dem her Kermani die Gefühlslage seines jungen Protagonisten aufschließt: „Er war ertrunken im Liebesmeer, noch ehe er wusste, dass es Liebe gibt. Er hatte sein Herz schon an Leila verschenkt, ehe er noch bedenken konnte, was er da weggab" (ebd., 4).

2. Religiöse und weltliche Liebe

Es ist charakteristisch für die Weltzugewandtheit islamischer Kultur und Spiritualität, dass sie eine große Zahl von Autoren erotischer Literatur hervorgebracht hat, die geschätzte Theologen und großartige Korankenner waren und sich zugleich der Liebeskunst widmeten. Das entspricht dem *Doppelsinn aller mystischen Dichtung*, die das Irdische sehr wohl konkret meint und es im selben Moment als Gleichnis für das Überirdische begreift. Dass gerade muslimische ‚Theologen der Liebe' wie Ibn Arabi und Ahmad Ghazali ein Loblied auf das Göttliche anstimmen, das auf der Erfahrung der körperlichen Liebe fußt, liegt an ihrer besonderen Wertschätzung des Diesseits als Schauplatz einer allgegenwärtigen Offenbarung auch in den sinnlichen Genüssen: „Das Verhältnis, in dem die irdische zur himmlischen Liebe steht, beschrieben die Ordensscheiche des Mittealters", weiß Kermani „als eine Brücke" (ebd., 49). Nomosorientiert, wie sie waren, empfanden orthodoxe Ulama diese erosorientierte Form des Religiösen als gefährlich für das ‚Haus des Islam', konnten sie doch bestenfalls die Liebe zum Gehorsam bejahen, nicht aber als Weg und Brücke zu einer ‚Vereinigung mit dem Einen', das kam ihnen unfromm, wenn nicht ketzerisch vor (vgl. *Schimmel* 2002, 142f.).

Der andalusische Sufidenker *Ibn Arabi* (1165–1240), der, von seinen Anhängern als Heiliger verehrt, von den Orthodoxen des Pantheismus angeklagt, die Einheit alles Seins lehrte, bezeichnete die Kopflosigkeit jugendlicher Verliebtheit „als vergleichbar, als verwandt, als nicht nur den Symptomen nach übereinstimmend mit dem ‚Ertrinken' (*istighraq*) des Mystikers in der alles überflutenden Liebe des Göttlichen" (ebd., 13). Mit einem erstaunlich kühnen Gedanken Ibn Arabis deutet Kermani, „was im Frühjahr 1983 am Beischlaf zweier Jugendlicher in einer westdeutschen Kleinstadt heilig gewesen sein mag. ‚Nie würde man Gott anschauen können, wenn etwas Vermittelndes fehlte', schrieb er in seinen *Ringsteinen der Weisheit*. Da nun aber die göttliche Wirklichkeit in ihrer Essenz unzugänglich ist [...] ist die Anschauung Gottes in den Frauen die stärkste und vollkommenste; und die allgewaltige Vereinigung ist die geschlechtliche" (ebd., 40).

Nach seinem Grundsatz, dass nichts ohne Gott entstehe, scheute *Baha-e Walad* (1150–1231), der Vater Dschalaloddin Rumis, nicht davor zurück, auch die Geschlechtslust auf göttliches Ein- und Mitwirken zurückzuführen. Kaum zufällig zitiert Kermani gerade ihn im 50. Kapitel, um das

„Feuerwerk an Eindrücken" zu erläutern, die der Sinnenrausch der „ersten Vereinigung" dem Jungen bot: „es war, ,wie wenn Bäume und Pflanzen Wasser und Erde saugen', wie Baha-e Walad selbst die geschlechtliche und zugleich die religiöse Wollust beschreibt, ,so daß man sagen könnte, du saugst an Gott, ohne daß ein Reden, ein Gedenken oder die Wahrnehmung eines Einfalls dabei wäre'" (ebd., 50). Dass Baha-e Walad „mit der Sakralisierung des Beischlafs zugleich den Ritus sexualisierte", verdeutlicht seine reichlich unorthodoxe Grundüberzeugung, dass alle Lustgefühle aus nichts anderem als dem Gedenken Gottes (*dikr Allah*) sind und alle Formen der Liebe, der Erlebnisse und der Schönheit von nichts anderem als Gott kommen. „Man könnte sagen, daß du im Fußfall des Gebets auf einer Schönäugigen liegst und mit den Gebetsversen deine Lippen auf ihre preßt" (ebd., 52).

Kapitel 82 führt den bekannten britischen Mystikforscher *Robert Charles Zaehner* an, der in „Mysticism, Sacred and Profane" (1957) herausstellt, „daß die körperliche Liebe durchaus ein angemessenes, sogar das dienlichste Gleichnis für das mystische Erleben biete". Wörtlich wird der Oxforder Religionswissenschaftler zitiert: „Es mag heutzutage als Blasphemie erscheinen, die enge Parallele zwischen der sexuellen Vereinigung und der mystischen Vereinigung mit Gott hervorzuheben. Die Blasphemie liegt jedoch nicht im Vergleich, sondern in der Herabsetzung des einzigen Aktes, der den Mensch Gott gleich macht, sowohl durch die Intensität in seiner Vereinigung mit seinem Partner wie dadurch, daß er durch diese Vereinigung ein Mit-Schöpfer Gottes ist. Alle höheren Religionen erkennen die sexuelle Vereinigung als etwas Heiliges an [...] worin der Mensch Gott am ähnlichsten ist" (ebd., 82).

In einer Art Engführung führt das hier fast vollständig wiedergegebene 66. (!) Kapitel die wichtigsten Themen und Motive der „Großen Liebe" zusammen und verdichtet sie zu einer pointierten Schlusssteigerung. Nach einer Einführung in die Romanhandlung und ihre literarisch-theologisch ganz wesentlichen Deutungsfolien mithilfe ausgewählter sufistischer Schlüsselzitate lässt sich damit die zentrale Argumentation des Buchs sehr gut erschließen:

> Ich möchte noch einmal auf den kleinen Tod zurückkommen, wie der Orgasmus so sprechend genannt wird. Im Seufzen der sexuellen Verzückung, so kann man, so muß man Ibn Arabi verstehen, im Seufzen,

das zugleich ein Stöhnen ist, atmet Gott durch die Liebenden hindurch. Er ist, christlich vergleichbar nur dem Vorgang der Eucharistie, physisch im Menschen gegenwärtig. Eben hier endet auch schon die Analogie, die vor dem Sufismus bereits die Bibel zwischen der jugendlichen Verliebtheit und der religiösen Liebe herstellte, wobei die Religionen die Hingabe an Gott am Beispiel der körperlichen Vereinigung anschaulich machen, ich hingegen umgekehrt auf die religiöse Erfahrung mich beziehe, um eine ganz weltliche Liebe zu verstehen. Ihnen geht es um den Schöpfer, mir ums Geschöpf. So gern ich den Jungen verkläre, der zum ersten Mal geliebt, steigerten seine eigentlich sinnlichen Eindrücke eher die Verheißung, als daß sie ihm Erlösung beschert hätten. Es gelang ihm einfach nicht, oder wenn, nur für Momente, seinen Verstand stillzustellen, der einzuordnen versuchte, was sich der Sprache entzog, und die Frage noch im Samenerguß aufwarf, was als nächstes zu tun sei. Wenn Baha-e Walad sagt, daß man viel lernen müsse, ,bis man weiß, daß man nichts weiß‘, läßt sich das durchaus auf die körperliche Vereinigung beziehen, deren erste vielleicht aufregender ist als in späteren Jahren, jedoch nur in seltenen, statistisch gesehen vielleicht sogar prophetischen Fällen bereits den vollen Geschmack enthält. Wie für das religiöse ist auch für das sexuelle Erleben Übung, Körperkontrolle, wiederholte Praxis hilfreich – die Mystiker würden betonen: notwendig, und beständiges Gottgedenken, Rituale, das Studium von Büchern unterschiedlichster Wissensgebiete, überhaupt die Erfahrung der Welt und persönliche Reife hinzufügen –, damit sich der Liebende im Geschehen verliert wie der chinesische Maler im eigenen Bild. Die Ekstase wird ja nicht einfach nur als etwas Unfaßbares erlebt, sondern ist eine bewußt herbeigeführte Sprengung der Urteilskraft. Ohne über seine Handlungen nachzudenken, die dennoch präzise ausgeführt werden, auf alle Impulse im Höchstmaß, nein: außergewöhnlich sensibel reagierend, gibt sich der Liebende dem Geliebten hin, unterwirft sich seinem Willen – Islam bedeutet wörtlich übersetzt nichts anderes: ,Hingabe‘, so daß Muslim als Partizip aktiv derjenige ist, der sich Gott hingibt: ,Er liebt sie, und sie lieben Ihn‘, heißt es in Sure 5,54, die in den Lieblingslektüren des Jungen zu den meistzitierten gehört. Vergleichbar einem Virtuosen in der Improvisation, der sich in eine musikalische Struktur versenkt, sich ihren Formgesetzen bis zu dem Grade unterwirft, daß er nur noch Auszuführender zu sein meint – die Musik spielt sich selbst –, ist auch der Liebende in der höchsten Verzückung nur noch Erleben: Obwohl er den Vorgang doch in jeder Zehntelsekunde selbst steuert, nimmt er weder links noch rechts etwas wahr, wird sozusagen eins mit der Situation und vergißt sich so weit, daß er nicht mehr Ich und Du unterscheidet. „Ich bin der, den ich liebe, und den ich liebe, ist ich", erklärte Mansur al-Halladsch, bevor man ihn 934 in Bagdad ans Kreuz schlug: „Es gibt auf der Welt kein anderes Ich als meins." Der Himmel auf Erden ist es, wo es dem anderen, dem oder der Geliebten genauso ergeht, wo beide nichts mehr wollen, nur noch gewollt werden – aber von wem? Genau hier ist die Stelle, wo in der Mystik von Gott und in neueren Literaturen von der Auflösung der Personalität gesprochen wird, „Friede! Friede!", bei Freud das ozeanische Gefühl oder ebenjener Tod, der vielleicht mikroskopisch klein anmutet angesichts der prophetischen Forderung und doch ein echter ist: Stirb, bevor du stirbst. Bei aller Verklärung war der Junge weit entfernt von der Auslöschung, die, aufs Körperliche bezogen und meinetwegen beschränkt, jedem Menschen zuteil werden kann, nicht nur den Heiligen. Allenfalls hat er zum ersten Mal geahnt und vielleicht in einer Zehntelsekunde zwischen zwei Gedanken erfahren, daß man tatsächlich etwas anderes sein kann als immer nur ich.

Navid Kermani, Große Liebe, Kap. 66

Kermanis brillante literarische Weltläufigkeit bringt das Kunststück fertig, die Erfahrung sinnlich-erotischer Liebe transparent zu machen für die ich-erweiternde Entgrenzung des Religiös-Spirituellen. Mit dem größten Meister der islamischen Mystik rekurriert er auf eine elementare leibhaft-ästhetische Wahrnehmung, die den Horizont zum Göttlichen öffnet: Gott ist mit jedem Atemzug im Menschen gegenwärtig. In der körperlichen Liebe der Menschen, genauer: im Stöhnen der sexuellen Verzückung von Mann und Frau, so der in „Große Liebe" am meisten zitierte Ibn Arabi, atmet Gott durch die Liebenden hindurch.

Dieser tiefe Atem entwich der Quelle der göttlichen Liebe und geht durch die Geschöpfe hindurch, denn damit wollte der Wahrhaftige sich ihnen offenbaren, auf daß sie Ihn erkennen." Dazu muss man wissen, daß das Arabische die Wörter ‚Seele' (*nafs*), „Atem" (*nafas*) und eben auch „tiefes Seufzen, Stöhnen" (*tanaffus*) aus einer einzigen Wurzel herleitet, *nafusa*, und im Bewußtsein des Sprechenden wie des Hörenden untrennbar verbindet.

Navid Kermani, Große Liebe, Kap. 60

Nicht von ungefähr verweisen Kermanis parallel erschienene Essays „Zwischen Koran und Kafka" (2014) auf Goethe, der den Zusammenhang von Einatmen und Ausatmen, von Systole und Diastole als Bild und Formel des Lebens beim persischen Dichter Saadi (ca. 1210–1292) bestätigt fand:

> Nicht nur für Ibn Arabi ist es Gottes Atem, den wir in der Liebe und ganz konkret in dem Augenblick fühlen, der im Französischen la petite mort genannt wird, obwohl er uns doch zugleich das Leben in höchster Intensität erfahren lässt, goethisch gesprochen: ein Stirb und Werde also ist [...] Selbst das rein immanente Bewußtsein dürfte in solcher Verzückung schon einmal von jenem, wie Freud es nannte, ozeanischen Gefühl befallen worden sein – der Ahnung, sich nicht nur mit dem oder der Geliebten zu vereinigen, sondern mit der Umgebung, vielleicht sogar dem Universum.

Kermani 2015a, 145f.

So wie der mystische Stufenweg im Roman zwar immer wieder thematisiert und strukturell imitiert wird, ohne dass er mit der „Großen Liebe" einfach zur Deckung kommt, wird auch die Analogie zwischen mystischer und profaner Liebe mehrfach ironisch gebrochen und relativiert: „In Wahrheit ist in der Liebe alle Trennung Zweiheit und nur im kurzen Augenblick der Paarung Einheit. Der Rest ist Phantasie" (*Kermani*, Große Liebe, 28). Das betont *Ahmad Ghazali* († 1126), der jüngere Bruder des berühmten Muhammad, der größten religiösen Autorität des islamischen Mittelalters. Doch unterstreicht auch dieser persische Mystiker die enteignende Macht der Liebe: „Du kannst dir nicht selber, kannst nur dem Geliebten gehören. Du bist der Liebende: Nie darfst du dir selber gehören" (ebd., 94). Ja, „ihre Vereinigung" erleben Liebende „als das überwältigende Erlebnis, das ihren Horizont, ihre Vorstellungskraft, ihr Selbstbild, ja, ihr Selbst als solches sprengt" (ebd., 23). „Du bist nicht ein anderer als ich", *konnte al-Halladsch* (858–922) zu Gott sagen. Kein Sufi-Satz ist innerhalb der Mystik des islamischen Monotheismus berüchtigter als dieses berühmte Zeugnis des seinem Ich ganz entwordenen Märtyrers der Gottesliebe, der flehte: „Gib mich mir nicht zurück" (ebd., 91). „Es gibt keine Gottheit außer Liebe" (*Schimmel* 1995, 200), schrieb *Fachroddin Eraqui* (1213–1289) das islamische Glaubensbekenntnis poetisch zu einer Art erotischem Panentheismus fort: „Liebe, wen du willst, du wirst Gott geliebt haben. Wende dein Gesicht, wohin du willst, es wendet sich Gott zu, selbst wenn du es nicht weißt. Es ist nicht so sehr falsch als vielmehr unmöglich, jemanden anderen zu lieben als Ihn" (*Kermani*, Große Liebe, 68).

3. Lernperspektiven

Für religiöse Bildungsprozesse in höheren Gymnasialklassen und in der Erwachsenenbildung dürfte es lohnend sein, an diesen amourösen Nervenkitzel des Eros anzuschließen, um die spirituelle Verschränkung von Liebe und Mystik zu erschließen, wie sie gerade der Sufismus kultiviert. Dazu sind vertiefende Hintergrundinformationen (wie hier aufbereitet) unerlässlich. Die Lernchancen? Mit seinen überbordenden Sufizitaten eröffnet Kermanis „Große Liebe" einen überraschend ‚anderen' Zugang zum Islam als einer Religion der Liebe jenseits der auf Scharia-Fundamentalismus und islamistischen Terrorismus verkürzten Diskurse.

Über eine reflektiert affirmative Innensicht wird ihm zugleich eine existenzerhellende Funktion zugesprochen in dem Sinn, „dass die in den islamischen Texten beschriebenen Erfahrungen eine anthropologische Dimension zeigen, die kulturübergreifende Gültigkeit aufweist" (*Hofmann/Patrut* 2015, 129). Liebe und der Wunsch, gewollt zu sein, sind für Kermani ohne eine religiös-transzendente Dimension undenkbar. Interreligiöses Lernen, nicht selten reduziert auf verkrampfte Political Correctness, vermag dadurch eine viel freiere, irdischere Haltung zu Gottes- und Menschenliebe zu vermitteln, mit der viel Gemeinsames zwischen den Religionen offenbar wird. „Schon immer waren die Lebenshaltung, die Weltanschauung und das literarische Erbe der Mystik für die islamische Welt ungleich prägender als fundamentalistische Haltungen", so Kermani, „und seit jeher war sie das wirksamste Mittel gegen den Kleingeist und die Buchstabentreue der Orthodoxie. Die Mystik als der verinnerlichte Islam könnte sich als eines der Felder erweisen, auf dem Frömmigkeit und Aufklärung, Individuation und Gottergebenheit zusammenfinden, auch in der Kunst" (*Kermani* 2015b, 129f.). Angesichts der negativen Stigmatisierung nahezu alles Islamischen ist gerade die mystische Dichtung Ibn Arabis, Baha-e Walads, Ahmad Ghazalis und Attars ein herausragendes Beispiel dafür, „was islamische Kultur sein konnte – nämlich immer auch das Gegenteil von dem, was die religiösen Eliten als islamisch definierten" (*Kermani* 2005, 217).

X. Religion in der Fantasyliteratur

Für viele Jugendliche ist Fantasy ein vertrautes Terrain. Sie lesen sich durch vielbändige, jeweils mehrere hundert Seiten starke Buchreihen. Viele dieser Mehrteiler werden überaus erfolgreich verfilmt. Für einige gibt es ganze Merchandising-Unternehmen, die begleitend Fanartikel unterschiedlichster Art bereitstellen und gewinnträchtig verkaufen. Im Internet gibt es Foren, ‚Fan-Fiction‘, kommunikative Plattformen des Austausches und Weiterschreibens. Ob „Harry Potter", „Biss", „Chroniken der Unterwelt", ob „Eragon", „Bartimäus", „Tintenherz" oder „Game of Thrones" – immer neue Reihen werden auf den Markt gebracht und finden ihre Leserinnen und Leser, und das in so vermeintlich lesefeindlichen Zeiten.

Fantasy entführt dabei meistens in eher archaische Welten, in denen ‚gut‘ und ‚böse‘ noch eindeutig codiert sind, in denen Heldinnen und Helden einen langen Kampf zur Weltrettung führen müssen, in denen es von Zauberern, Hexen, Vampiren, Engeln, Geistern, Fabel- und Mythenwesen nur so wimmelt. Kein Wunder, dass die Gattung Fantasy mit dem Vorurteil kämpfen muss, triviale Unterhaltungsliteratur zu liefern, eskapistische Tendenzen zu befördern, und alles in allem wissenschaftlich wenig genommen wird.

Aus theologischer Sicht wurde das Themenfeld lange ignoriert, nun liegt aber eine breit ausgreifende Darstellung vor, die sich den besonderen Spielarten von Religion in der Fantasy widmet (vgl. *Heidler* 2016). Im Rahmen der Freiheiten des in der Fantasy intensiv betriebenen ‚*Mythenrecyclings*‘ greifen die Verfasserinnen und Verfasser von Fantasy völlig ungeniert tief hinein in das Motiv- und Stoffreservoir der jüdisch-christlichen Tradition: (gefallene) Engel, biblische Namen und Figuren, Gottheiten, religiöse Rituale, religiöse Gebäude, Sprachformen wie Fluch und Segen, Orden – all diese Elemente können völlig frei verfügbar in die Fantasy integriert und dort zu ganz eigenen ästhetischen Zwecken eingesetzt werden. Aber mehr noch: Auch thematisch greift die Fantasy originär religiöse Dimensionen auf. Der Glaube an die Existenz ‚anderer Welten‘; die Frage nach dem Sinn des Lebens; die Konstellationen von Opfer und Schuld; die Figur des – oft genug zunächst kindlichen – Erlösers und Retters; die Möglichkeit eines Weiterlebens nach dem Tod. All das greift die Fantasy auf, um ihrerseits Deutungen und Sinnangebote vorzulegen, die freilich immer eines bleiben: Fiktion, literarisches Spiel, das der Unterhaltung dient, nicht der Stiftung einer grundlegenden Lebensorientierung.

Zwei Beiträge aus diesem Feld schließen dieses Buch ab. Gleichzeitig runden sie thematische Bögen: Wie im Blick auf die Gedichte Michael Krügers geht es noch einmal um eine – ganz andere – Annäherung an Kirchenräume. Und wie bei Patrick Roth und Ralf Rothmann widmen wir uns abschießend ein letztes Mal – in überraschendem Gewand – einem literarischen Zugang zu Christus, dem Erlöser.

19. Kirchenraum einmal anders
Sakrale Gebäude in *Cassandra Clares* „Chroniken der Unterwelt"

Christina Heidler

Kirchengebäude stellen heute für viele Kinder und Jugendliche ein Buch mit sieben Siegeln dar. Sie haben nichts gegen die Existenz dieser schönen Gebäude, die ihnen in den meisten Städten begegnen, betreten sie aber eher selten und können dementsprechend nur wenig über die Konzeption einer Kirche sagen. *Hartmut Rupp* führte hierzu ganz treffend in einem Vortrag an, dass die meisten jungen Menschen nicht mehr wissen, „wie ein Kirchenraum eingerichtet ist, was darin geschieht und was die Zeichen bedeuten. Sie sind weder mit Gottesdienst und Predigt, Eucharistie und Taufe, noch mit Beichte vertraut, Kreuzwege und Marienlieder bleiben unverstanden, christliche Zeichen, wie Alpha und Omega, Chi und Rho, aber auch der Pelikan sind unbekannt."

Daher bietet es sich im Religionsunterricht oder in der Katechese an, das Lernfeld ‚Kirche' gemeinsam mit Lerngruppen in den Blick zu nehmen und sich das Innenleben einer Kirche genauer zu erschließen. Diesen Lerngegenstand, der auf der einen Seite so vertraut wirkt, weil er in jedem Landstrich vorhanden ist, und auf der anderen Seite so ‚museal' und altmodisch erscheint, weil er nur noch wenig mit der eigenen Lebenswelt gemeinsam hat, gewinnbringend in religiöse Lernprozesse einzubinden, stellt sich jedoch als gar nicht so einfach dar. *Hans Mendl* spricht in diesem Zusammenhang sogar davon, dass der Kirchenraum als „eine pädagogische Herausforderung" (*Mendl* 2008, 91) angesehen werden kann.

1. Fantasyliteratur als Ort religiösen Lernens?

Ein ungewöhnlicher Weg, die ‚Herausforderung' Kirchenraum in religiösen Lernprozessen anzugehen, stellt der Einsatz von Fantasyliteratur dar (vgl. *Heidler* 2016). Doch gerade diese Gattung kann „vor die faktischen, weltlichen Gegebenheiten ein anderes Vorzeichen setzen und hierdurch das Alltägliche in einem neuen Licht erscheinen lassen" (*Peters* 2016, 85). Das gilt auch für den Bereich des Religiösen, und hierbei bilden sakrale Bauten keine Ausnahme. Oftmals stellen sie einen beliebten Hintergrund für diese fantastischen Erzählungen dar. Dabei handelt es sich zumeist weniger um Kirchbauten im modernen, funktionalen Stil, sondern um altehrwürdige gotische Kathedralen mit aufwendigen bunten Glasfenstern, Türmchen und Steinfiguren. So kommen in *Cornelia Funkes* „Tintenherz"-Reihe, *Joanne K. Rowlings* „Harry Potter" oder *Jonathan Strouds* „Bartimäus" Kirchengebäude vor, die bisweilen einen wichtigen Part in der Handlung übernehmen.

Hierbei ist auffällig, wie diese Gebäude von den literarischen Figuren wahrgenommen werden. Oftmals wird relativ unbefangen mit den sakralen Gebäuden umgegangen. Die Figuren sind zwar nicht mehr religiös sozialisiert, was sich unter anderem darin zeigt, dass sie nicht auf die Idee kommen würden, freiwillig einen Gottesdienst zu besuchen. Aber es ist auffällig, dass ein Kirchengebäude umgekehrt auch keine negativen Empfindungen bei ihnen hervorruft, sondern es scheint – auch in ihren fantastischen Welten – zu ihrer Vorstellung eines typischen Stadtbildes zu gehören und dieses auch zu bereichern. An dieser Stelle weisen die Protagonisten viele Gemeinsamkeiten mit heutigen Kindern und Jugendlichen in der realen Welt auf, die gegenüber einem Kirchengebäude ähnliche Gefühle hegen. Diese von den literarischen Figuren eingenommene Haltung bietet somit Möglichkeiten der Identifikation für junge und jugendliche Lesende.

Allerdings muss speziell bei Fantasyliteratur beachtet werden, dass Elemente aus der realen Welt – hierzu zählen auch sakrale Gebäude – dort fiktional verfremdet, verändert und mit neuen Vorzeichen versehen werden – oft bis zur Unkenntlichkeit der ursprünglichen Funktion des Gebäudes. So kann es vorkommen, dass kirchliche Gebäude plötzlich die Herberge fantastischer Figuren darstellen oder magische Kräfte in ihnen schlummern. Sie können nur noch als Grabstätte dienen oder reiner Zufluchtsort sein. Als christliche Orte der aktiven Glaubensausübung gelten sie zumeist nicht mehr. Aus religiöser Sicht können solche Beschreibungen als blasphemische Darstellungen angesehen werden, die man jedoch nicht ausblenden sollte. Vielmehr können sie Anlass sein zu reflektierten Auseinandersetzungen, sodass Kinder und Jugendliche in ihrer Wahrnehmungskompetenz gestärkt werden, indem sie, wie beispielsweise von der Kultusministerkonferenz gefordert, „religiöse Ausdrucksformen (Symbole, Riten, Mythen, Räume, Zeiten) wahrnehmen und in verschiedenen Kontexten wiedererkennen und einordnen" (*Prüfungsanforderungen*

2007, 7) können. Das schließt gegenwärtige Medien ein; gerade auch Fantasy in ihren unterschiedlichen medialen Ausprägungen, da in dieser Art von Literatur religiöse Ausdrucksformen häufig in verfremdetem Gewand auftreten.

2. Cassandra Clare: „Chroniken der Unterwelt"

Im speziellen Sinne bietet sich für eine Beschäftigung mit dem Thema ‚Kirchenraum' die sechsbändige Fantasyreihe „Chroniken der Unterwelt" (erschienen von 2007 bis 2014 im Original und von 2008 bis 2015 in deutscher Übersetzung) der amerikanischen Autorin *Cassandra Clare* (*1973) an. Diese Buchreihe stellt aus religionspädagogischer Warte insgesamt einen interessanten Fundus dar. Während ein Großteil der bekannten Fantasytexte von Autoren und Autorinnen stammt, die – auch wenn sie selbst keinem Glauben anhängen – christliche Wurzeln aufweisen, ist Clare Jüdin und webt bewusst jüdische Glaubenselemente in ihre Werke ein. So gibt es in „Chroniken der Unterwelt" einen jüdischen Protagonisten namens Simon, der mehrfach über seinen Glauben spricht. Diesen Aspekt hebt Clare bewusst hervor, wie sie selbst in ihrem Blog auf der Plattform Tumblr anführt: „Simon is Jewish because of all the characters, he is the most like me, and I am Jewish. [...] The general assumption is that I am Christian because the general default assumption, from my Western readers, is that everyone is. I'm glad Simon is not."

Doch während sich Simon in der in New York spielenden Buchreihe immer wieder auf seine jüdischen Wurzeln besinnt, sind die anderen Figuren in den ersten Bänden eher areligiös. So glaubt der gut aussehende Held Jace weder an die Existenz Gottes noch an mythische Erzählungen. Er lebt zwar in einer umfunktionierten Kirche und besitzt eine Katze namens Church (*Clare*, Chroniken der Unterwelt – City of Bones, 73), doch das Christentum weist keine besondere Relevanz für ihn auf. Auch die Heldin Clary zeichnet sich weder durch die Ausübung einer speziellen Religion aus noch durch einen ausgeprägten Glauben an übernatürliche Kräfte. Zu Beginn des ersten Bandes „City of Bones" kommt es jedoch in Bezug auf Letzteres zu einer starken Veränderung ihres bisherigen Weltbildes. Denn Clary muss sich plötzlich mit der Tatsache anfreunden, dass in ihrem eigentlich so normal erscheinenden Umfeld magische Wesen, insbesondere Dämonen, vorhanden sind. Genauso bevölkern Vampire,

Feen oder Engel ihre Welt. Jace ist als sogenannter ‚Schattenjäger' dazu ausgebildet, die abgrundtief bösen magischen Wesen zu bekämpfen und so die eigene Umgebung längerfristig zu einem sichereren Ort zu machen. In diesen Kampf werden nun sowohl Clary als auch Simon hineingezogen und müssen sich immer wieder neu selbst positionieren. In diesem fantastischen Kontext spielen traditionelle Religionen – ohne eine Ausprägung besonders hervorzuheben – eine erstaunlich positive Rolle, denn, wie Jace hervorhebt: Zwar glauben Schattenjäger nicht an eine bestimmte Religion, aber sie arbeiten ganz eng mit unterschiedlichen Religionen zusammen, um ihre Welt von dem Einfluss der Dämonen zu befreien.

Als Simon von Vampiren entführt wird, müssen Jace und Clary aktiv werden, um ihren Freund zu finden und zu befreien. Verständlicherweise wollen sie nicht wehrlos aufbrechen. Wohin würde man selbst in einer vergleichbaren Situation gehen? Viele unterschiedliche Orte könnten einem in den Sinn kommen, doch Jace fragt einen Bekannten nach einem zunächst merkwürdig anmutenden Ziel. Er möchte wissen, ob es in der Nähe „irgendwo geweihten Boden" (ebd., 259) gebe. Daraufhin werden er und Clary an eine katholische Kirche verwiesen, die sich in der Gegend befindet. An dieser Stelle gerät die Existenz sakraler Bauten in den Vordergrund, denn sie beherbergen religiöse Symbole, die bei einer Befreiungsaktion Simons nützlich sein können.

> Clary starrte ihn an. Er wartete reglos. Der Nachtwind blies ihm eine Haarsträhne in die Augen; er blinzelte einmal und genau in dem Moment, als sie etwas sagen wollte, öffnete sich die Tür mit einem Klick, schwang mit knarrenden Angeln auf und gab den Blick frei auf einen kühlen, leeren Raum, der von einzelnen Kerzen beleuchtet wurde. Jace trat einen Schritt zur Seite. „Nach dir."
> Als Clary den Raum betrat, wurde sie von einer Woge kühler Luft und dem Duft nach Stein und Kerzenwachs umfangen. Im Halbdunkel erkannte sie Reihen von Kirchenbänken, die sich bis zum Altar erstreckten, und vor einer der hinteren Mauern leuchteten flackernde Opferkerzen auf einem Metallgestell. Plötzlich wurde ihr bewusst, dass sie [...] noch nie in einer Kirche gewesen war. Natürlich hatte sie Abbildungen gesehen und das Innere von Kirchen in Spiel- und Zeichentrickfilmen bewundert, wo sie regelmäßig auftauchten. Eine

Szene aus ihrer Lieblings-Zeichentrickserie spielte in einem Gotteshaus mit einem riesigen Vampirpriester. Eigentlich sollte man sich in
einer Kirche geborgen fühlen, doch sie fühlte sich nicht sicher. Seltsame Gestalten schienen bedrohlich aus den Schatten aufzuragen und
auf sie herabzusehen. Clary erschauderte.

„Die Steinmauern halten die Hitze draußen", sagte Jace, der ihr Zittern bemerkt hatte.

„Daran liegt es nicht", erwiderte sie. „Ich ... ich war noch nie in einer
Kirche." [...]

„Tatsächlich? Okay, also das hier ist das Kirchenschiff, in dem das Kir-
chengestühl steht – der Ort, an dem die Leute während des Gottesdienstes sitzen." Sie gingen weiter und Jace' Stimme wurde als Echo
von den Mauern zurückgeworfen. „Diese erhöhte, halbkreisförmige
Nische, in der wir gerade stehen, ist die Apsis. Und das da ist der Altar,
wo der Priester die Eucharistie feiert. Der Altar befindet sich immer
auf der Ostseite der Kirche." Jace kniete nieder und einen Moment
lang dachte Clary, er würde beten. Der Altar bestand aus einem hohen
dunklen Granitblock, der mit einem roten Tuch bedeckt war. Dahinter ragte eine kunstvoll vergoldete Tafel auf, die Figuren von Heiligen
und Märtyrern zeigte, mit flachen goldenen Scheiben hinter den Köp-
fen – den Heiligenscheinen.

„Jace", flüsterte sie. „Was machst du da?"

Jace legte beide Hände auf den Steinboden, bewegte sie rasch hin und
her und wirbelte mit den Fingerspitzen Staub auf. „Ich suche nach
Waffen."

„Hier?"

„Sie sind versteckt, normalerweise in der Nähe des Altars. Speziell für
uns aufbewahrt, für Notfälle."

„Und was soll das sein? Eine Art Pakt, den ihr mit der Kirche abge-
schlossen habt?"

„Nicht ausschließlich mit der katholischen Kirche. Dämonen sind
schon genauso lange auf der Erde wie wir. Man findet sie überall auf
der Welt. [...] Die meisten Religionen haben eine Methode entwickelt,
die Existenz dieser Wesen und ihre Bekämpfung in ihren Glauben zu
integrieren. Schattenjäger halten nicht an einer einzelnen Religion
fest und im Gegenzug unterstützen alle Religionen uns in unserem
Kampf. Ich hätte genauso gut auch zu einer jüdischen Synagoge oder

einem japanischen Shinto-Tempel gehen und Hilfe erbitten können ... Ah, hier ist sie ja." Er wischte den Staub beiseite und Clary kniete sich neben ihn. [...]

Jace [...] berührte [...] die Steinplatte. Mit einem dumpfen Rumpeln wich sie zurück und gab eine dunkle Grube frei, die sich darunter befand. In ihr lag eine lange Holzkiste. Jace klappte den Deckel der Kiste auf und musterte zufrieden die sorgfältig darin gestapelten Gegenstände.

„Was ist das alles?", fragte Clary.

„Phiolen mit Weihwasser, gesegnete Messer, Stahl- und Silberklingen", erklärte Jace und legte die Waffen auf den Boden neben sich. [...]

„Silberkugeln, Schutzamulette, Kruzifixe, Davidsterne ..."

„Großer Gott", murmelte Clary.

„Ich *bezweifle, dass Er in diese Kiste passen würde.*"

„Jace." Clary war entsetzt.

„Was denn?"

„Ich weiß nicht, aber irgendwie erscheint es mir unangebracht, derartige Scherze in einer Kirche zu machen."

Cassandra Clare, Chroniken der Unterwelt – City of Bones, 261–263

3. „Schattenjäger' im Religionsunterricht?

Die hier abgedruckte Passage aus „City of Bones" eignet sich speziell als spielerischer Einstieg in das Lernfeld ‚Kirche', auf das sie einen unkonventionellen Blick gewährt und so die Wahrnehmungskompetenz Lernender fördert. Im Verlauf der weiteren Unterrichtsstunden kann dann immer wieder Bezug auf diese Textstelle genommen werden. Denn der Ausschnitt vermittelt zunächst ein erstaunlich vertrautes und vielfach durchaus akkurates Bild eines Kirchenraums, das jedoch im Verlauf immer stärker von Verfremdungseffekten durchsetzt wird. Am Ende wird ein Kirchenraum präsentiert, der nicht mehr viel mit christlichen Vorstellungen gemein hat. Dabei sind die Übergänge zwischen realitätsnahen und fiktiven Elementen in dieser Darstellung so fließend, dass es sich lohnt, genauer hinzusehen, an welchen Stellen die Darstellung der ‚fantastischen' Kirche mit realen Kirchenräumen übereinstimmt und an welchen Stellen sie stark abweicht.

Konkret bietet es sich in religiösen Lernkontexten an, diesen Textauszug zunächst der Lerngruppe mit einem Hörauftrag vorzulesen und auf den Einzelnen wirken zu lassen. Zuvor müssen allerdings besondere Begriffe – zum Beispiel ‚Schattenjäger' – und die Namen der Protagonisten geklärt werden, sodass der Kontext der Stelle verständlich wird. Zur inhaltlichen Vorentlastung ließe sich auch zunächst der Trailer des gleichnamigen Films zeigen, um visuell in die fantastische Erzählung einzuführen. Beim ersten Vorlesen kann der explizite Bezug zum Thema Kirche offen bleiben. So wäre es möglich, nach dem ersten Abschnitt, der ganz allgemein von einer „Tür" spricht, kurz zu pausieren und die Lernenden zu fragen, um welche Art von Gebäude es sich hier überhaupt handeln könnte. Nach dem Vorlesen des gesamten Textes ist es sinnvoll, über den spontan entstandenen Eindruck des Kirchenraums zu sprechen. In einem weiteren Schritt können die Lernenden den Text selbst lesen und sich genauer mit den Inhalten beschäftigen. So können sie zu ‚Detektiven' werden, die herausfinden, an welchen Stellen die Kirche von „City of Bones" Ähnlichkeiten mit realen Kirchengebäuden aufweist und an welchen Stellen fantastische Elemente auftreten. Hierbei können weiterführende Fragen entstehen, die dann im weiteren Verlauf gemeinsam besprochen oder durch eigene Recherchen beantwortet werden. Außerdem sollte auf die besondere Atmosphäre eingegangen werden, die in dieser Kirche herrscht. So „flüstert" Clary im Inneren und will keine albernen „Scherze" (*Clare*, Chroniken der Unterwelt – City of Bones, 262f.) machen. In diesem Kontext kann die Lerngruppe der Frage nachgehen, wieso ein Fantasyroman ein solches Gebäude überhaupt als Schauplatz seiner Handlung verwendet.

Von Vorteil ist bei diesem Text vor allem, dass eine schnelle Perspektivenübernahme der Protagonistin Clary möglich ist, die das Kirchengebäude sehr unvoreingenommen wahrnimmt. Tatsächlich hat Clary noch nie ein Kirchengebäude betreten. Daher kann sie in diesem Text sogar als Identifikationsfigur für viele Lernende fungieren, die wenig bis gar nicht mit der Architektur und Gestaltung eines Kirchenraums vertraut sind. Allerdings heißt das nicht, dass Clary keine Vorstellung hat, wie es im Innenraum aussehen mag. Denn wie sie anführt: „Natürlich hatte sie Abbildungen gesehen und das Innere von Kirchen in Spiel- und Zeichentrickfilmen bewundert, wo sie regelmäßig auftauchten" (ebd., 261).

Doch die ihr bekannten medialen Darstellungen stimmen nicht ganz mit der realen Welt überein. So mag Clarys Lieblingszeichentrickserie in einem Gotteshaus spielen, aber einer der Protagonisten darin ist ein „riesige[r] Vampirpriester" (ebd., 262), der zwar in seiner Funktion als Priester ein typisches Amt in einer Kirche auszuüben scheint, jedoch als Vampir eine Antifigur aus dem Reich der Fabeln und Mythen darstellt, die nichts mehr mit dem christlichen Glauben gemeinsam hat. Auch hier weist Clarys medialer Alltag Überschneidungen mit der Lebenswelt heutiger Kinder und Jugendlicher auf, die möglicherweise nur selten in eine Kirche gehen, aber in den gegenwärtigen Medien mit Bildern sakraler Bauten konfrontiert werden, bei denen es sich ebenfalls nicht immer um wirklichkeitsgetreue Darstellungen handeln muss.

4. Fiktionale Kirchenräume: Amalgame aus Realität und Fantasy

Wie sieht nun die Kirche in „City of Bones" aus? Abgesehen davon, dass Clary und Jace nicht auf normalen Wege in die Kirche kommen, sondern mithilfe eines Schwurs zu später Stunde eingelassen werden, erinnert das Gebäude selbst zunächst stark an einen realen Kirchenraum. Dem Text zufolge handelt es sich um eine „katholische Kirche" (ebd., 259), doch die Beschreibung ist so allgemein gehalten, dass sie auch auf andere christliche Kirchen übertragbar ist. Es gibt darin „Reihen von Kirchenbänken", einen „Altar" und „flackernde Opferkerzen auf einem Metallgestell" (ebd., 261). Typische Gegenstände, die sich in verschiedenen christlichen Kirchen vorfinden, werden hier beschrieben. Als Jace erfährt, dass Clary noch nie eine Kirche von innen gesehen hat, nimmt er die Situation zum Anlass, genauer auf den Kirchenraum einzugehen. Überraschend umfassend klärt er Clary über die Innengestaltung der Kirche auf, wobei er verschiedene Aspekte erläutert, die nicht allen Kindern und Jugendlichen bekannt sein dürften. So kann sich beim Lesen des Textes zum Beispiel die Frage stellen, was eigentlich eine ‚Apsis‘ ist. Steht der Altar tatsächlich immer auf der Ostseite der Kirche? Und abhängig von der jeweiligen Lerngruppe können sogar Überlegungen bezüglich des Begriffes ‚Eucharistie‘ aufkommen, der im Text erwähnt wird.

Als Clary sich dem Altar nähert, geht sie ebenfalls erstaunlich genau auf dessen Aussehen ein. Realitätsnah beschreibt sie neben dem zentralen „Granitblock" ein Relief mit Heiligen und Märtyrern, wobei es sich um ein Retabel handelt, das im Christentum in der Gotik verbreitet war, und somit zeitlich gut zu dem gotischen Außengebäude der Kirche passen würde. Nach dieser wirklichkeitsgetreuen Beschreibung des Altarraums treten die ersten fantastischen Verfremdungseffekte ein. Jace kniet auf einmal vor dem Altar nieder, um etwas auf dem Boden zu suchen. Verwundert fragt Clary ihn, was er da mache (vgl. ebd., 262). An dieser Stelle ist für Lesende noch unklar, ob Jace ein auch in realen christlichen Kirchenräumen vorhandenes Objekt sucht. Doch als er auf einmal erklärt, dass er Waffen suche, wird deutlich, dass nun fantastische Elemente in der Erzählung auftreten.

Plötzlich hat sich der Altarraum einer scheinbar vertrauten katholischen Kirche in eine Waffenkammer für Schattenjäger entpuppt. Wichtig hierbei ist, dass es sich nicht nur um einen exklusiven Pakt zwischen Schattenjägern und der katholischen Kirche handelt, sondern um eine Übereinkunft, an der alle Religionen teilhaben. Denn – wie Jace ausführt – er hätte nach Waffen auch in „einer jüdischen Synagoge oder einem japanischen Shinto-Tempel" (ebd., 263) suchen können. Doch de facto stellt eine christliche Kirche den atmosphärischen Hintergrund für diese Suche dar, die für die Protagonisten erfolgreich endet. Vor dem Altar findet Jace eine größere Anzahl merkwürdiger Waffen. Somit gilt der Altarraum in dieser Erzählung nicht vorrangig als Ort, um Wein und Brot darzubringen, sondern als möglicher Stützpunkt zur Bekämpfung von Dämonen.

Innerhalb der Logik der Buchreihe ergibt es Sinn, dass die Waffen nicht an einem neutralen Ort, sondern in einem sakralen Gebäude gelagert werden, denn auch sie sind teilweise religiös aufgeladen. So befinden sich in der Kiste vor dem Altar unter anderem „Phiolen mit Weihwasser, gesegnete Messer, Stahl- und Silberklingen, [...] Silberkugeln, Schutzamulette, Kruzifixe, Davidsterne" (ebd., 263). Säkulare Gegenstände wie Messer und Klingen wurden in „City of Bones" zuvor von kirchlicher Seite legitimiert, indem sie gesegnet wurden. Auf der anderen Seite wurden Schutzamulette und Kruzifixe hinterlegt, die im Kampf gegen böse Kräfte zwar traditionell mehr in den Bereich des Aberglaubens einzuordnen, aber auch im Volksglauben des Christentums vertreten sind. Die Davidsterne, die ebenfalls in der Kiste liegen, deuten erneut darauf hin, dass es sich in „City of Bones" um einen transreligiösen Kampf gegen die Dämonen handelt. Denn der Davidschild bzw. der Davidstern stellt ein Symbol dar, welches heute dem Judentum zugeordnet wird. Im Mittelalter wurde es jedoch nicht nur von Juden, sondern auch von Christen und Muslimen als Talisman gegen Dämonen getragen. Der Davidstern gilt also nicht nur in diesem Fantasytext als eine passive ‚Waffe‘ gegen dämonische Einflüsse, sondern hatte auch im Volksglauben in der realen Welt einst eine vergleichbare Funktion. So wird an dieser Stelle ein Stück unbekannter Geschichte eines religiösen Symbols in den Text eingebunden, das beim flüchtigen Lesen gar nicht ins Auge fällt.

Anhand der ausgewählten Textpassage wird deutlich, dass „City of Bones" dazu anregen kann, sich tiefergehend mit dem Lerngegenstand ‚Kirche‘ auseinanderzusetzen. Indem die Autorin Cassandra Clare ein scheinbar im Stadtbild so bekanntes Kirchengebäude verfremdet und für andere Zwecke verwendet, kommt ganz akut der große Fragekomplex nach dem Wesen des Kirchengebäudes auf: Wenn die Kirche kein fantastischer Ort ist, was ist sie eigentlich dann? Was befindet sich wirklich im Innenraum einer Kirche und wofür wird dieses Inventar verwendet? Gerade weil sich die Hauptfigur Clary als unwissend und dennoch interessiert bezüglich der Gestaltung von Kirchengebäuden präsentiert, können Lernende leicht in ihre Rolle schlüpfen, sich unvoreingenommen in eine ‚literarische‘ Kirche begeben und in diesem Kontext mehr über diese vertraute Unbekannte erfahren.

20. Befreiung durch Liebe
Joanne K. Rowlings „Harry Potter" als erlösendes Kind

Heidi Lexe

Drittletztes Kapitel des über sieben Bände andauernden Kampfes zwischen Harry Potter und Lord Voldemort: Mit dem Titel dieses Kapitels „Wieder der Wald" wird der Kreis zur ersten Begegnung zwischen den beiden Antagonisten geschlossen: Im drittletzten Kapitel des ersten Bandes stößt Harry Potter bei einem von Hagrid begleiteten Strafausflug in den verbotenen Wald auf eine „vermummte Gestalt" (*Rowling* 1998, 279), die sich am Boden kriechend fortbewegt und über die Wunde eines toten Einhorns beugt. Elf Jahre zuvor war Lord Voldemorts Avada-Kedavra-Fluch gegen den noch kein Jahr alten Harry Potter durch den mütterlichen Schutzzauber von Lily Potter auf den ‚Dunklen Lord' zurückgefallen und hatte eine undefinierte Kreatur aus ihm gemacht – nicht lebendig, aber auch nicht tot. Während Harry Potters erstem Schuljahr taucht diese Kreatur wieder auf und hält sich durch das Blut des toten Einhorns am Leben. Im Verlauf der Serie gelangt Lord Voldemort zu neuer Kraft, neuem (körperlichen) Leben und neuer Macht.

1. Showdown im verbotenen Wald

Nun befinden wir uns erneut im verbotenen Wald und Harry Potter macht sich auf, um Lord Voldemort ein vermeintlich letztes Mal gegenüberzutreten. Obwohl er glaubt, diesen Schritt allein gehen zu müssen, zeigt der Textausschnitt, wie sehr er in der Fülle jener Beziehungen steht, die sein Leben geprägt haben, seit er mit elf Jahren vom Zimmer unter der Treppe in die Zauberschule Hogwarts wechseln durfte. Vom Ende des Romans her – und damit insbesondere von dieser Szene her – werden *zentrale Motive* der Romanserie bestätigt: Gerechtigkeit, Erlösung und Liebe in ihrer jeweils christlichen Dimension.

> Harry schwang den Tarnumhang wieder über sich und setzte seinen Weg fort. Ganz in der Nähe bewegte sich noch jemand, beugte sich

über eine weitere auf dem Bauch liegende Gestalt am Boden. Er war nur wenige Schritte entfernt, als er merkte, dass es Ginny war.

Er blieb abrupt stehen. Sie kauerte bei einem Mädchen, das flüsternd nach seiner Mutter verlangte.

„Es ist alles gut", sagte Ginny. „Es ist gut. Wir bringen dich rein."

„Aber ich will *nach Hause*", flüsterte das Mädchen. „Ich will nicht mehr kämpfen!"

Kalte Schauder liefen Harry über die Haut. Er wollte in die Nacht hinausschreien, wollte, dass Ginny erfuhr, dass er hier war, wollte, dass sie wusste, wo er hinging. Er wollte aufgehalten werden, zurückgezerrt werden, nach Hause zurückgeschickt werden …

Aber er *war* zu Hause. Hogwarts war das erste und beste Zuhause, das er je gehabt hatte. Er und Voldemort und Snape, die verlassenen Jungen, sie alle hatten hier ihr Zuhause gefunden …

Ginny kniete jetzt neben dem verletzten Mädchen, hielt ihre Hand. Mit gewaltiger Mühe zwang Harry sich weiter. Als er an Ginny vorbeikam, meinte er zu sehen, dass sie sich umdrehte, und fragte sich, ob sie gespürt hatte, dass jemand nahe an ihr vorbeigegangen war, doch er sagte nichts, und er blickte nicht zurück.

Hagrids Hütte tauchte schemenhaft aus der Dunkelheit auf. Da waren keine Lichter, und nichts war zu hören von Fang, wie er an der Tür kratzte, oder von seinem stürmischen Bellen, mit dem er ihn willkommen hieß. All jene Besuche bei Hagrid, das Schimmern des Kupferkessels auf dem Feuer, die Felsenkekse und Riesenraupen und sein großes bärtiges Gesicht, und Ron, der Schnecken erbrach, und Hermine, die ihm half, Norbert zu retten …

Er ging weiter, und nun erreichte er den Rand des Verbotenen Waldes, und er blieb stehen.

Eine Horde von Dementoren glitt zwischen den Bäumen dahin; er konnte ihre Kälte spüren, und er war nicht sicher, ob er es schaffen würde, unversehrt hindurchzugelangen. Seine Kraft reichte nicht mehr für einen Patronus. Er konnte sein Zittern nicht länger beherrschen. Am Ende war es doch nicht so einfach, zu sterben. Jede Sekunde, die er atmete, der Geruch von Gras, die kühle Luft auf seinem Gesicht, alles war so kostbar: der Gedanke, dass Menschen Jahre um Jahre hatten, Zeit verschwenden konnten, so viel Zeit, dass sie lange wurde, während er sich an jede Sekunde klammerte. Gleichzeitig dachte er, dass er nicht fähig wäre weiterzugehen, und wusste doch, dass er es musste. Das lange Spiel war zu Ende, der Schnatz war gefangen, es war an der Zeit, aus der Luft herabzukommen ...

Der Schnatz. Seine kraftlosen Finger nestelten einen Moment lang an dem Beutel herum, der um seinen Hals hing, und er zog ihn heraus.

Ich öffne mich zum Schluss.

Rasch und schwer atmend starrte er auf ihn hinab. Nun, da er wollte, dass die Zeit so langsam wie möglich verging, schien sie sich beschleunigt zu haben, und er begriff so schnell, als hätte er gar nicht erst nachgedacht. Dies war der Schluss. Dies war der Zeitpunkt.

Er drückte das goldene Metall an seine Lippen und flüsterte: „Ich werde gleich sterben.“

Die metallene Hülle brach auf. Er senkte seine zitternde Hand, hob unter dem Tarnumhang Dracos Zauberstab und murmelte: „*Lumos.*“

Der schwarze Stein mit dem gezackten Riss durch die Mitte lag in den beiden Hälften des Schnatzes. Der Stein der Auferstehung war entlang der senkrechten Linie auseinandergebrochen, die den Elderstab darstellte. Das Dreieck und der Kreis, die den Tarnumhang unter den Stein darstellten, waren noch zu erkennen.

Und wieder begriff Harry, ohne nachdenken zu müssen. Es ging nicht darum, sie zurückzubringen, denn er war gerade dabei, zu ihnen zu gehen. In Wirklichkeit holte nicht er sie: Sie holten ihn.

Er schloss die Augen und drehte den Stein in der Hand, drei Mal.

Er wusste, dass es geschehen war, denn er hörte leise Bewegungen um sich herum, die darauf schließen ließen, dass zarte Körper über den mit Zweigen bestreuten Erdboden am äußersten Rand des Waldes schritten. Er öffnete die Augen und sah sich um.

Sie waren weder Gespenst noch wahrhaft Fleisch, das konnte er sehen. Sie ähnelten am ehesten jenem Riddle, der vor so langer Zeit dem Tagebuch entflohen war, und dieser Riddle war Erinnerung gewesen, die sich annähernd verfestigt hatte. Weniger stofflich als lebende Körper, doch viel stofflicher als Gespenster bewegten sie sich auf ihn zu, und auf jedem Gesicht war das gleiche liebevolle Lächeln.

James war genauso groß wie Harry. Er trug die Kleider, in denen er gestorben war, sein Haar war unordentlich und zerzaust, und seine Brille saß ein wenig schief, wie die von Mr Weasley.

Sirius war groß und hübsch und viel jünger, als Harry ihn jemals erlebt hatte. Er ging mit federnden Schritten und lässiger Anmut dahin, die Hände in den Taschen und ein Grinsen auf dem Gesicht.

Auch Lupin war jünger und bei weitem nicht mehr so heruntergekommen und sein Haar war dichter und dunkler. Er schien glücklich, wieder an diesem vertrauten Ort zu sein, wo er in seiner Jugendzeit so viele Streifzüge unternommen hatte.

Lilys Lächeln war das breiteste von allen. Sie strich ihr langes Haar zurück, als sie ihm näher kam, und ihre grünen Augen, die seinen so ähnlich waren, musterten begierig sein Gesicht, als könnte sie sich nie an ihm sattsehen.

„Du bist so mutig."

Er konnte nicht sprechen. Seine Augen weideten sich an ihr, und er dachte, er würde gern stehen bleiben und sie immer nur ansehen, und das würde genügen.

„Du bist fast am Ziel", sagte James. „Ganz nah. Wir sind ... so stolz auf dich."

„Tut es weh?"

Die kindische Frage war über Harrys Lippen gerutscht, ehe er es verhindern konnte.

„Sterben? Überhaupt nicht", sagte Sirius. „Schneller und leichter als einschlafen."

„Und er will, dass es schnell geht. Er will es hinter sich haben", sagte Lupin.

„Ich wollte nicht, dass ihr sterbt", sagte Harry. Die Worte kamen ihm unwillkürlich. „Keiner von euch. Es tut mir leid –"

Er sprach Lupin an, flehentlich, mehr als jeden anderen.

„– so kurz nachdem dein Sohn geboren war ... Remus, es tut mir leid –"

„Mir tut es auch leid", sagte Lupin, „mir tut leid, dass ich ihn nie kennen lernen werde ... Aber er wird wissen, warum ich gestorben bin, und ich hoffe, er wird es verstehen. Ich habe versucht, eine Welt zu schaffen, in der er ein glücklicheres Leben führen könnte."

Eine kühle Brise, die aus dem Herzen des Waldes zu dringen schien, blies Harry die Haare aus der Stirn. Er wusste, sie würden ihm nicht sagen, dass er gehen sollte, es musste seine eigene Entscheidung sein.

„Ihr werdet bei mir bleiben?"

„Bis ganz zum Schluss", sagte James.

„Sie werden euch nicht sehen können?", fragte Harry.

„Wir sind ein Teil von dir", sagte Sirius. „Für jeden anderen unsichtbar."

Harry sah seine Mutter an.

„Bleib in meiner Nähe", sagte er leise.

Und er machte sich auf den Weg.

Joanne K. Rowling, Harry Potter und die Heiligtümer des Todes, 704–708.

2. Das erlösende Kind

Als Figur steht Harry Potter in einer kinderliterarischen Tradition der Romantik, die das fremde Kind als ein Wesen unbekannter Herkunft einführt, dem auch erlösende Funktion zukommt. Mit dem stets unerklärlichen Erscheinen dieses animistischen Wesens werden soziale und emotionale Zusammenhänge neu befragt, neu geordnet, oft auch befriedet. Dem fremden Kind ist in seiner romantischen Motivvariante ein göttlicher Kern zu eigen; er verweist darauf, dass dieses Wesen frei von allem Weltlichen, im biblischen Sinn also frei von Schuld und Sünde ist. In späteren Motivvarianten wird daraus eine Figur, die das Kind an sich verkörpert und damit eine vorzivilisatorische, magische und kreative Kraft, die unabhängig (oder befreit) von Konventionen und hierarchischen Rahmenbedingungen handelt und zum autonomen Kind wird (siehe *Lexe* 2003). Der motivische Bogen spannt sich von E. T. A. *Hoffmanns* Märchen „Das fremde Kind" über *Astrid Lindgrens* „Pippi Langstrumpf" bis hin zu zeitgenössischen, jugendliterarischen Figuren wie *Jerry Spinellis* „Star Girl" oder *Andreas Steinhöfels* „Anders".

Auch Harry Potter ist eines dieser besonderen Kinder – bedingt durch die Möglichkeiten eines fantastischen Zweiweltenmodells, in dessen (offener) sekundärer Welt Harry Potter im Sinne eines modernen Mythos als Erlöser von der Herrschaft des Dunklen Lords inszeniert wird, und damit in der Tradition unterschiedlicher Erlöserfiguren der (post-)modernen Fantastik steht (vgl. *Heidler* 2016). In diesem Erlösungsgeschehen jedoch spiegeln sich auch die Rahmenbedingungen einer durch von den Leserinnen und Lesern als real erfahrenen Welt, die bestimmt wird durch ihre zeitgeschichtliche wie politische Dimension. Im Miteinander der beiden Ebenen stellt sich immer deutlicher heraus, dass es letztlich an Harry Potter sein wird, die Macht des Dunklen Lords zu überwinden.

Als Erzählform für diesen Entwicklungsprozess wählt *Joanne K. Rowling* (*1965) den Entwicklungsroman, den sie sowohl mit Aspekten von Abenteuerliteratur, Schulroman und Krimi als auch durch eine moderne Form serieller Narration anreichert (die mit der Etablierung der Fernsehserie als neue epische Erzählform des beginnenden 21. Jahrhunderts korrespondiert). Die sieben Bände können dementsprechend als ein *serieller Entwicklungsroman* gesehen werden, der den Kreis schließt zwischen dem ersten Kapitel des ersten Bandes („Ein Junge überlebt") und jenem Kapitel gegen Ende der Romanreihe, aus dem der obige Textausschnitt stammt. In diesem Kapitel überlebt dieser Junge erneut den auf ihn abgefeuerten, eigentlich tödlichen Avada-Kedavra-Fluch Lord Voldemorts.

Zwischen diesen beiden Kapiteln wird ein schicksalhaftes, ja sogar im Sinne des griechischen Mythos tragisches Aufeinander-bezogen-Sein der beiden Figuren (vgl. *Lexe* 2014c) erzählerisch ausgebreitet. Verdichtet wird es in einer Prophezeiung, die noch vor der Geburt Harry Potters über den Einen verkündet, den „Eine[n] mit der Macht, den Dunklen Lord zu besiegen" (*Rowling* 2003, 987). Die Prophezeiung wird am Ende des fünften Bandes „Harry Potter und der Orden des Phönix" offen gelegt und erhält den Charakter eines Orakelspruchs. Sie ist dieserart „biografiebildend" (*Reis* 2005, 57) für Harry Potter.

Im Kampf der beiden Antagonisten verkörpert die Prophezeiung vor allem Wissen: Gerade der sechste Band, „Harry Potter und der Halbblutprinz", folgt in seiner Dramaturgie zuallererst der Wissensaneignung – wobei Albus Dumbledore von Beginn der Romanserie an als Verwalter dieses Wissens etabliert wird. Im siebten Band, „Harry Potter und die Heiligtümer des Todes" folgt dieser Wissensaneignung eine lang andauernde Suche, eine Queste, die der mittelalterlichen Heldenfahrt entspricht. Gefunden werden soll hier nicht der Gral; gefunden werden sollen Horkruxe und Heiligtümer des Todes. Beides magische Artefakte, die über Leben und Tod entscheiden, schwarzmagisch die einen (und damit Lord Voldemort zugeordnet) und nur durch die Kraft der Liebe aktivierbar die anderen (und damit natürlich Harry Potter zugeordnet).

Zurück zur Prophezeiung: Oliver Reis hält in einem im Jahr 2005 erschienenen Beitrag fest, dass die Prophezeiung auch im Sinne einer biblischen Verheißung gelesen werden kann. Er stellt das sich abzeichnende Geschehen damit in den Kontext der Christologie – und erhält durch den finalen, im Jahr 2007 erstmals erschienenen Band recht. In „Harry Potter und die

Heiligtümer des Todes" zeigt sich, dass Joanne K. Rowling in die Gestaltung ihrer Figur Harry Potter einen zentralen christlichen Glaubensinhalt aufnimmt – die *Erlösung aller durch den einen, wahrhaft liebenden Menschen.*

Bereits in der Prophezeiung ist davon die Rede, dass derjenige mit der Möglichkeit, den Dunklen Lord zu besiegen „eine Macht besitzen [wird], die der Dunkle Lord nicht kennt" (*Rowling* 2003, 987). Gemeint ist damit die Liebe, in ihrer christlichen Dimension verdichtet in Jesus Christus, der als unschuldiges Kind in die Welt der Menschen kommt und diese erlöst, indem er aus unbedingter Liebe zu den Menschen stirbt.

3. Überleben durch die Macht des Schutzzaubers

Auf genau diesen Weg – den Weg zu sterben – macht sich auch Harry Potter im verbotenen Wald. Erst wenige Minuten zuvor wurde ihm klar, dass er selbst ein Horkrux ist und ein Sieg über Lord Voldemort in der Schlacht um Hogwarts seinen eigenen Tod mitbedingt. Denn nur wenn das Seelenstück Voldemorts in ihm (mit ihm) stirbt, kann auch der Dunkle Lord getötet werden. Diese Erkenntnis veranlasst ihn, jene Loyalität, die Hogwarts ihm entgegenbringt, zurückzugeben. Er entschließt sich, die Zauberwelt durch seinen Tod zu erlösen.

Doch erneut überlebt Harry Potter den Avada-Kedavra-Fluch. Den Grund dafür erläutert Dumbledore ihm in einem introspektiven Dialog, der auf der fantastischen Ebene in einer Art Zwischenwelt verortet wird, die an den Londoner Bahnhof Kings Cross erinnert – so auch der Titel des entsprechenden Kapitels. Harry erkennt, dass jenes Ritual am Friedhof von Little Hangleton, das am Ende des vierten Bandes („Harry Potter und der Feuerkelch") stattgefunden hat, nicht nur zu einer Wieder-Beleibung Lord Voldemorts geführt, sondern durch den Austausch von Blut auch Lilys Schutzzauber verdoppelt hat: Nicht nur der ‚Horkrux' hat seitdem die beiden Leben aneinander gebunden, sondern auch dieser Schutzzauber. Solange Lord Voldemort lebt, kann auch Harry Potter nicht sterben.

Es sind also nicht die Heiligtümer des Todes, die in der finalen Szene im verbotenen Wald Harry Potters Leben retten. Und dennoch spielen sie eine entscheidende Rolle. Gemeint sind mit diesen Heiligtümern des Todes drei Gegenstände, die selbst innerhalb der sekundären Welt des Romans einen mythogenen Ursprung haben. Die Idee ihrer Existenz entstammt einem alten Märchen der Zauberwelt, in dem drei Brüder versuchen, den (personifizierten) Tod zu überlisten. Der Tod jedoch ist auch in der Zauberwelt irreversibel. Dennoch hat sich – basierend auf dem Märchen – in der Zauberwelt die Idee etabliert, dass diese Heiligtümer nicht nur existieren, sondern im Miteinander auch die Macht besitzen, den Tod zu überwinden. Wer also Tarnumhang, Stein der Auferstehung und Elderstab (invisible cloak, resurrection stone und elder wand) besitzt, wird zum Gebieter über den Tod.

Was damit wirklich gemeint ist, zeigt sich im verbotenen Wald. Denn nicht die Kraft der Heiligtümer lässt Harry Potter überleben, sondern das magische Band zwischen ihm und Lord Voldemort. Doch die Heiligtümer des Todes geben Harry Potter die Kraft, sich Lord Voldemort überhaupt erst zu stellen. Denn, so erklärt es Dumbledore, nur der wahre Gebieter über die Heiligtümer des Todes fürchtet den Tod nicht.

Als der Goldene Schnatz sich öffnet, wird Harry Potter durch die Kraft des Steins der Auferstehung von jenen begleitet, die vorangegangen sind. Es handelt sich um *eine Art Heiligengemeinschaft*, die darauf verweist, dass Harry Potter auch in diesem Moment aus der Fülle an Beziehungen heraus agiert. Familie, Freunde und Gefährten gehen dabei eine symbiotische Beziehung ein, denn die Gemeinschaft der Toten verkörpert hier jene der Lebenden. Wie der Textausschnitt zeigt, führt Harry Potters Weg in den Wald zeichenhaft an dieser Gemeinschaft der Lebenden vorbei: Er trifft auf Ginny. In seiner Liebe zu ihr spiegelt sich jene zwischen seinen Eltern. Er erinnert sich an Erlebnisse mit Ron und Hermine. Seine Freundschaft zu ihnen entspricht jener der verwegenen Animagi Remus, James und Sirius. Mit Hermine wird auch die Lebenswelt der Muggel (der menschlichen Nicht-Zauberer der Potter-Welt) mit hereingenommen, mit Ron der Familienverband der Weasleys, in den Harry seit dem ersten Band integriert ist.

Alle zusammen bilden den Kern des Orden des Phönix, jener Gruppe von Gefährtinnen und Gefährten also, die sich als beherzter und couragierter, wenn auch zum Teil devastierter Haufen den hierarchisch organisierten, eiskalten Todessern entgegenstellen. Harry geht an der Hagrids Hütte vorbei. Hagrid ist jener Wildhüter von Hogwarts, der stets an den heiligen Christophorus erinnert, an jenen Hünen, der das Christuskind über das Wasser trägt. Auch Hagrid wurde als ein solcher ‚Träger‘ des Potter-Kindes in die Romanserie eingeführt (auch wenn er Harry nicht schultert, sondern dessen Babykörbchen auf sein antikes Motorrad packt). Mit ihm und der Erinnerung an den norwegischen Stachbuckel Little Norbert werden eine Vielzahl an magischen Geschöpfen in das Beziehungsgeflecht miteinbezogen. Harry Potter hat sich immer durch seine besondere Wertschätzung von Riesen, Zentauren, Elfen, Kobolden, Greifen und Gespenstern ausgezeichnet und damit stets jene Geisteshaltung verkörpert, die sich in der Chiffre von Hogwarts verdichtet. Unter seinem Leiter Albus Dumbledore ist Hogwarts jener gerechte Ort, an dem Zauberer ohne Vorbedingung aufgenommen und alle magischen Geschöpfe geachtet werden. Es ist jener Ort, an dem sich ein Leben aus jenem unbedingten Angenommensein verwirklicht, das zur Selbstannahme und zum Annehmen der anderen befreit.

4. Aufbruch zu einem freien Leben

Harry Potter nennt diesen Ort sein wahres Zuhause. Aus seiner Zugehörigkeit zu dieser Gemeinschaft (Gemeinde) heraus vermag er sein Leben hinzugeben, um die Lebenden (und die Toten) von der bösen Kraft des Lord Voldemort zu befreien. In dieser Situation öffnet sich der Goldene Schnatz für ihn und gibt den Stein der Auferstehung frei. Ein letztes Mal wird damit der entscheidende Unterschied zwischen Harry Potter und Lord Voldemort sichtbar: Der Dunkle Lord fürchtet nichts so sehr wie den Tod (und wollte sich mit den schwarzmagischen Horkruxen ewiges Leben sichern). Harry Potter jedoch zeigt, dass die Macht der Liebe jene des Todes übersteigt. Der Stein dient ihm nicht dazu, die Toten in das Reich der Lebenden zurückzuholen. Nicht er holt sie, sondern sie holen ihn. Diejenigen, die ihm vorangegangen sind, begleiten ihn nun in den vermeintlichen Tod hinein.

Harry weiß zu diesem Zeitpunkt noch nicht, dass er auch der Gebieter über den magischen Elderstab ist, den Lord Voldemort führt. Er besitzt die drei Heiligtümer nicht; sie sind jedoch in der Situation seiner Selbstaufopferung im Handlungsraum verstreut und können im Sinne einer dreifaltigen Wirkmacht nicht vereinzelt gedacht werden. Daher erweist Harry Potter sich im Moment der Bereitschaft, sein Leben hinzugeben und Hogwarts zu erlösen, als ihr wahrer Gebieter; denn nur wer wahrhaft liebt, kann zu ihrem Gebieter werden – und nur wer sich als ihr wahrer Gebieter erweist, fürchtet den Tod nicht und vermag sich aus Liebe zu opfern. Der soteriologische Aspekt des Handelns Harry Potters zeigt sich also in jener „Lebenshingabe" (*Lehmann* 1982, 303), von der Karl Lehmann mit Blick auf ein Kontinuum im göttlichen Erlösungsgeschehen spricht. In diesem Sinne verkörpert auch Harry Potter den wahren Menschen im Sinne des wahrhaft liebenden Menschen. Wenn er also Lord Voldemorts Angriff im verbotenen Wald überlebt, ist damit nicht nur jenes Überleben gemeint, das Lord Voldemort sich durch die Existenz von Horkruxen gesichert hat; gemeint ist damit ein Leben aus der Fülle seiner Beziehungsmöglichkeiten heraus, ein Leben, das auf einem christlichen Person-Sein beruht, das bestimmt wird durch die Einmaligkeit einer Person, durch Freiheit, Unersetzbarkeit und Würde.

Gemeint ist damit aber auch ein von der „Sündenmacht" (Röm 6,4) befreites Leben. Verkörpert wird jene menschliche Schuldverstrickung, von der Paulus in seinem Römerbrief spricht, von der teuflischen Un-Person Lord Voldemort; im Kampf gegen ihn jedoch bleibt niemand frei von Schuld und auch Harry Potter wendet so genannte unverzeihliche Flüche an – wenn auch niemals den schlimmsten unter ihnen. Er bezwingt Lord Voldemort im finalen Kampf durch sein Wissen um die Geheimnisse des Elderstabs, des mächtigsten Zauberstabes der Zauberwelt. Zu diesem Kampf kann es aber überhaupt erst kommen, weil mit dem Todesfluch, den Lord Voldemort im verbotenen Wald auf Harry Potter abgefeuert hat, zwar nicht Harry Potter selbst, aber der Horkrux in ihm gestorben ist. Auch daran lässt sich christologische Bedeutung ablesen: Wenn Paulus davon spricht, dass wir in Jesu Tod hinein getauft wurden, ist damit gemeint, dass erlöstes und befreites menschliches Leben nur möglich ist, weil mit Jesu Tod auch jene Sündenmacht gestorben ist, in die der Mensch verstrickt ist. Der Angriff auf Harry Potter mag als Erklärungsmuster dienen, was damit gemeint ist: Harry Potters Bereitschaft, aus Liebe zu den Menschen und magischen Wesen zu sterben, befreit ihn von seinem Horkrux – befreit ihn also vom Anteil, den er an der teuflischen Un-Person Voldemort hat; er befreit ihn von seinem Anteil am Bösen an sich, seinem Anteil an der Sündenmacht, die jeder Mensch in sich trägt. Sein selbstbestimmtes, moralisches Handeln, das nicht nur christlich gelesen werden darf, sondern sogar muss, befähigt ihn, sich Voldemort zu stellen; und führt zu jenem aus Liebe befreitem Handeln, mit dem er die Macht Lord Voldemorts letztlich bricht. Harry Potter lebt also den Zirkelschluss des Vertrauens, der der Rechtfertigungslehre von Paulus zugrunde liegt

und schafft damit ein neues Hogwarts – eine neue, gerechte Welt, in der
der Wolf „Schutz beim Lamm" findet (Jes 11,6):

McGonagall hatte die Haustische wieder aufgestellt, aber niemand
saß mehr dort, wo er seinem Haus nach hingehörte: Alle waren bunt
durcheinandergewürfelt, Lehrer und Schüler, Gespenster und Eltern,
Zentauren und Hauselfen, und Firenze lag in einer Ecke, um sich zu
erholen, und als Grawp durch ein zerschmettertes Fenster herein-
lugte, warfen sie ihm Essen in den lachenden Mund.

Joanne K. Rowling, Harry Potter und die Heiligtümer des Todes, 753f.

Nachwort

Der Bogen der aufgenommenen Texte spannt sich weit: Gedichte stehen neben Auszügen aus Erzählungen und Romanen; Kinderbücher stehen neben Jugendromanen, ‚Erwachsenenliteratur' und kaum spezifizierbaren ‚All-Age-Texten'; jüdische, christliche, muslimische Einflüsse und Themenfelder werden sichtbar, aber auch religionslose Kontexte werden verdichtet und erzählt; im Original deutschsprachige Texte finden sich neben Übersetzungen aus unterschiedlichen Sprach- und Kulturräumen. Diese formale wie inhaltliche Vielfalt der Textwelten spiegelt sich in den Zugängen der unterschiedlichen Autorinnen und Autoren der hier wiedergegebenen Beiträge.

- Einige blieben ganz eng bei einem ausgesuchten Text und bieten eine Art ‚close reading'. Andere ordnen den Text ein in das Gesamtwerk des jeweiligen Autors oder der Autorin, unter Umständen auch in den Kosmos thematisch oder formalähnlicher Werke anderer.
- Manche deuten vorsichtig an, wie die gedeuteten Texte für Schule und Erwachsenbildung fruchtbar werden können, andere beziehen sich ganz konkret auf Vorgaben von Lehrplänen und geben Lernziele, zu fördernde Kompetenzen und methodisch genau ausbuchstabierte Wege an.
- Manche erzählen eine Geschichte rund um den zentralen Text, andere bleiben distanziert-analytisch.

Diese Vielfalt der Zugänge macht im Zusammenspiel mit der Vielfalt der Texte – so hoffen wir – den Reiz dieses Buches aus. Denn auch Leserinnen und Leser erwarten ganz Unterschiedliches. Zweierlei wollen wir ermöglichen: Das Eintauchen in spannende aktuelle Lesewelten im Feld von (zum Teil im weitesten Sinne) religiös-literarischen Texte um ihrer selbst wollen, aber auch das Angebot, mit diesen Texten und den Deutungen sowie Hinweisen ganz konkret in Religionsunterricht und Erwachsenenbildung zu arbeiten. Ob diese Impulse umgesetzt werden können, Gestalt annehmen, Orientierung geben, entscheidet sich allein im Einzelfall. Nachdrücklich laden wir dazu ein, Texte und Lernverfahren auszuprobieren, zu variieren, zu verbessern. Auf Rückmeldungen jeder Art sind wir gespannt.

Unser Dank gilt allen Beiträgerinnen und Beiträgern, die sich auf diesen Zugang eingelassen haben. Frau stud. päd. *Sabine Zeier* hat sich mit großem Einsatz um die Feinarbeiten am Manuskript bemüht. *Michael Winklmann* hat das Manuskript kritisch gegengelesen und Verbesserungsvorschläge beigesteuert. Beiden: Vielen Dank! Für ständig aktuelle Hinweise auf für die gewählte Fragestellung relevante literarische wie forschungsbezogene Werke Neuerscheinungen verweisen wir abschließend auf die Websites:

- www.theologie-und-literatur.de
- www.religion-im-kinderbuch.de

Georg Langenhorst/Eva Willebrand
im Januar 2017

Textquellen

An dieser Stelle sind die zwanzig Texte aufgeführt, denen die einzelnen Kapitel jeweils ihr Hauptaugenmerk widmen. Die bibliografischen Angaben zu weiterer Primär- und Sekundärliteratur sind weiter hinten im Literaturverzeichnis zu finden.

Text 1: *Rafik Schami*, „Wie sehe ich aus?", fragte Gott. Mit Illustrationen von Sandra Beer, (¹2011), edition chrismon: Frankfurt a. M. ³2014.

Text 2: *Daniel Kehlmann*, F. Roman, Rowohlt-Verlag, Hamburg 2013, 75–81.

Text 3: *Andreas Knapp*, Weiter als der Horizont. Gedichte über alles hinaus, Echter-Verlag: Würzburg 2002, 32.

Text 4: *Michael Krüger*, Ins Reine. Gedichte, Suhrkamp-Verlag: Berlin 2010, 98.

Text 5: *Esther Maria Magnis*, Gott braucht dich nicht. Eine Bekehrung, Rowohlt-Verlag: Hamburg 2014, 75.

Text 6: *Tamara Bach*, Marienbilder, Roman. Carlsen-Verlag: Hamburg 2014, 109–111.

Text 7: *Nils Mohl*, Stadtrandritter. Roman, Rowohlt-Verlag: Hamburg 2013, 83–87.

Text 8: *Makiia Lucier*, Das Fieber. Roman, Königskinder-Verlag: Hamburg 2015, 306–312.

Text 9: *Wolfgang Herrndorf*, Bilder deiner großen Liebe. Ein unvollendeter Roman, Rowohlt-Verlag: Berlin ²2014, 58–59.

Text 10: *Erika Burkart*, Nachtschicht / *Ernst Halter*, Schattenzone. Gedichte, Weissbooks: Frankfurt 2011, 62.

Text 11: *Jürg Schubiger / Rotraut Susanne Berner*, Als der Tod zu uns kam. Peter Hammer-Verlag: Wuppertal 2011.

Text 12: *Ernesto Cardenal*, Etwas, das im Himmel wohnt. Neue Gedichte, aus dem Spanischen von Lutz Kliche, Peter Hammer-Verlag: Wuppertal 2014, 7–9.

Text 13: *Ralf Rothmann*, Ein Winter unter Hirschen. Erzählungen, Suhrkamp-Verlag: Frankfurt a.M. 2001, 100–102.

Text 14: *Patrick Roth*, SUNRISE. Das Buch Joseph, Roman, Wallstein-Verlag: Göttingen 2012, 125–127; 160–165.

Text 15: *Leonardo Padura*, Ketzer. Roman, Unionsverlag: Zürich 2014, 281.

Text 16: *Eva Lezzi*, Beni und die Bat Mitzwa, Hentrich und Hentrich-Verlag: Berlin 2015, 18–23.

Text 17: *Elif Shafak*, Die vierzig Geheimnisse der Liebe. Roman, Kein und Aber-Verlag: Zürich 2013, 31f.

Text 18: *Navid Kermani*, Große Liebe. Roman, Carl Hanser-Verlag: München 2014, Kap. 66.

Text 19: *Cassandra Clare*, Chroniken der Unterwelt. City of Bones. Roman, Arena-Verlag: Würzburg ⁴2009, 261–263.

Text 20: *Joanne K. Rowling*, Harry Potter und die Heiligtümer des Todes. Roman, Carlsen-Verlag: Hamburg 2007, 704–708.

Literaturverzeichnis

Die bibliografischen Angaben zu den zwanzig Texten, denen die einzelnen Kapitel jeweils ihr Hauptaugenmerk widmen, sind weiter vorne unter „Textquellen" zu finden.

ALTMEYER, STEFAN, Fremdsprache Religion? Sprachempirische Studien im Kontext religiöser Bildung, Stuttgart 2011.

BACH, TAMARA, Marsmädchen. Roman, München 2009.

BADEN, HANS JÜRGEN, Der verschwiegene Gott. Literatur und Glaube, München 1963.

BEDERNA, KATRIN, „für mich gibt's ihn halt, weil er kann nichts dafür". Kriterien einer Theodizeedidaktik, in: *Sabine Pemsel-Maier/Mirjam Schambeck* (Hg.), Keine Angst vor Inhalten! Systematisch-theologische Themen religionsdidaktisch erschließen, Freiburg 2015, 111–129.

BERTSCH-NÖDINGER, HEIKE/NEHER, MARTIN/STARK, NELI, „Gott braucht dich nicht". Eine Unterrichtseinheit zu dem gleichnamigen Buch von Esther Maria Magnis für die Sekundarstufe II, Stuttgart 2016.

BORGESON, PAUL W., Ernesto Cardenal, Respuesta a las preguntas de los estudiantes de letras, in: Revista Iberoamericana 45, Nr. 108/109 (1979), 627–638.

BRAUN, MICHAEL, Geschichten, die nicht in der Bibel stehen. Joseph und die Heilige Familie in Patrick Roths Roman „Sunrise. Das Buch Joseph", in: *Michaela Kopp-Marx/Georg Langenhorst* (Hg.), Die Wiederentdeckung der Bibel bei Patrick Roth. Von der „Christus-Trilogie" bis „SUNRISE. Das Buch Joseph", Göttingen 2014, 248–266.

BRECHT, BERTOLT, Die Verwandlung der Götter, in: DERS., Werke, Bd. 3: Stücke 3, hg. von *Werner Hecht* u.a., Berlin/Weimar/Frankfurt a. M. 1988.

BÜTTNER, GERHARD u.a. (Hg.), Narrativität. Jahrbuch für konstruktivistische Religionspädagogik 7, Babenhausen 2016.

BURKART, ERIKA, Ortlose Nähe. Gedichte, Zürich 2005.

DIES., Langsamer Satz. Gedichte, Zürich 2002.

DIES., Am Fenster, wo die Nacht einbricht. Aufzeichnungen, hg. von *Ernst Halter*, Zürich 2013.

CARDENAL, ERNESTO, Aus Sternen geboren. Das poetische Werk, 2 Bde., aus dem Spanischen von *Lutz Kliche*, Wuppertal 2012.

DERS., Diese Welt und eine andere. Essays, aus dem Spanischen von *Lutz Kliche*, Wuppertal 2013.

DERS., Mein Leben für die Liebe. Gespräche, hg. von *Ronald Grätz* und *Hans-Joachim Neubauer*, aus dem Spanischen von *Lutz Kliche*, Göttingen 2016.

CHO, YUN-CHU, Isas Ticken. Wahnsinn und Tod in Wolfgang Herrndorfs „Bilder deiner großen Liebe" (2014), in: Text und Kontext 37 (2015) 149–171.

Der Religionsunterricht in der Schule, in: Gemeinsame Synode der Bistümer in der Bundesrepublik Deutschland. Offizielle Gesamtausgabe, hg. im Auftrag des Präsidiums der Gemeinsamen Synode der Bistümer in der Bundesrepublik Deutschland und der Deutschen Bischofskonferenz, Bd. 1, Freiburg 1976, 113–152.

Der Religionsunterricht vor neuen Herausforderungen, hg. vom Sekretariat der Deutschen Bischofskonferenz, Bonn 2005.

EICHMANN-LEUTENEGGER, BEATRICE, Unter schwarzen Sternen. Erika Burkart und Ernst Halter im lyrischen Zwiegespräch, in: Neue Zürcher Zeitung, 19. Mai 2011.

Einheitliche Prüfungsanforderungen in der Abiturprüfung Katholische Religionslehre, hg. von der Ständigen Konferenz der Kultusminister der Länder in der Bundesrepublik Deutschland, München/Neuwied 2007.

ENGLERT, RUDOLF, Religion gibt zu denken. Eine Religionsdidaktik in 19 Lehrstücken, München 2013.

FRICKEL, DANIELA, Out oder Out of Order? Über den lieben Gott im postmodernen jugendliterarischen Adoleszenzroman, in: 1000 und 1 Buch 3/2014, 25–28.

GELLNER, CHRISTOPH, Schriftsteller lesen die Bibel. Die Heilige Schrift in der Literatur des 20. Jahrhunderts, Darmstadt 2004.

DERS., „… nach oben offen". Literatur und Spiritualität – zeitgenössische Profile, Ostfildern 2013 (2013a).

DERS., „Eine Welt ohne Geheimnis ist eine leere Nuss." Gott in den späten Aufzeichnungen und Gedichten von Erika Burkart, in: Geist und Leben 86 (2013), 344–350 (2013b).

DERS./LANGENHORST, GEORG, Blickwinkel öffnen. Interreligiöses Lernen mit literarischen Texten, Ostfildern 2013.

GOLL, YVAN, Die Lyrik. Bd. II: Liebesgedichte 1917–1950, hg. von *Barbara Glauert-Hesse*, Berlin 21996.

GRAF, FRIEDRICH WILHELM, Tumult im Theotop. Akademische Theologie in der Krise, in: FAZ, 21.02.2008.

GROM, BERNHARD, „… den sie früher Gott genannt hätten". Spirituelle Sprechversuche in der deutschen Gegenwartslyrik, in: Stimmen der Zeit 222 (2004), 127–137.

HALBFAS, HUBERTUS, Literatur und Religion. Ein Lesewerk, 3 Bde.: Das Christenhaus/Das Menschenhaus/Das Weltenhaus, Ostfildern 2015/16/17.

HALTER, ERNST, Wider das Große Schweigen. Zu den letzten Gedichten von Erika Burkart, in: Erika Burkart, Nachtschicht/*ders.*: Schattenzone. Gedichte, Frankfurt 2011, 9–18.

HEIDLER, CHRISTINA, Zwischen Magie, Mythos und Monotheismus. Fantasy-Literatur im Religionsunterricht, Ostfildern 2016.

HEGER, JOHANNES, Auferstehung im 21. Jahrhundert?! – Ein religionsdidaktischer Versuch zwischen Kulturhermeneutik, Literatur und Korrelation, in: *Pemsel-Maier, Sabine/Schambeck, Mirjam* (Hg.), Keine Angst vor Inhalten! Systematisch-theologische Themen religionsdidaktisch erschließen, Freiburg 2015, 298–316.

HERRNDORF, WOLFGANG, Tschick. Roman, Berlin 162011.

DERS., Arbeit und Struktur, Berlin 2013.

HILGER, GEORG, Ästhetisches Lernen, in: *ders./Stephan Leimgruber/Hans-Georg Ziebertz* (Hg.), Religionsdidaktik. Ein Leitfaden für Studium, Ausbildung und Beruf. Neuausgabe, München 62010, 334–343.

HOFMANN, MICHAEL/IULIA-KARIN PATRUT, Einführung in die interkulturelle Literatur, Darmstadt 2015.

HONIGMANN, BARBARA, Damals, dann und danach, München/Wien 1999.

HUNZE, GUIDO, Die Entdeckung der Welt als Schöpfung. Religiöses Lernen in naturwissenschaftlich geprägten Lebenswelten, Stuttgart 2007.

HURTH, ELISABETH, Fragwürdige Geheimnisse, in: Herder Korrespondenz 60 (2006), 240–245.

IMBACH, JOSEF, Christologische Spurenelemente. Zum Jesusbild in der zeitgenössischen Literatur, in: Miscellanea Francescana 78 (1978) 50–80.

KAYSER, WOLFGANG, Wer erzählt den Roman? In: *Fotis Jannidis* u.a. (Hg.), Texte zur Theorie der Autorschaft, Stuttgart 2000, 127–137.

KANT, IMMANUEL, Werke, hg. von der Königlich Preußischen Akademie der Wissenschaften, Band V: Kritik der praktischen Vernunft. Kritik der Urtheilskraft, Berlin 1968.

KERMANI, NAVID, Der Schrecken Gottes. Attar, Hiob und die metaphysische Revolte, München 2005.

DERS., Zwischen Koran und Kafka. West-östliche Erkundungen, München ⁴2015 (2015a).

DERS., Wer ist Wir? Deutschland und seine Muslime, München ⁴2015 (2015b).

Kernlehrplan für die Gesamtschule in Nordrhein-Westfalen. Katholische Religionslehre, hg. vom Ministerium für Schule und Weiterbildung des Landes Nordrhein-Westfalen, Düsseldorf 2013.

Kirchliche Richtlinien zu den Bildungsstandards für den katholischen Religionsunterricht in der Grundschule/Primarstufe, hg. vom Sekretariat der Deutschen Bischofskonferenz, Bonn 2006.

KNAPP, ANDREAS, Höher als der Himmel. Göttliche Gedichte, Würzburg 2010.

DERS., Lebensspuren im Sand. Spirituelles Tagebuch aus der Wüste, Freiburg 2015.

Kompendium der Glaubensbekenntnisse und kirchlichen Lehrmeinungen, hg. von Peter Hünermann, Freiburg ⁴³2010.

KOPP-MARX, MICHAELA/LANGENHORST, GEORG (Hg.), Die Wiederentdeckung der Bibel bei Patrick Roth. Von der „Christus-Trilogie" bis „SUNRISE. Das Buch Joseph", Göttingen 2014.

KOPP-MARX, MICHAELA, „Denn ins Herz reißt ER mir sein Geritz". Das Gottesbild in „Sunrise. Das Buch Joseph", in: dies./Georg Langenhorst (Hg.), Die Wiederentdeckung der Bibel bei Patrick Roth. Von der „Christus-Trilogie" bis „SUNRISE. Das Buch Joseph", Göttingen 2014, 209–236.

KROPAČ, ULRICH, Leser – Text – Kontext. Bibeldidaktik im Horizont (post-)moderner literaturtheoretischer Strömungen, in: Religionspädagogische Beiträge 75 (2016), 62–71.

KRÜGER, MICHAEL, Brief nach Hause. Gedichte, Salzburg/Wien 1993.

DERS., Nachts, unter Bäumen. Gedichte, Salzburg/Wien 1996.

DERS., Wettervorhersage. Gedichte, Salzburg/Wien 1998.

DERS., Aus dem Leben eines Erfolgsschriftstellers. Geschichten, Frankfurt 2000.

DERS., Das falsche Haus. Novelle, Frankfurt 2002.

DERS., Kurz vor dem Gewitter. Gedichte, Frankfurt 2003.

DERS., Die Turiner Komödie. Bericht eines Nachlassverwalters, Frankfurt 2005.

DERS., Unter freiem Himmel. Gedichte, Frankfurt 2007.

DERS., Ins Reine. Gedichte, Berlin 2010.

DERS., Umstellung der Zeit. Gedichte, Berlin 2013.

KUMLEHN, MARTINA, Mimesis – Performanz – Narrative Identität. Religiöse Textwelten „bewohnen" und darstellen, in: Thomas Klie/Silke Leonhard (Hg.), Performative Religionsdidaktik. Religionsästhetik – Lernorte – Unterrichtspraxis, Stuttgart 2008, 102–113.

KURZ, PAUL KONRAD, Der zeitgenössische Jesus-Roman, in: ders., Über moderne Literatur III. Standorte und Deutungen, Frankfurt 1971, 174–201.

KUSCHEL, KARL-JOSEF, Jesus in der deutschsprachigen Gegenwartsliteratur (11978), München/Zürich 1987.

DERS., „Vielleicht hält Gott sich einige Dichter ...". Literarisch-theologische Porträts (11991), Mainz 21996.

DERS., Im Spiegel der Dichter. Mensch, Gott und Jesus in der Literatur des 20. Jahrhunderts, Düsseldorf 1997.

DERS., Gott liebt es, sich zu verstecken. Literarische Skizzen von Lessing bis Muschg, Ostfildern 2007.

DERS., Von „Riverside" bis „Sunrise". Spiegelungen Jesu im Werk von Patrick Roth, in: *Michaela Kopp-Marx/Georg Langenhorst* (Hg.), Die Wiederentdeckung der Bibel bei Patrick Roth. Von der „Christus-Trilogie" bis „SUNRISE. Das Buch Joseph", Göttingen 2014, 44–68.

LANGENHORST, ANNEGRET, Ernesto Cardenal, in: Stimmen der Zeit 213 (1995), 412-420.

DIES./LANGENHORST, GEORG, Fachdidaktik Religion und Fachdidaktik Deutsch. Chancen und Grenzen der Kooperation, in: Theo-Web. Zeitschrift für Religionspädagogik 7 (2008), 88–104.

LANGENHORST, GEORG, Gedichte zur Bibel. Texte – Interpretationen – Methoden. Ein Werkbuch für Schule und Gemeinde (¹2001), München ²2004.

DERS., Gedichte zur Gottesfrage. Texte – Interpretationen – Methoden. Ein Werkbuch für Schule und Gemeinde, München 2003.

DERS., Theologie und Literatur. Ein Handbuch, Darmstadt 2005.

DERS. (Hg.), Gestatten: Gott! Religion in der Kinder- und Jugendliteratur der Gegenwart, München 2011.

DERS., Literarische Texte im Religionsunterricht. Ein Handbuch für die Praxis, Freiburg/Basel/Wien 2011.

DERS., „Am Ende ist man religiöser, als man ahnt". Religion und Konfession im Werk Ralf Rothmanns, in: *Jürgen Egyptien* (Hg.), Literatur in der Moderne. Jahrbuch der Walter-Hasenclever-Gesellschaft Bd. 7 (2010/11), Göttingen 2011, 27–52.

DERS., Theologie und Literatur: Aktuelle Tendenzen, in: ThRv 109 (2013), 355–372.

DERS., „Ich gönne mir das Wort Gott". Annäherungen an Gott in der Gegenwartsliteratur, Freiburg/Basel/Wien 2014.

DERS., Von der Theodizee zum Trost. Die Theodizeefrage im Religionsunterricht, in: RelliS 2/2015, 19–23.

DERS., Die Gottesfrage in der Literatur buchstabiert: Religionsdidaktische Reflexionen, in: *Sabine Pemsel-Maier/Mirjam Schambeck* (Hg.), Keine Angst vor Inhalten! Systematisch-theologische Themen religionsdidaktisch erschließen, Freiburg 2015, 130–147.

DERS., Fortschreibungen mystischer Poesie. Die Dichter Christian Lehnert und Andreas Knapp, in: Geist & Leben 88 (2015), 294–305.

DERS., „… in diesem Namen aber …" (Andreas Knapp). Jesus in literarischen Texten des 21. Jahrhunderts, in: *Thomas Fornet-Ponse* (Hg.), Jesus Christus. Von alttestamentlichen Messiasvorstellungen bis zur literarischen Figur, Münster 2015, 163–185.

DERS., Mehr als eine Glaubensfrage. Kinder- und jugendliterarische Darstellungen des Judentums aus religiöser Perspektiv, in: *Jana Mikota/Claudia Maria Pacher/Gabriele von Glasenapp* (Hg.), Literarisch-kulturelle Begegnungen mit dem Judentum. Beiträge zur kinderliterarischen Fachöffentlichkeit, Baltmannsweiler 2016, 49–64.

DERS./ELISABETH NAURATH (Hg.), Kindertora – Kinderbibel – Kinderkoran. Neue Chancen für (inter-)religiöses Lernen, Freiburg 2017.

LEHMANN, KARL, „Er wurde für uns gekreuzigt." Eine Skizze zur Neubesinnung in der Soteriologie, in: Theologische Quartalschrift 162 (1982), 298–317.

LEITNER, ANTON. G./SIEGFRIED VÖLLGER (Hg.), Zum Teufel, wo geht's in den Himmel. Poetische Wege, München 2005.

LEJEUNE, PHILIPPE, Der autobiographische Pakt, Frankfurt 1994.

Lernfelder des Glaubens. Grundlagenplan für den katholischen Religionsunterricht im 5. bis 10. Schuljahr. Revidierter Zielfelderplan, hg. von der Zentralstelle Bildung der Deutschen Bischofskonferenz, München 1984.

LEXE, HEIDI, Pippi, Pan und Potter. Zur Motivkonstellation in den Klassikern der Kinderliteratur, Wien 2003.

DIES., ... deine Welt sind die Berge? Der metaphorische Berg als Versatzstück der Kinder- und Jugendliteratur, in: ide (Informationen zur Deutschdidaktik) 1/2014, 38–45 (2014a).

DIES., Es geht nicht ohne den Glauben an irgendwas: Nils Mohl im Gespräch mit Heidi Lexe, in: 1000 und 1 Buch 3/2014, 20–21 (2014b).

DIES., ...for Neither Can Live While the Other Survives ... Die magische Verbindung zwischen den Antagonisten als Grundmotiv der Harry Potter-Serie, in: Harry Potter intermedial. Untersuchungen zu den (Film-)Welten von Joanne K. Rowling, hg. v. Tobias Kurwinkel/Philipp Schmerheim/Annika Kurwinkel, Würzburg 2014, 131–145 (2014c).

LISS, HANNA/LANDTHALER, BRUNO: Erzähl es deinen Kindern. Die Torah in fünf Bänden. Mit Illustrationen von Darius Gilmont, 5 Bde., Berlin 2014–2016.

LYPP, MARIA, Sperrige Wunder. Zu Jürg Schubigers Erzählungen, in: Nebenan. Der Anteil der Schweizer an der deutschsprachigen Kinder- und Jugendliteratur, hg. v. Schweizerischen Jugendbuch-Institut, Zürich 1999, 235–246.

DIES., Philosophisch-poetische Schnittpunkte in der Kinderliteratur, in: Am Anfang war das Staunen. Wirklichkeitsentwürfe in der Kinder- und Jugendliteratur, hg. v. Gerhard Härle/Gina Weinkauff, Baltmannsweiler 2005, 25–36.

MAIER, ANDREAS, Ich gönne mir das Wort Gott. Gespräch, in: Die ZEITLITERATUR, März 2005.

MENDL, HANS, Religion erleben. Ein Arbeitsbuch für den Religionsunterricht. 20 Praxisfelder, München 2008.

DERS., Warum Instruktion nicht unanständig ist, in: Katechetische Blätter 135 (2010), 316–321.

DERS., Religionsdidaktik kompakt. Für Studium, Prüfung und Beruf, München 2011.

MOTTÉ, MAGDA, Religiöse Erfahrung in modernen Gedichten. Texte, Interpretationen, Unterrichtsskizzen, Freiburg i. Br./Basel/Wien 1972.

DIES., Auf der Suche nach dem verlorenen Gott. Religion in der Literatur der Gegenwart, Mainz 1996.

NIPKOW, KARL ERNST, Erwachsenwerden ohne Gott? Gotteserfahrung im Lebenslauf, Gütersloh 1987.

NOVALIS, Werke, hg. von Gerhard Schulz, München ³1987.

ÖZDAMAR, EMINE SEVGI, Der Hof im Spiegel. Erzählungen (¹2002), Köln ²2005.

PETERS, BERGIT, „Lass' leuchten – auch im Dunkeln. Die Suche nach den passenden Worten, um dem Erlebten einen Ausdruck zu verleihen", in: Katechetische Blätter 141 (2016), 82–85.

PIRKER, VIERA, Lernen mit der eigenen Biografie in der Religionslehrerbildung. Theoretische Aspekte, in: RpB 74 (2016), 56–67.

RAHNER, JOHANNA, Einführung in die christliche Eschatologie, Freiburg 2010.

RAHNER, KARL, Von der Unbegreiflichkeit Gottes. Erfahrungen eines katholischen Theologen, hg. von Albert Raffelt, Freiburg i. Br./Basel/Wien 2004.

RANK, BERNHARD, Jürg Schubiger: Kinderliteratur der Nachdenklichkeit. Interpretationen und Unterrichtsvorschläge für die Grundschule und Sekundarstufe I, Baltmannsweiler 2012.

REINMUTH, ECKART, Der Gott des Entsetzens. Neutestamentliche Stimmlagen in Patrick Roths „Sunrise. Das Buch Joseph", in: Michaela Kopp-Marx/Georg Langenhorst

(Hg.), Die Wiederentdeckung der Bibel bei Patrick Roth. Von der „Christus-Trilogie" bis „SUNRISE. Das Buch Joseph", Göttingen 2014, 189–208.

REIS, OLIVER, Die Prophezeiung der Sibyl Trelawney. Biographie unter Erwartungen, in: Faszination Harry Potter: Was steckt dahinter?, hg. v. *Detlev Dormeyer/Friedhelm Munzel*, Berlin 2005, 57–67.

REUSS, NINA, Seelsorge im Religionsunterricht, Saarbrücken 2008.

RITTER, WERNER H. u.a., Leid und Gott. Aus der Perspektive von Kindern und Jugendlichen, Göttingen 2006.

RÖCKEL, GERHARD/BUBOLZ, GEORG, Texte erschließen. Grundlagen – Methoden – Beispiele für den Deutsch- und Religionsunterricht, Düsseldorf 2006.

ROTH, PATRICK, Ins Tal der Schatten. Frankfurter Poetikvorlesungen, Frankfurt a.M. 2002.

DERS., Zur Stadt am Meer. Heidelberger Poetikvorlesungen, Frankfurt a.M. 2005.

ROTHGANGEL, MARTIN, Naturwissenschaft und Theologie. Wissenschaftstheoretische Gesichtspunkte im Horizont religionspädagogischer Überlegungen, Göttingen 1999.

ROTHMANN, RALF, Feuer brennt nicht. Roman, Frankfurt a.M. 2009.

ROWLING, JOANNE K., Harry Potter und der Stein der Weisen / Harry Potter und die Kammer des Schreckens / Harry Potter und des Gefangene von Askaban / Harry Potter und der Feuerkelch / Harry Potter und der Orden des Phönix / Harry Potter und der Halbblutprinz / Harry Potter und die Heiligtümer des Todes, Hamburg 1998 / 1999 / 1999 / 2000 / 2003 / 2005 / 2007.

DIES./TIFFANY, JOHN/THORNE, JACK: Harry Potter and the cursed child: Parts one and two, London 2016.

SCHAMBECK, MIRJAM, Bibeltheologische Didaktik. Biblisches Lernen im Religionsunterricht, Göttingen 2009.

SCHAMI, RAFIK, Als Gott noch Großmutter war, in: DERS., Der Fliegenmelker. Geschichten aus Damaskus (¹1985), München ¹⁷2015.

SCHIEFER FERRARI, MARKUS, „Leerstellen-Lektüre" am Beispiel von Joh 20, in: Katechetische Blätter 133 (2008), 62–67.

DERS., Lektüre im Schatten des Webbaums biblischer Inventionen. Exegetische Fadensuche in Patrick Roths ‚Sunrise'-Roman, in: *Michaela Kopp-Marx/Georg Langenhorst* (Hg.), Die Wiederentdeckung der Bibel bei Patrick Roth. Von der „Christus-Trilogie" bis „SUNRISE. Das Buch Joseph", Göttingen 2014, 289–314.

SCHIMMEL, ANNEMARIE, Die Zeichen Gottes. Die religiöse Welt des Islam, München ³2002.

DIES., Mystische Dimensionen des Islam. Die Geschichte des Sufismus, Frankfurt/Leipzig 1995.

SCHMIDINGER, HEINRICH (Hg.), Die Bibel in der deutschsprachigen Literatur des 20. Jahrhunderts, 2 Bde., Mainz 1999.

SCHUBIGER, JÜRG, Als die Welt noch jung war. Bilder von Rotraut Susanne Berner, Weinheim/Basel 1995.

DERS., Mutter, Vater, ich und sie. Erzählung, Bilder von Rotraut Susanne Berner, Weinheim/Basel 1997.

DERS./FRANZ HOHLER, Aller Anfang. Geschichten. Bilder von Jutta Bauer, Weinheim/Basel 2006.

SCHWENS-HARRANT, BRIGITTE/SEIP, JÖRG, Der geplünderte Tempel. Ein Dialog, Wien 2012.

SELCHOW, STEPHANIE VON, Frisch sehen. Der Hans-Christian-Andersen-Preisträger Jürg Schubiger, in: Bulletin Jugend und Literatur 39 (2008) H. 11, 15–17.

SHELL-HOLDING DEUTSCHLAND (Hg.), Jugend 2015. Eine pragmatische Generation im Aufbruch, Hamburg/Frankfurt a.M. 2015.

SITZBERGER, RUDOLF, Die Bedeutung von Sprache innerhalb eines konstruktivistisch orientierten Religionsunterrichts, Berlin 2013.

SÖLLE, DOROTHEE, Realisation. Studien zum Verhältnis von Theologie und Dichtung nach der Aufklärung, Darmstadt/Neuwied 1973.

STEMMANN, ANNA, „Mit den unzulänglichen Möglichkeiten unserer Sprache kaum zu beschreiben". Intermediales Erzählen und narratologische Hybridisierungsprozesse, in: Interjuli 2/2014, 6–23.

STÖGBAUER, EVA MARIA, Die Frage nach Gott und dem Leid bei Jugendlichen wahrnehmen. Eine quantitativ-empirische Spurensuche, Bad Heilbrunn 2011.

STRIET, MAGNUS, Bittgebet – selbstverständlich? Nein und: Ja, in: ders. (Hg.), Hilft Beten? Schwierigkeiten mit dem Bittgebet, Freiburg 2010, 107–123.

TESCHLER, DIANA, Schreiben im Land der Täter. Jüngste deutsch-jüdische Literatur bei Maxim Biller und Rafael Seligmann, Saarbrücken 2007.

THIEL, CHRISTIANE, Das Jugendbuch als Medium für eine Theologie für Jugendliche, in: Petra Freudenberger-Lötz u.a. (Hg.), „Wenn man daran noch so glauben kann, ist das gut". Grundlagen und Impulse für eine Jugendtheologie, Stuttgart 2013, 163–168.

TOMBERG, MARKUS, Hoppla, hier kommt: G. Ott. Was sich von Kinder- und Jugendliteratur theologisch lernen lässt, in: DERS. (Hg.), Alle wichtigen Bücher handeln von Gott. Religiöse Spuren in aktueller Kinder- und Jugendliteratur, Würzburg 2016, 123–189.

WALTER, SILJA, Die Fähre legt sich hin am Strand. Ein Lesebuch, hg. von Klara Obermüller, Zürich/Hamburg 1999.

WEIDNER, DANIEL (Hg.): Handbuch Literatur und Religion, Stuttgart 2016.

WEIMER, ALOIS (Hg.), Gebete der Dichter. Große Zeugnisse aus 12 Jahrhunderten, Düsseldorf 2006.

WEXBERG, KATHRIN, „Er hat nur einen kleinen Nachteil" – Gottesbilder in der Kinder- und Jugendliteratur, in: Communicatio Socialis. Internationale Zeitschrift für Religion, Kirche und Gesellschaft, Heft 42 (2009), 293–303.

WILLEBRAND, EVA, Literarische Texte in Religionsbüchern. Zwischen Verkündigung, Erfahrungsspiegelung und Erschließung religiöser Tiefen, Bad Heilbrunn 2016.

WINKELS, HUBERT (Hg.), Ralf Rothmann trifft Wilhelm Raabe. Der Wilhelm Raabe-Literaturpreis und die Folgen, Göttingen 2005.

WITTGENSTEIN, LUDWIG, Logisch-philosophische Abhandlungen – Tractatus logico-philosophicus ¹1922, Frankfurt a.M. 2001.

ZIMMERMANN, MIRJAM (Hg.), Religionsunterricht mit Jugendliteratur. Sekundarstufe I, Göttingen 2006.

DIES., Literatur für den Religionsunterricht. Kinder- und Jugendbücher für die Primar- und Sekundarstufe, Göttingen 2012.

ZIRKER, HANS, Sprachprobleme im Religionsunterricht, Düsseldorf 1972.

ZWANGER, HELMUT B. (Hg.), Gott im Gedicht. Eine Anthologie zur deutschsprachigen Lyrik von 1945 bis heute, Tübingen 2007.

DERS./KUSCHEL, KARL-JOSEF (Hg.), Gottesgedichte. Ein Lesebuch zur deutschen Lyrik nach 1945, Tübingen 2011.

Beiträgerinnen und Beiträger

Brieden, Norbert (*1968), Dr. theol., Juniorprofessor für Religionspädagogik und Fachdidaktik an der Bergischen Universität Wuppertal

Gellner, Christoph (*1959), Dr. theol., Leiter des Theologisch-Pastoralen Bildungsinstituts der deutschschweizerischen Bistümer (TBI)

Heidler, Christina (*1981), Dr. theol., Gymnasiallehrerin mit den Fächern Englisch und Katholische Religionslehre

Heger, Johannes (*1983), Dr. theol., Wissenschaftlicher Mitarbeiter am Lehrstuhl für Religionspädagogik der Theologischen Fakultät der Albert-Ludwigs-Universität Freiburg

Langenhorst, Annegret (*1966), Dr. theol., Studiendirektorin mit den Fächern Deutsch, Katholische Religionslehre und Spanisch am Gymnasium Wendelstein

Langenhorst, Georg (*1962), Dr. theol. habil., Professor für Religionspädagogik/Didaktik des katholischen Religionsunterrichts an der Katholisch-Theologischen Fakultät der Universität Augsburg

Lexe, Heidi (*1968), Dr. phil., Leiterin der STUBE Wien und Lehrbeauftrage für Kinder- und Jugendliteratur am Institut für Germanistik an der Universität Wien

Quirmbach, Horst (*1961), Leiter des Amtes für Katholische Religionspädagogik im ‚Haus am Dom‘, Frankfurt am Main

Schiefer Ferrari, Markus (*1960), Dr. theol., Professor für Katholische Theologie (Schwerpunkt Exegese des Neuen Testaments) an der Universität Koblenz-Landau

Steinfort, Dirk (*1966), Dr. theol., Leiter der Katholischen Erwachsenenbildung im Kreis Böblingen

Tomberg, Markus (*1968), Dr. theol. habil., Professor für Religionspädagogik an der Theologischen Fakultät Fulda

Wagner, Clemens Hermann (*1993), Student der Theologie und Germanistik; Wissenschaftliche Hilfskraft am Lehrstuhl für Religionspädagogik der Theologischen Fakultät der Albert-Ludwigs-Universität Freiburg

Werner, Matthias (*1988), Lehrkraft für besondere Aufgaben am Lehrstuhl für Religionspädagogik/Didaktik des katholischen Religionsunterrichts an der Katholisch-Theologischen Fakultät der Universität Augsburg

Wexberg, Kathrin (*1978), Dr. phil., wissenschaftliche Mitarbeiterin der STUBE, Wien

Willebrand, Eva (*1984), Dr. theol., Studienrätin an der Gesamtschule Waltrop mit den Fächern Deutsch und Katholische Religionslehre

Winklmann, Michael (*1986), Dr. phil. des. Akademischer Rat a. Z. am Lehrstuhl für Religionspädagogik/Didaktik des katholischen Religionsunterrichts an der Katholisch-Theologischen Fakultät der Universität Augsburg